シリーズ 現代思想ガイドブック

ビル・アシュクロフト＋パル・アルワリア
大橋洋一 訳

Edward Said

エドワード・サイード

青土社

エドワード・サイード

ポストコロニアル研究は、エドワード・サイードの仕事なくして現在の活況はなかった。またパレスチナ人の窮状を全世界の人間に知らしめることにおいて、彼は同様に重要な役割をはたした。

この巻で紹介するのは、サイードの著作の核心にみられる諸概念である。それも学術的なものとジャーナリスティックなもの双方を含む。それらは一体となり、ポストコロニアル世界におけるアイデンティティ形成の性格について、きわめて影響力の強い見解を構成し、またテクストあるいは批評家と、その物質的コンテクスト（「世界」）とのつながりについて、新たな考え方を提示する。本巻の二人の著者は、こうした概念がなぜ重要になったのかを問いつつ、そのコンテクストと含意と衝撃を検証する。

読みやすい文体、鍵となる用語についての明快な説明、章末における要約、そしてさらなる読書のためのコメント付き読書案内を備え、一九九九年の初版を改定し最新版とした本書は、サイードの新たな読者にとっては理想的な入門書である。

Edward Said

CONTENTS

もくじ

エドワード・サイード

凡例

一、本書は Bill Ashcroft & Pal Ahluwalia, *Edward Said* (London: Routledge, 2001) の全訳である。
一、原著の引用符は、「　」で示した。
一、原著のイタリック体は、訳者の判断によって、鍵語の場合は〈　〉で、強調の場合は、傍点（、）で示した。
一、原著で作品名を示すイタリック体は、『　』で示した。
一、訳者による補足説明は、本文中に〔　〕を使い挿入した。
一、引用箇所、参照文献については、原著の方式を再現し、日本語訳のあるものは、日本語のタイトルと該当頁を、単行本化されているものに限り、〔　〕を使い明示した。
一、日本語訳のある文献からの引用は、本文中の表記などと統一するため、すべて新たに訳文をつくった。
一、索引は原著の索引をもとに項目を取捨選択して訳者が作成した。

WHY SAID?

なぜサイードか？

エドワード・サイードは、現在、世界でもっとも広く知られ、なにかと話題の多い知識人のひとりである。彼は、大学人であるとともに、公の場で積極的に発言する公的知識人《パブリック・インテレクチュアル》[訳注1]でもあり、パレスチナ人の窮状を、他の誰にもまして力強く全世界の人びとに対して訴えつづける、まさに、いまや稀少なタイプの人間である。文化理論家としての彼の重要性は、すでにふたつの分野において立証されている。現在成長をとげつつあるポストコロニアル[訳注2]研究の基礎を、とりわけその著書『オリエンタリズム』を通して築いたことにおいて。また「世俗世界性《ワールドリネス》[訳注3]」つまりテクストや批評家を取り巻く物質的なコンテクストの重要性を説いたことにおいて。この主張によって彼は一時期、現代批評理論の主流から外されていたが、文学的著述の政治的・文化的機能が再確認されるにおよんで、その主張は正しく評価されるようになった。

なぜエドワード・サイードを読むのか？　彼は他の文化批評家の誰よりも力強く、理論が実際には「現実に根ざした」ものであることを暴いてみせた。理論といえども、なんらかの場所で、特定の理由ならびに特定の歴史をともなって、生みだされるのだ。このことがもっとも良くあてはまる事例、それはサイード自身の提唱した理論にほかならない。英文学について、テクストの複雑さやテクストが形成される過程について、またいかにして西洋がオリエント世界に権力を行使したかについて、さらに社会における知識人の機能について、またさらに音楽について、彼がなにを論じようとも、故郷を喪失したパレスチナ人としての彼自身の立場は、その著述のなかにつねに影を落としている。サイードを読む第二の理由も、このことと関連する。著名な大学人にしてアメリカ市民でもある人間にとって、パレスチナ人というこのアイデンティティはなんとも逆説的《パラドキシカル》であるだけでなく、つぎのことを身をもって証明してしまうのだ、すなわちあらゆるアイデンティティなるものも所詮は逆説的で人為的に構築されたものにすぎないこと、とりわけこれがもっとも良くあてはまるのが故国を失い全世界に散逸した人びとのアイデンティティであるということ、を。サイードのもつアイデンティティの逆《パラ》説《ドクス》は、今日、全世界に離散したりポストコロニアル状況にある諸民族の複雑なアイデンティティを示唆している。サイードの著作に一貫してあらわれる、こうしたアイデンティティ問題に関連する逆説は、彼の議論を破綻させるのではなく、むしろ思想的力の鍵となり、その著述を世界のなかに、すなわちイデオロギーが重大な機能を担い、人間の生活が抽象的理論だけでは捉えきれないこの世界に、しっかりと位置づけるのである。

サイードの「世界」

一九一七年のバルフォア宣言は、「パレスチナにおけるユダヤ人の民族的国家建設」をイギリスが積極的に支援することを確認し、イスラエルという近代国家建設に対する国際的支援の礎石となった。この宣言は、当時のイギリス外相アーサー・ジェイムズ・バルフォアが、シオニズム運動の重鎮たるユダヤ人ロスチャイルド卿に宛てた書簡のなかでおこなったもので、そのねらいは第一次世界大戦中ユダヤ人側から連合国支援をとりつけることにあり、やがてパレスチナにユダヤ人国家を築く運動の根拠となった。バルフォアが表明した意図、すなわち「パレスチナ在住の非ユダヤ系集団の公民権ならびに宗教に関する諸権利を害するようないかなる措置もとられてはならない」という但し書きにもかかわらず、この宣言は、パレスチナの先住民のための国家を否定する歴史的帰結をもたらした。第一次世界大戦において連合国側にユダヤ人の支援をとりつける企図ならびにその結果生じたパレスチナ人の苦難から、エドワード・サイードの著作を支配するさまざまな主題が発生した――アイデンティティをめぐる闘争、帝国主義権力や植民地主義者の言説の解明、政治的・文化的抑圧への抵抗、思考や著述の物質的条件に対する関心、文学理論や文化理論における支配的なモデルに対する不満。

エドワード・サイードは一九三五年「イギリスの委任統治下のパレスチナ」に生まれ、幼少年期をすごしたカイロではアメリカン・スクールのセント・ジョージ校に通い、そのあとは、イギリスのエリート・パブリック・スクールの伝統を踏襲してつくられたヴィクトリア・カレッジに通っている。カイロでのサイードの経験は、孤独で勉強熱心な少年のそれであり、父親が仕事にも勉学にも厳格な規律を維持することに病的にこだわったこともあって、サイードが心やすらぐのは、小説を読んだり、毎週日曜日にBBCが放送していたクラシック音楽のコンサートを聴くときであったという。サイードの回想録『遠い場所の記憶』(一九九九)の暴露によれば、カイロ時代に彼は、ある種の「トラブルメーカー」であって、一九五一年にヴィクトリア・カレッジから放校処分をくらうと、両親はイギリスの教育制度下では将来に望みがないとあきらめ、彼をアメリカのマサチューセッツ州のマウント・ハーモン高校(大学進学のための予備校的高校)に送り込んだ。

アメリカでの学校生活はサイードにとって苦しいことも多かったようだが、彼は数か国語を話し、演奏会を開けるくらいに巧みにピアノを演奏できる優秀な学生だった。プリンストン大学を卒業後、ハーヴァード大学に進み、そこでジョウゼフ・コンラッドに関する博士論文を完成、その後、コロンビア大学に比較文学助教授の職を得た。研究者になるべきか、プロのピアニストになるべきか(当時彼はジュリアード音楽院に通っていた)悩んだ末に、自分は研究者にむいていると判断し、前途有望な大学人としての経歴を歩みはじめることになる(Aschroft 1996)。

その後は順風満帆で、比較文学教授としての輝かしくも刺激のない経歴を築き上げていたが、そのときアラブ・イスラエル紛争〔第三次中東戦争〕が勃発する。一九六七年のことである。彼によれば、その時点で人生が一変した。彼は突然、自分のいる環境が、アラブ人やアラブ思想やアラブ国家を憎悪するものに変わったことに気づく。いまや周囲は、イスラエル支持一辺倒といってよく、アラブ人は「当然の報いをうけてしかるべき」と思われ、彼は、いやしからぬ大学人であったにもかかわらず、部外者扱いされ標的になった（Ali 1994）。一九六七年の紛争とアメリカにおけるその受容によって、サイードはみずからの立場の逆説《パラドクス》に向きあうことになる。もはやふたつのアイデンティティは維持できないとわかる。この経験は、以後、彼の著作のすべてに反映する。

エドワード・サイードの人生におけるこの変化が重要なのは、彼が生まれて初めて、みずからをパレスチナ人として構築しはじめたからである。幼年期以来抑圧し、また専門職の経歴を積むなかで顧みることがなかった文化的出自に対する感覚を、彼は意識的にとぎすます。故郷を失い移住することのつらさは、パレスチナをめぐるサイードの著作『パレスチナとは何か』〔原題『最後の空も尽きた後に』〕で痛切なまでに認知されている。たとえばこんなふうに――

アイデンティティ――つまり、わたしたちが誰であり、どこからきた、何者なのかということ――は、追放《エグザイル》の身には、維持するのがむつかしい。……わたしたちは「他者」であり、対立者であり、移住の幾何学における汚点であり、出国移住《エクソダス》そのものなのだ。沈黙と慎み深さが、傷を覆い隠し、空港のボディチェックを長引かせ、喪失の疼きを癒す。

（1986: 16-17〔『パレスチナとは何か』二八―二九〕）

パレスチナ人にとってアイデンティティ問題は苦しみの源であった。パレスチナ人は、サイードによれば、イスラエルという国家から排除され、その結果、全世界に離散を余儀なくされたからだ。サイードにとってシオニストのスローガン――「民なき土地［パレスチナ］のかわりに土地なき民［ユダヤ人］を」――は、パレスチナを「まさにヨーロッパの帝国主義者がみていたように」みている。すなわちパレスチナは「空っぽの領土でありながら、野蛮な、あるいはおそらく廃棄できる先住民に、逆説的なことに「満たされている」にすぎない」（1979: 81［『パレスチナ問題』一一六］）と。特定の場所とその住民たちを〈白紙状態《タブラ・ラサ》〉にあるものとして構築する手口から明確にわかること、それはサイードにとってみれば、イギリスとシオニストが推進したパレスチナ占領政策が、ヨーロッパの長い植民地主義の歴史の延長線上にあるということ、違いといえば、このパレスチナ版では「文明化の使命」という救済的色彩が強いということである。サイードいわく――

〈宣言〉におけるバルフォアの陳述は、植民地権力に対し、領土を彼らにとって有利なかたちに処理できる高次の権利を当然のこととして認めている。バルフォア自身が主張しているように、このことは、パレスチナのような重要な領土を処理するときだけではなく、シオニズムのような尊大な思想を相手にするときにも、とりわけ有効であった。なにしろシオニストたちは、自分たちのしていることを、もともと神がユダヤの民に約束された土地を奪い返しているにすぎないとしか考えなかったからである。

（1979: 16〔『パレスチナ問題』三〇―三一〕）

まさにパレスチナの植民地化こそ、サイードを、西洋の帝国主義言説の検討へと、また自身のアイデンティティをめぐるテクストを織り込む文化分析へと駆り立てた原因なのである。

若きエドワード・サイードが政治に目覚めたことで、ある種の変化がその仕事に深く刻まれる。彼は、文学理論でさえも、それが書かれた世界の政治的現実から切り離すことはできないと考えるようになる。紛争勃発後の十年間に出版された三部作『オリエンタリズム』（一九七八）、『パレスチナ問題』（一九七九）、『イスラム報道』（一九八一）は、彼の関心事であったテクストと権力をめぐる問題系すべてが切り結ぶ焦点として、パレスチナを位置づけていた。サイードの著作の意義ぶかいところは、パレスチナ情勢に関するこうした政治的関心を、また彼自身ならびにパレスチナ人一般のアイデンティティに対する関心を、テクストならびに世界へのテクストの位置づけられ方についての理論的・文学的分析と切り離せないことにある。パレスチナに関する彼の文章は「本業以外の」ジャーナリズム活動と片づけてしまえないし、彼の理論は、パレスチナ活動家のたんなる専門家ぶりっことして一蹴もできない。そのうえ、パレスチナ問題はヨーロッパ帝国主義の歴史とも、またさまざまな社会における多種多様なポストコロニアル的抵抗という現代の現実とも切り離すことができない。これらは世俗世界性《ワールドリネス》への関心のなかで、緊密に、相互に絡みあっている。

こうしたなかで培われたアイデンティティのありようを踏まえると、過去四半世紀においてエドワード・サイードが文学・文化理論において占めてきた地位がどのようなものか、理解を深めることができる。個人生活の諸事実は、理論の方向づけに対して必ずしも不可欠なものではないし、理論家のなかには、そうした事実に触れることをスキャンダラスとまで考える向きもある。しかしエドワード・サイードにかぎってはそうではない。彼自身の人生の状況、彼のアイデンティティというテクストは、彼の文章すべてを規定するようなコンテクストとつねに絡みあい、またそうしたコンテクストそのものを形成する。みずからの追放状況をめぐる葛藤、故国喪失《エグザイル》訳注4状態のもつ潜在的な権能についての認知、テクスト性と世界とのつながりをめぐって倦むことなくつづけられる主張、こうしたものが彼の理論の主要な方向性の背後にあり、現代の諸理論に対する彼の懐疑的な姿勢を説明する要因にもなっている。

アイデンティティの逆説

批評家、政治評論家、文学・文化理論家、さらにはニューヨーク市民、エドワード・サイードのこうしたアイデンティティは、このいや増しに移民性を強めグローバル化を加速する世界のなかにあって、しばしば逆説的な性格をおびる。彼のなかに、わたしたちが見出すのは、彼自身を幾重にも取り巻く文化的・理論的な諸矛盾である。彼の西洋化された人格と、彼の故国パレスチナに対する政治的関心との矛盾、彼の政治的声明と専門家としての地位の矛盾、彼の著作のさまざまな読まれ方のなかに生ずる矛盾、彼がアカデミックな世界に位置づけられるときの矛盾。サイードのこうしたアイデンティティと彼の文化理論との親密な関係、ならびに両者が露呈させる逆説は、わたしたちに、文化的アイデンティティの構築性と錯雑性を思い知らせてくれる。サイードはアラブ人であり、パレスチナ人であり、またとりわけキリスト教徒のパレスチナ人である。彼がこともあろうにキリスト教徒であることは、すべてを包含するイスラム化が推し進められている中東においては逆説ではないとしても、それが現代の西洋文明によるイスラムの悪魔化を非難するもっとも卓越した批評家のことであってみれば、たしかに逆説である。エドワード・サイードのアイデンティティの逆説は、彼自身の「世俗世界性」のもつきわめて戦略的な特徴でもある。逆説にみちたアイデンティティという特徴が、彼の文化理論に影響力と説得力をもたらす鍵となる。このアイデンティティは、サイードによって絶えず推敲《エラボレート》され書き直されるテクストそのものであって、このテクストは、彼が書くほかのテクストすべてと重なり合い、またほかのすべてのテクストに接続されるのである。

サイードは、みずからを、強制移住させられ、故国を追われた「故国喪失状態《エグザイル》」のなかに執拗に位置づける。しかし、彼は、本質的にパレスチナ的な文化現実を創案するのではなく、ただ、こう主張する。あらゆる文化は、たえず変容しつづける、と。文化とアイデンティティそのものはプロセスである、と。現に彼自身のアイデンティティは、ニューヨークに定住するという選択をしたことで、矮小化されるどころか高められた。最初にパレスチナ人であり、つぎにアメリカ人である彼は、ニューヨーク以外の場所で暮らすことができないと認めている。これはニューヨークの国際的な性格とかかわりがある。しかし、このことはエドワード・サイードの性格についてもその一端を垣間見せてくれる。場所へのこだわり。文化的多様性と異種混淆性に魅了されること。政治構造から一歩身を引く知識人のありようを擁護するその姿勢など。

彼がみずからを位置づけるのは、彼が隙間と呼ぶ空間であり、それはまたパレスチナの植民地としての過去と、アメリカの帝国支配の現在によって引き裂かれた空間であるがゆえに、彼は、そこに権限と義務を見出すのである――パレスチナ人の代弁者となること、周辺化された民や権利を剥奪された民の代弁者となること、そして、これが枢要なことなのだが、パレスチナ人をアメリカの国民に提示すること、を。エドワード・サイードは、パレスチナ国家構想の形成そのものにおいて、おそらく他のどのような知識人よりも大きな影響力をもった。しかしそれ以上に、彼は、パレスチナとパレスチナ問題を世界に提示することにおいて、他のどのような公的知識人《パブリック・インテレクチュアル》とも、比べようもないほど大きな影響力をもったのである。しかしながら、パレスチナをめぐる彼のこの種の時事的文章の膨大な集積は、彼のきわめて著名な二冊『オリエンタリズム』（一九七八）と『文化と帝国主義』（一九九三）にむけられた賞賛の陰に隠れてしまった。

皮肉なことに、サイードがこの隙間空間に位置づけられていることで、アラブ世界であれ、他のどこであれ、批評家たちからは、その全面的に西洋化された姿勢を酷評され（Little 1979; Sivan 1985; Wahba 1989; Said 1994:x）、また他方で、西洋においてイスラムを擁護する彼の姿勢が、リベラルなアラブ系知識人たちから批判されたりもした。もともと彼らは、イスラムそのものの根深い保守性と原理主義的性格を批判していたからである（Abaza and Stauth 1990参照）。偶然か、はたまた意図的か、彼は対立するさまざまな支持団体のどれとも一線を画している自分自身を発見する。合衆国における熱心なパレスチナ支援者ではあるが、彼は、パレスチナ政治における個々の党路線のどれをも避けてきた。そして、皮肉なことに、彼の著作は当のパレスチナでは発禁処分を受けているのである。

サイードのキー概念

サイードにとって、反復の戦略は、テクストの世俗世界性《ワールドリネス》の特徴のなかで鍵となるものだ。反復はテクスト解釈にある種の制約を課す。反復はテクストを歴史的存在とする、つまりテクストが世界に起源をもつこと、テクストがそれ自身の存在を主張することを明確にする。サイードがくり返し語るのは、自分自身の大学における特異な地位ならびに特異な文化的地位の特徴であり、また彼自身の人生という「テクスト」——流亡状態、政治的覚醒、ふたつの世界における人生、アイデンティティに関する執拗な問いかけ、熱のこもったパレスチナ擁護などからなる——である。本書の以下につづくセクションでは、サイードの仕事を、一連の「キー概念」に分けて考えるが、サイードを突き動かす、今述べたような事柄は、彼の作品のさまざまな面に顔をのぞかせているため、同様に本書でも、いくつかの章にまたがって登場するだろう。

そのため「キー概念」のセクションは、世俗世界性をめぐる二つの章ではじまり、この序においてすでに触れた問題を論じ掘り下げる。最初は、テクストとの関係、つぎは、批評家との関係。エドワード・サイードの文化分析において特筆すべき面は、ポスト構造主義が西洋の知的場面を席巻したかにみえた時代に、サイード自身があえて固執した流行遅れの観点こそ、テクストを、あくまでも世界のなかに物質的に位置づけるものであったことだ。サイードにとって、ポスト構造主義者たちは実質的に世界を拒否し、テクストを書いたりテクストを読んだりする人間の物質的な世俗世界性の意味を認めず、みずからの理論にある政治活動の可能性を摘んでいる。彼自身のアイデンティティの重要性、ならびにアイデンティティをそれ自体で一種のテクストとして構築することの重要性を通して、彼は、テクストを、世界との広大な連携関係《アフィリエーションズ》の網の目を形成するものとして考察すべきことを身をもって示した。この点に関していえば、彼は専門化した知的活動をつかさどる制度そのものを却下する。なにしろそのような制度は、机上の空論的諸前提をもてあそび、特殊化と専門職の言語を駆使し、文化的ドグマと結託する傾向にあるからだ。サイードにとって、そのようなアカデミックな制度が語るのは、日常生活と平凡な必要物からなる世界のことではなく、それ自身のこと、つまりアカデミックな制度そのものについてなのである。彼が奨励するのは、「世俗」批評とみずから命名した批評で、それは、アカデミックな言説に固有の偏狭な専門性に、あらゆる点で異議を申し立てるものだ。たとえば文学テクストはただたんに「英文学」と呼ばれる正典群《キャノン》に位置づけられるだけでなく、世俗世界性を構築する世界の諸相――政治的、社会的、文化的諸相――ともつながっている。このあとにつづく章のなかでわかるのだが、文章表現の物質的重要性を力説することをとおして、サイードの著作は確固たる批評的態度へとたどりつく。なにしろ、その批評は、現実世界の表象の背後に確たる現実が存在するのを示唆するように思われるからだ。このことは表象と物質的現実をめぐって、ポストコロニアル研究全体に広がっている熾烈な論争へと多くの批評家たちを導き、植民地化された民族の物質的経験を、表象のプロセスに惑わされずどのように理解すべきかを問うことにもなった。ただし、サイードにとって、物質的現実は、テクストそのものの特徴、テクストの世俗世界性の特徴でもあって、問題は、支配的な表象が現実を隠蔽してしまうという問題に留まらず、異なる競合する表象間の闘争にも発展するのである。

議論はつぎに『オリエンタリズム』へとむかう。書物としての、また概念としてのオリエンタリズムは、おそらくエドワード・サイードの名を全世界にもっともよく知らしめたものといえるだろう。ここでも彼自身のアイデンティティというテクストから発生する世俗世界性が、オリエンタリストたちのテクストを分析する鍵となる。オリエンタリストたちのテクストは、オリエントを構築するとともに、それによって西洋のオリエント支配をも構築した。かいつまんでいえば、オリエンタリズムをとおして見えてくるのは、権力がいかにして知において作用するかということである。西洋がオリエントを「知る」プロセスはまた、西洋がオリエントに権力を行使する契機ともなった。オリエンタリストたちのテクスト群は、それ独自の世俗世界性をもち、それ独自の連携関係《アフィリエーションズ》をもち、オリエントを構築し、ある意味で、オリエントの現実よりも「もっと現実的な」ものとなる。それは「オリエント人たち」自身の経験もしくは「オリエント人たち」の経験の表現よりも、なお現実的なものとなる

（「オリエンタリズムの世俗世界性」Said 1978: 226-254〔『オリエンタリズム』下・六四―一二九〕参照）。オリエンタリズムに関するこの著作がもたらした重要きわまりない発見は、三部作の他の二作、『パレスチナ問題』と『イスラム報道』でもくり返されているのだが、それは、今述べたようなプロセスがさまざまなかたちで現在もなお継承されているということである。中東に関するニュース、専門知識、政治評論、すべてが西洋、とりわけアメリカの権力を永続化する手段となっている。

第四章で論じられる『文化と帝国主義』は、こうした考え方を帝国テクスト群の世俗世界性へと敷衍する。西洋の文化生産において重要なのは、帝国主義の政治的現実が、文化生産物に実に巧妙に現前することである。たとえば英国小説において、帝国と帝国支配の問題は、たえず、巧妙に、そしてほぼいたるところに影を落としている。帝国テクスト群の世俗世界性の意義とは、自分の文章のなかに帝国がどのように表象されるのか意識しない作家たちによる文章においても、文化なくして帝国は存在しないと立証することにある。また『文化と帝国主義』はサイードにとってお気に入りの話題を復唱する。すなわちポストコロニアル世界は、帝国主義支配にどう対応すべきか、と。この著作のなかでサイードが西洋の古典ばかりに議論を集中させるため、サイードには抵抗の理論がないと、多くの批評家たちが誤って信じてしまった。しかし彼の立場は、もっと微妙である。「非難のレトリック」が究極的には無益なものであると認識するサイードが提唱するのは「遡航」と呼ばれるプロセスである。これはポストコロニアル世界の作家たちが、みずからの文化を世界の読者に知らしめるため、西洋文学の支配的様式を利用することを意味している。

第五章はパレスチナ問題をとりあげる。これは、サイード独自の関心事で、彼の文化理論とは一線を画すような一連のまとまりのあるコメントや分析の総体によって表象されているように思われるかもしれないが、たとえ姿かたちこそさまざまであっても、サイードのすべての文章につねに現前している。彼の文章が、たとえば『イスラム報道』（一九八一、一九九七再版）といった著作で包括的に論証しているのは、現代の西洋世界におけるイスラム表象は、一九世紀にオリエンタリストたちがオリエントを構築した方法をかなりの程度まで複製していることである。サイードによれば、イスラム、アラブ世界、パレスチナが表象されるさまを検討することで、支配的文化の権力が、いかにして「知」の装いのもとに世界を独自の方法で構築するかを、みてとれるのだ（1978:3〔『オリエンタリズム』上・二二〕）。アカデミックな分野におけるオリエンタリストたちは、いまや、もっと慎重で自覚的であるかもしれないが、ただ、こうした構築はいまなお多種多様な形態でおこなわれている――メディアのなかで、「専門家」の忠告というかたちで、アカデミックな研究において知識人のコメントというかたちで。しかもそのどれもが、ろくに検証もされない諸前提に徹底してもたれかかっている。そのような諸前提が検証を免れているのは、それが言語そのもののなかに入り込んでいるからである。たとえば、統一のとれた一枚岩的な宗教的・文化的システムがさも存在するかのようにして、それを「イスラム」という用語で括ってしまうと、そこから「ムスリム、アラブ人、その文化と宗教などの暗黒と奇怪さ」（1994b: 373）に言及するまで、あとほんの一歩である。しかしサイードがくり返し強調しているように、イスラムは、その多様性と内部対立によって特徴づけられ、統一のとれた一枚岩的イスラムを語ることは無意味なのだ（Said 1978, 1995〔『オリエンタリズム』、『オリエンタリズム』後書」〕）。パレスチナは、サイードに、彼の文学理論、その緊急性、その物質的・政治的現実について再考を迫る。パレスチナは、彼自身のアイデンティティを構築することができた、あるいはアイデンティティ構築の焦点ともなった。これは、パレスチナが彼の理論に終始一貫して現前しているということだ――パレスチナは、テクストが世界のなかに位置づけられていることを彼につねに想起させるのである。

パレスチナ問題から、サイード理論におけるもっとも重要なテーマのひとつが成長をとげた――知識人の役割である。コロンビア大学というエリート校のアカデミックな環境のなかで、文学理論の専門家としてその地位を確立したことから、サイードは、代弁者《スポークスパーソン》の役割を引き受けずにはいられなくなり、彼自身、専門家としての資格もない政治問題についてのコメントをたえず求められてきた。このことは、彼にアマチュアリズムの価値を再認識させることに大いに貢献したが、それ以上に、知識人が党派政治から身を引き、「権力に対して真実を語る」には、故国喪失者《エグザイル》になるのがなにより重要であるというヴィジョンをサイードにもたらした（1994〔『知識人とは何か』〕）。公的知識人は、周辺から発言し、正統的意見から一歩身をひき、党派的・専門家的言説のなかに封じ込められ否認されていることを発言すべきというサイードの主張は、この「所属しない」ことのもつ意味によって揺るがぬものになったのである。

本書の最終章「サイード以後」は、批評理論の分野に彼がもたらした衝撃について、またとりわけポストコロニアル文学と理論の研究における彼の仕事の新分野創成的地位について考える。また、この序章で、なぜサイードが読まれなければならないのか示唆できたのなら、本書の巻末「読書案内」は、サイードの著作と、サイードに関する批評研究を読むとき、どこからこの重要な作業を始めたらよいのか迷っている読者に対して、案内役になってくれるだろう。

訳注1　公的知識人　public intellectualとは、現時点では決まった訳語がないようだが、これは、専門研究の領域に閉じこもる知識人とは異なり、メディアに露出し、一般に向けて積極的に発言し、またその言動がたえず一般の注目を浴びる知識人をいう。生前のサイードは、まさにこのタイプの知識人の典型であった。

訳注2　ポストコロニアル――本書の著者たち、ビル・アシュクロフトとパル・アルワリアは、その文章ならびに著書のタイトルなどで一貫して、post-colonialと「ポスト」と「コロニアル」の間にハイフンを使用している。原著者に敬意を表して「ポスト・コロニアル」あるいは「ポスト＝コロニアル」とすべきだが、以下の理由により、「ポストコロニアル」と表記する。(一) ハイフンをつけたpost-colonialは最初「植民地以降／植民地独立以後」という意味で政治学や経済学の分野で使われたが、これと差異化をはかるため。(二) 七〇年代以降、この語は「植民地（主義）が始まって以降」の広い時代（西洋近代そのもの）を指し、一般にも知られるようになるにつれ、「植民地以後」という意味が薄れたため。なお「ポストコロニアル」は「植民地独立以後」に限定されないと強く主張するのが、ほかならぬアシュクロフト自身である。(三) 現在、日本においても、また世界的にみても、出版物、学会発表、学術記事などで、ハイフンのない「ポストコロニアル」が一般化していると判断できるため。

訳注3　世俗世界性　worldliness――サイードが駆使する基本用語は、奇をてらった新造語ではなく日常的に一般的に

使われる語であって、このworldlinessもそうした用語の代表例のひとつ。worldには「世界」と「世間」の二つの意味があり、その形容詞型のworldlyは通常「世俗的、世俗の、世間的（世間では）、世の中では」という意味になる。そのためサイードの著作の過去の翻訳においては、worldlyあるいはworldlinessは「世俗的」「世俗性」と訳されることが多い。『世界・テキスト・批評家』（山形和美訳）では「世界内存在」と訳されている。おそらくこの訳語は、ハイデガーの用語との類似を狙ったものだろう。本書では、worldの二つの意味を並べて「世俗世界性」と訳すことにした。もちろん、この訳語は、これまでの訳語を凌駕するものとは考えていない。

訳注4 「エグザイル」exileの訳語として、通常の「亡命（者）」「追放（者）」ではなく、「故国喪失者、故国喪失（状態・状況）」を選択した（前例はある）。個人的・社会的理由から、みずからすすんで故国を捨て異国の地に暮らす者を“expatriate”といい、実は、通常この語に「故国喪失者」という訳語をあてることが多い。本書では、自発的か強制的かの違いはあれ、故国を失ったことで「エグザイル」も「故国喪失者」であること、また「エグザイル」そのものが、「難民」「移民」なども含みさらに比喩的・精神的・文化的意味も帯びることを考慮して、「故国喪失者」とした。

KEY IDEAS

キー概念

第一章　世俗世界性――テクスト

エドワード・サイードと聞いて読者がまっさきに思い浮かべるのは、おそらく『オリエンタリズム』（一九七八）の著者であり、また現在成長中のポストコロニアル文学・文化研究において主導的立場にある人物である。しかし、サイードの仕事における、この比較的よく知られている側面も、それをじゅうぶんに理解したといえるのは、現代の社会における知識人の役割と批評の機能そのものに関するサイード自身の見解を、わたしたちが把握したときである。たしかに『オリエンタリズム』は、サイードの他のどの著作にもまして、サイード自身の声望を不動のものにしたのだが、彼の作品をもっとも有益なかたちで読むことを可能にしてくれるレンズ、現代の文化理論におけるサイードの重要性を解く鍵、それをあたえてくれるのは、理論的な論文の集成である『世界・テキスト・批評家』（一九八三）なのである。

『世界・テキスト・批評家』を構成する論文は、そのほとんどが、『オリエンタリズム』出版前に書かれたもので、サイードの全著作を支える方法論や関心事の萌芽をそこにみることができる。『世界・テキスト・批評家』こそ、一九七五年以降、サイードの仕事のなかに定着することになった関心事の何たるかを、もっとも系統立ててわかりやすいかたちで示してくれるのだ。一九七五年とは彼が『始まりの現象』を出版した年である。この本は、ティモシー・ブレナンも認めているように「その経歴の最良の部分においてサイードの関心事となってきたモチーフの、広範囲だがまた限られたリストを記録している」(Brennan 1992: 75)。サイードの仕事の首尾一貫性には瞠目すべきものがある。しかしこの首尾一貫性ならびに彼の守備範囲となる関心事の多様性をみえにくくするふたつの要因があった。ひとつは、過去二十年にわたってテクスト分析の場に君臨したポスト構造主義。この理論的動向とサイードとの関係は、サイード側からつねに疑義をさしはさみ、異議申し立てをおこなうものであった。そしていまひとつの要因として『オリエンタリズム』の存在がある。つまり彼の文化批評家としての名声を語る際に、この著書だけが、異様に突出していたのである。したがって、彼の仕事の比較的よく知られた側面の基盤ともなり特徴ともなっている広範な関心事を、系統立てて正確に把握するには、まず『世界・テキスト・批評家』におもむかねばならない。

エドワード・サイードは、しばしば、植民地言説理論の創始者と考えられている。この形態の理論的研究は、ホミ・K・バーバやガヤトリ・チャクラヴォルティ・スピヴァクに受け継がれてからは、「ポストコロニアル理論」の同義語と誤解されることがある(Ashcroft *et al.* 1998 における 'Post-colonialism' の項参照)。しかし『世界・テキスト・批評家』を仔細にながめてみれば、ポストコロニアル理論家よりもはるかに唯物論的で世俗世界的なサイードの姿が立ち上がり、わたしたちにイタリアの哲学者ジャンバティスタ・ヴィーコ(一六八八—一七四四)の警告へと注意を向けるのだ——「人間の歴史は人間によって形成される」(Said 1995:331 に引用)と。ミシェル・フーコーの言説概念については次章で取り上げるが、サイードによる援用は、よく知られるようになり、模倣者を生むと同時に、フーコー理論の偏った使用法が批判されたりもした。しかしサイードの分析をきちんと理解するには、テクストの世俗世界性と、批評ならびに知識人がはたす機能にかんする彼自身の見解の検討は欠かせない。サイードはフーコーの理論のうち必要な分だけを採用したにすぎないのであり、テクストが生み出される世界における権力の大きな不均衡こそ、テクストの世俗世界性をいやがうえにも重要なものにする要因であることを、サイードは見抜いていた。サイードの著作において際立っている主題群、それも他の植民地言説理論家と一線を画す彼の批評家としてのアイデンティティを際立たせる主題群には次のものがある。知的専門分化の制約から自由な批評という意味で、彼が世俗批評と名づけた批評。知的作業におけるアマチュアリズムと彼が呼ぶものに対する擁護論。また知識人たる者、「故国」を、現実に、あるいは比喩的に、捨てて故国喪失者にならねばならないこと。そして力説される以下のような主張。すなわち知的著述は、社会の政治的現実とのつながりを回復せねばならないこと。この政治的現実とのつながりをつけることで、知識人は、「権力に対して真実を語ること」ができる。「オリエント」がいかにして言説上の構築物として発生したか、現代の「イスラム」が、いかにして、いまもなお西洋によって異物として構築され進化しつづけているのか、要するに西洋はいかにして、いまもなお、みずからの他者を構築しているか、これを暴くサイードの作業を支えているのは、批評と世界との関連性なのである。

サイードにとって、現代の批評の問題点は、その極端な機能主義にある。テクストの形式的なからくりには多大の関心を払うくせに、テクストの物質性には、おざなりな関心しか払わない。その結果、テクストは「ある種の自己消費する産物になる……それ独自の因果関係なり残存性なり永続性なり社会的存在をもつ特殊なあるがままの文化対象にとどまるかわりに、観念化され本質主義化される」(1983:148〔『世界・テキスト・批評家』二四五〕)。ここでいうテクストの物質性は、さまざまなものを指す。たとえばそれは、テクストが記念物化され、そのあげく追い求められ、闘争の目的となり、所有され

言説、植民地言説理論、ポストコロニアル理論

言説とは、陳述のシステム、それも、そのなかにおいて、またそれをとおして世界を認知できる陳述のシステムである。フーコーのいう言説とは、伝統的な意味での「発話《スピーチ》」を指すのではなく、社会的知の堅固な領域を意味している。フーコーにとって世界は、ただたんに「そこ」にあって話題となるものではなく、むしろ言説そのものであり、その言説の内部で世界は生み出される。またそのような言説のなかで、話し手も聞き手も、作者も読者も、自分自身について、自分と他者との関係について、世界における自分の位置について理解できるようになる(主体性の構築)。記号や諸実践から構成され、社会

DISCOURSE, COLONIAL DISCOURSE THEORY AND POST-COLONIAL THEORY

存在や社会的再生産を組織化するこの言説という複合体が、経験とアイデンティティのカテゴリー分けを決定する。

植民地言説理論とは、植民地主義や植民地化の言説を分析する理論である。それはまた、植民地言説が植民地化の背後にある政治的・物質的目的を糊塗していることを証明する。そしてさらに植民地言説による植民地化する主体と植民地化される主体の構築、ならびに植民地言説のもつ深い両面価値性《アンビヴァレンス》を指摘する。

ポストコロニアル理論は、植民地化された社会にヨーロッパの征服がもたらした文化的政治的衝撃について、またさらに植民地化された社会の側からの反応について、探求し、いくつか命題も提出している。この用語における「ポスト」は、「植民地主義が終わって以後」ではなく「植民地主義が始まって以後」を指している。帝国社会と被支配社会との文化闘争は、現在もなお継続しているのだ。ポストコロニアル理論が関心を寄せるのは、広範囲におよぶ文化遭遇の実態である。すなわち植民地化された社会におよぼす帝国言語の衝撃。ヨーロッパ人の「原言説《マスター・ディスコース》」群（歴史とか哲学にみられる）の効果。植民地教育の本質とその帰結。西洋の学問的知と植民地権力の関係など。またとりわけそれが関心を寄せるのは、植民地化された者たちからの反応形態である。たとえば支配的な言語や言説や物語形態を横《アプ》領流用《ロプリエーション》することによって、自己表象をコントロールする闘争。場所や歴史や人種やエスニシティの表象をめぐる闘争。グローバルなオーディエンスに対してローカルな現実を提示する闘争。ポストコロニアル理論が、これまでずっと、文学理論のほうに大きく傾いてきたのは、植民地化された人びとが植民地言語（とくに英語）を使って書いた文学が盛んになり、それに刺激されてポストコロニアル理論が誕生したことに由来するが、しかし、いまやポストコロニアル理論は、歴史分析、政治分析、社会学分析の各分野で、その関連性が認知され、広く用いられるようになった。

たり、捨てられたり、時間のなかで実現したりする文化対象となる過程のことである。テクストの物質性はまたその権威のおよぶ範囲をふくむ。

世俗世界性への問い、つまり世界のなかにおける作者自身の位置をめぐる問いかけは、サイード自身の仕事を検証するときに必ず生ずるもうひとつの逆説の核心に触れることになる——わたしたちはテクストを、いかにして読むか？　なにしろサイードのテクストをふくむ、いかなるテクストも、利用可能な多くの言説から構築されるのだが、その言説内部では作者自身が「構築途上の」主体とみられてしまうかもしれないし、作者自身はまたペンをとるとき、言説についてまったく意識しないかもしれない。世俗世界性は、政治的方向性をもつ理論において、もっとも紛糾した問題のひとつを問うことではじまる。それは、テクストのなかで、誰がわたしたちに語りかけるのかという問題である。そしてこれはまた、サイードの著作をめぐって、わたしたちもまた問わねばならぬ問題である。テクストのなかにおける「作者」は、テクストによる構築物であるが、このことは、たとえばテクストのなかでは誰もわたしたちに語りかけていないというような、現代の理論の多くにみられる考え方を踏まえなくとも、確認できる。そのため最終的に世俗世界性がかかわるのは、テクストの起源の物質性である。というのもこの起源における物質的存在は、テクストが語る内容の物質性そのもののなかに埋め込まれているからだ。サイードの場合、テクストが語る物質的起源とは、権利剥奪、不正、周辺性、従属化であった。

テクストの世俗世界性

サイードの世俗世界性理論の意義を理解するために、わたしたちがさかのぼって考えるべきは、一九五〇年代から六〇年代の批評理論における構造主義革命である。この時代以前の批評家たちが、多かれ少なかれ、前提としていたのは、書物を作者と読者との単純なコミュニケーションとみることだった。しかしフランスの構造主義理論家ロラン・バルトは言語学の成果を踏まえたうえで、「テクスト」の概念を使い、文学作品が現実にいかにして誕生するのかその説明を試みる。「テクスト」という語は、「肌理《テクスチャー》」とか「織物《テクスタイル》」と関係する。バルトによれば、書かれたテクストは、単純な一文から複雑なテクストにいたるまですべて、水平のより糸――彼が「統辞」軸と呼ぶ、ひとつの文のかたちに単語が線状配置されること――と垂直のより糸――彼が「範列」軸と呼ぶ、単語の配置のさいに使われる可能性のある語の領域――をからませてできている。たとえば統辞軸に並んだ 'The cat sat on the mat'〔猫がマットに鎮座していた〕は、範列軸におけるべつの等価の単語を代入して、'The dog ran on the grass'〔犬が芝生で駆けまわった〕をつくることができる――これはまったく異なる意味をもつが構造的に似ている文である。

これだけならなんとも単純な話なので、構造主義が文学分析にあたえた大きな衝撃について力説しても、ぴんとこないかもしれない。ただ、この原則がもっと複雑なテクスト群に適用されたとき、構造主義的分析はテクストのなかに作者が思いもつかなかった要素のむすびつきを、いや作者とはまったく無関係に生起しうる要素のむすびつきを検出できたのである。テクストは作者からの単純なコミュニケーションであるどころか、その社会的・文化的「パラダイム〔範例〕」から手に入るさまざまな要素から成る構造体とみなされた。基盤となる構造が可能にする範囲での、自由な選択と組み合わせからなる諸関係の相互作用、その結果そのものが意味とみなしうるものなのだ。たとえば「ブルータスという人物」といった場合、あくまでも、それは世界のどこかにある何かを再現表象したものではなく、むしろ構造のなかで確立された諸関係の帰結にすぎない。これは〈作者〉をめぐる認識に、根源的な変革をもたらすことになった。もはや作者は、テクストに意味を付与する創造的天才でもなければ、テクストにおける意味の最終的裁定者でもない。バルトが提言するように、〈作者〉とは言語の函数《ファンクション》〔＝産物〕そのものとなった。純然たる構造分析の人気は比較的短命だったとはいえ、それが導入したテクスト概念は、以後、あらゆる形態の現代理論に影響を及ぼしてゆく。

　いっぽうポスト構造主義は、構造主義のように、テクストの構築性を認めるいっぽうで、構造体が最終的な意味に到達しうるという、構造主義の考え方を否定する。ロラン・バルト自身、初期の構造主義的ポジションを変え、ジャック・デリダは一九六九年の著名な講演「人文科学における構造と記号のゲーム」（Macksey and Donato 1970〔デリダ『エクリチュールと差異』下・所収〕）において構造概念の問題点は、構造が組織原理なり中心をもつということだと主張した。この組織原理の固定性こそ、ポスト構造主義が否認するものである。ポスト構造主義にとって、中心とか、意味を決定できる明確な組織原理といったものは、わたしたちが最終的な意味に到達できない以上、そもそも存在しないのである。

ポスト構造主義と構造主義とのちがいを理解するには、その礎石となった言語理論にさかのぼる必要がある。バルトの構造主義は、フェルディナン・ド・ソシュールの構造主義言語学にもとづいている。ソシュールの考えは、弟子たちが一九一六年に講義ノートをもとに出版した『一般言語学講義』からうかがい知ることができる。ソシュールが提起するのは、単語は世界のなかにある事物を再現代理してはいないというラディカルな考え方である。記号は、他のすべての記号がそうであるように、他の記号との差異から意味を獲得するというのだ。「コウモリ」といった語は、多くのことを表しうるが、わたしたちはその意味を、文のなかの他の記号との差異によって理解する。記号はそもそもふたつの要素から成り立っている。聴覚イメージとかシニフィアンと呼ばれるものと、概念もしくは心的イメージでシニフィエと呼ばれているもの。ソシュールにとって両者の関係は恣意的である——いいかえると特定のシニフィアン、たとえば英語のなかの一単語と、それが意味する概念とのあいだには自然な、あるいは必然的なつながりはない。しかし、恣意的ではあっても、この関係は安定しているとソシュールは主張する。シニフィアンとシニフィエはつねに記号においてひとつにむすばれる。これが言語構造の本質であった。

ポスト構造主義が構造主義と袂を分かつのは、まさにここにおいてである。なにしろ、ポスト構造主義は、あらゆるシニフィエは実際にはシニフィアンとみなしうると主張するからだ。意味は、シニフィアンのほとんど終わりなき連鎖にそって繰り延べられ、遅延させられる。このことのアナロジーとして、辞書のなかで単語の定義を調べる作業をあげることができる。ひとつの単語を定義するには、説明のためにべつの単語を必要とする。しかしそのべつの単語もまた、べつの単語による説明を必要とする。テクストは「脱構築」でき、単純な構造体どころか、つねにその基盤となる諸前提と矛盾することを証明できる。最終的にポスト構造主義は、テクストの組織原理や中心を否定することにおいて構造主義とは異なるとはいえ、構造主義と同じように、世界とテクストとの差異は存在しないと主張する。つまり「世界」は、テクストによって構築されているのである、と。

英語圏におけるポスト構造主義人気は、一九六〇年代の後期にはじまったとみてよいだろうし、サイード自身、実のところ、この新しい理論を咀嚼してアメリカの読者に紹介した最初のひとりなのである。しかし著述の政治的インパクトに関心のある者なら誰にとっても、このような理論には問題がある。テクスト性とか、終わりなき意味の遅延といった考え方が、いかに物足りないかを理解するには、サイード自身の著述の複雑な世俗世界性をみるにしくはない。サイード自身が「テクスト」といった用語に不満足なのは、彼がフーコーの問いかけを反芻することからもよくわかる――「いかなる点において作者のテクストが始まり、そしえてそれはどこで終わるのか。ニーチェによって書かれた葉書や洗濯物のリストは、彼の統合的テクストの延長線上にあるのか、ないのか」(1983: 130『世界・テキスト・批評家』二二五)。テクストを書物の意味に限るという前提には抵抗すべきだということはサイードも承知しているが、彼はそこからさらに、文学を不活性な構造体として扱うのは、文学が世界に位置づけられた〈行為《アクト》〉であるという重要な事実を取り逃がすことであると主張する。テクストを範列的なものと統辞的なものが組み合わさったたんなる構造体として扱うのは、強いて言うなら、テクストを、つまり文化産物であり文化的〈行為《アクト》〉でもあるテクストを、それが生み出された権力関係

TEXTUALITY

テクスト性

そのもっとも単純なありようとしては、なにかが「テクスト」であること、なにかが「テクスト性」をもつには、そのなにかは「読まれる」ものでなくてはならない。しかし書物や絵画や音楽や映画もテクストとしてみなせるいっぽう、そのテクスト性は、「作品《ワーク》」としての位置づけとは異なる。ロラン・バルトは「テクストの理論」と題された論文のなかで〈作品〉を「完成された対象」であり、「物理空間」を占有するものとしたうえで、これを、「方法論的なフィールド」である〈テクスト〉と比較している。作品は手にとってみることができるのに対し、テクストは言語のなかでしか保持しえない。重要なことはテクストが〈作者《オーサー》〉から分離できることであり、〈作者〉は、バルトによれば、テクスト構造の産物なのである。作品はなんらかのかたちで世界について言及していることを、わたしたちは前提としてよいのだが、しかしバルトによれば「世界」もまた、〈作者〉と同じように、テクスト性の、テクスト構造の、産物なのである。テクストは、「織物《テクスタイル》」のように構造化されているのだが、それはテクストが統辞軸つまり時間軸に沿う諸要素と、範列軸つまり概念的諸要素をより合わせることによって作られるからである。しかもこのより合わせは、〈作者〉がおこなうのではない。テクストは、あくまでも、テクストを可能にする特定の状況の帰結にすぎない。このように〈作者〉と〈世界〉をテクストの産物に格下げすることは読者（ならびに批評家）の地位を格上げするいっぽうで、テクストと世界との直接的な関係を排除することになる。

から引き離すことである。このような傾向は、止むに止まれぬ欲望、書きたいという欲望の毒気を抜いてしまうことになる。なにしろその欲望は「終わりがなく、多様で、どこまでも不自然で抽象的なものであり、それは「書く」ということが、一片の著述を完成したことぐらいでは決して汲みつくせるものではない可能性を有しているからである」(1983: 131〔同二一八〕)。

サイードがマウント・ハーマン校の生徒だったときの感動的な逸話が、テクストに対する高度に構造化されたアプローチと、テクストの「世俗世界性」を重視するアプローチとの違いを、みごとに示してくれる。「マッチをつけること」というテーマで作文を書く課題をあたえられたとき、まじめ一本やりの生徒だったサイードは、律儀に百科事典を調べ、マッチ産業の歴史を調べ、化学薬品のマニュアルを調べ、何か権威ある「正しい」解答をみつけようと無駄な努力をしたのである。教師から「でも、誰かがマッチをするときに何が起こるかを考えるときに、それがもっとも面白い方法かね」と問われ、サイードはそのときはじめて、自分のなかにこれまで抑圧されてきた批評能力と想像力が目覚めたことを驚きとともに知るのである(1999: 230〔『遠い場所の記憶』二六七―二六八〕)。マッチという発火装置にかんする科学的な記述と、マッチを擦ることを中心とする経験が何であるかを把握することとのちがいは、テクストにかんする「神学的」あるいは理論的教条的な観点と、テクストを著述行為として認知することとのちがいに、よく似ているのである。

こうした書記行為を世界のなかに位置づけるとき、わたしたちのテクスト概念は、書物という客観的な場を超えて拡張するだけでなく、書字の物質的存在を超えてゆくことになる。著述とは、多くの異なる諸力を、それも話したり踊ったり彫ったりしたいという欲望ではなく、ほかならぬ書きたいという欲望に収斂する諸力を、判読可能な書字へと、複雑だがまた全体として秩序だったかたちで翻訳することである（1983: 129〔『世界・テキスト・批評家』二二三〕）。文学批評においてこのことを考慮しそこなうことは、テクストの構造分析をめぐる問題だけにとどまらない。多くの専門的文学批評もなんらかのかたちでテクストを物的対象へと還元し、そうするなかで権力とテクストの、また権力と批評家との現実的な関係を隠蔽する。アカデミックなテクスト実践と現実の権力関係とのつながりを暴くこと、それがオリエンタリストの言説に対するサイードの批判の根底にある姿勢である。

文学的書記行為の伝統のない社会においては、書きたいという欲望は、明らかに、緊張感をともなう高度に媒介された政治行為となり、時として興奮した意識状態から生まれることもある。なぜこの著述形式であって、あの著述形式でないのか？　なぜこの時点であって、あの時点ではないのか？　そもそもなぜ、文学的著述なのだ？　しかし、いずれにせよ、作者による（作者のための）合理的選択の帰結として、またそこから生ずる新秩序と複合状況の証拠として、印刷されたテクストが残る（1983:129〔同二二三―二二四〕）。著述は、二番煎じ的な表象ではない。つまりすでにそこにある経験を表象するなんらかの二義的存在ではなくて、書記行為そのもののなかに形成されるなにかをめざして生み出されるものなのだ。世俗世界性をめぐるサイードの理論の真の力は、記号の意味は他の記号との差異のなかに生ずるというソシュールの記号観を受け入れ、さらにテクストと世界との単純な関係を構造主義者と同じく否定していることだけにとどまらない。そこで終わるのではなく、彼はテクストと批評家の双方の起源ともなる世界の根源的な政治的重要性に固執する。ただ、その世界への唯一のアクセス手段が、著述そのもののなかにしか形成されないというだけのことだ。

テクストの世俗世界性を考察するうえでサイードの出発点のひとつは、カナダの変幻自在なピアニスト、グレン・グールドがリリースした一枚のレコードである。このレコードにはなぜグールドが生演奏《ライヴ・パフォーマンス》をやめたのかその理由を説明するインタヴューが含まれている。このグールドの戦略は、世界とテクスト対象との錯綜した関係をあたかもパロディにしているような趣がある。

ここには、かつては音楽に奉仕する禁欲的な演奏家を代表したが、いまや音楽娼婦とさほどかわらない、これみよがしな巨匠へと変貌したピアニストがおり、これは、自分のレコードを第一弾として売り込もうとする男、それも注目度の高い直接性をともなうライヴ・インタヴューの付録をつけたレコードなのである。(1983: 32〔『世界・テキスト・批評家』五一〕)

それ自体、特殊なテクストであるグールドのレコードがまざまざと示していたのは、テクストが世界とのつながりを確保しようと苦慮するさまであり、またポスト構造主義者が主張するところの意味形成作用の終わりなき遅延にテクストがいかに抵抗しようとするかである。

音楽テクストと書かれたテクストとのあいだにはさまざまな共通点があるが、基本的に、どちらも、いっぽうで再生産可能な物質的性格を共有し、また他方で、製作者のスタイルの実演という性格を共有している。テクストは、それが実際にテクストである〔*being a text*〕という点において、世界のなかの存在〔a being〕である（1983: 33〔同五三〕）。すなわち、テクストは、物質的存在をもち、文化史と社会史をもち、政治的でおまけに経済的でもある存在様態をしめし、もちろん、他のテクスト群とも一連の暗黙のつながりがある。したがって、音声言語《スピーチ》とテクストとのあいだに主張される単純な対立関係、かたや状況や指示作用に拘束される音声言語、かたや音声言語がもつ世俗世界性を遮蔽もしくは阻止するものとしてのテクストという対立関係は、まちがっている。そうであるがゆえにサイードは、フランスの現象学者ポール・リクールがその論文「テクストとは何か——説明と解釈」のなかで示した見解を批判するのである。リクールの主張によれば——

> 言語……ならびに一般的に、紛れもない言語の全指標が、言説の審級をとりかこむ周囲の現実のなかに、言説そのものを係留しようとする。かくして生きた音声言語においては、ひとが話すことの観念的意味は、現実の指示作用へと、つまりひとが話すときの「〜について」へと傾斜することになる……
>
> テクストが音声言語に取って代わる場合、これはもう真実でなくなる。……そういえるのは、音声言語が遅延させられるからであり、テクストは「宙に浮き」、世界の外に位置するか、あるいは世界を排除するからである。（Said 1983:34〔『世界・テキスト・批評家』五四〕に引用されている）

リクールは、じゅうぶんな議論をすることもなく、周囲の現実とは、もっぱら音声言語の属性なのだと決めてかかる。しかし単純な事実としていえることは、テクストもまた、どんなに浮世離れした形態をとろうとも、その存在はつねに環境や時間や場所や社会にからめとられている。「要するに、テクストは世界《ワールド》のなかにある。それゆえ世俗世界的《ワールドリー》なのである」(1983: 35〔同五六〕)。同様に、批評家もまたテクストを周囲の現実に翻訳するだけの存在ではない。批評におけるテクストの再生産は、それ自体で、環境のなかにとりこまれている、つまり「世俗世界性」のなかにある。現に、ポストコロニアル作家や批評家双方にとって、この世俗世界性は、必要不可欠な要因である。なにしろテクストが語りかけるときの語り方なり語りかけの目標となるもの、テクストの対抗的性格、テクストの暴露的な表象、テクストの周縁性、こうしたものすべては、テクストが世界のなかに存在するがゆえの基本的特徴なのだから。

デリダと同様、サイードも、音声言語が著述に先立って存在するという考え方に反対する。書かれたテクストは、観念上の存在である語られたテクストをただたんに反映するとか再生産するのではない、というわけだ。だが、音声言語と著述を分離するリクールの考え方を批判するなかで、サイードは、意味形成作用の遅延、終わりなき解釈行為というデリダの提言も却下する。むしろ、サイードにとってテクストは、それ自体が音声言語と同様に世界のなかに位置づけられているがゆえに、その物質性なり世俗世界性なりを主張する。テクストは世界から、あるいは音声言語から分離されているのではなく、音声言語的性格を主張しているのだ。ここで留意すべきは、「テクスト」という語でたいていサイードは書かれたテクストを意味することだ。このテクスト性は、たとえばロラン・バルトにおけるほどの広範な意味をもつものではない。しかしテクスト性の原理は、多種多様なテクストに適用される。テクスト性のもつ構造的特徴は、きわめて有益な分析道具となりおおせたが、その一方でテクストのもつ社会的・政治的意味をテクスト性のたんなる効果に、テクスト戦略によって考案されたものに、おとしめる危険性があった。テクストの世俗世界性によって必然的にうまれる政治性が、とりわけポストコロニアル・テクストには重要であるのは明らかだが、それは、テクストが世界を表象できるから重要なのではなく、テクストが世界のなかに実際に存在し、世界に介入するのを目的としているから重要なのである。しかしこの世俗世界性は、テクストが世界のなかに存在するがゆえの帰結である以上、あらゆるテクストの特徴なのである。

サイードにとって重要な挑戦となるのは、テクストに対する以下の二つの姿勢を調停することだった。その二つの姿勢は、テクストが世界のなかに存在を確保する方法について、それぞれ独自の方法で、あやまった表象を蔓延させている。そのうちひとつは、古典的なリアリストの立場で、テクストを、「外部の」世界について、ただ指示するものとしかみない。その見解は、言語が媒介することを考慮に入れていないし、テクストについて語られることを枠付けてしまい、世界のなかで何が「見られる」のかを勝手に決めてしまっている。他方、構造主義に刺激をうけた立場は、世界を、絶対的存在をもたないものとみなし、世界はすべからくテクストによって構築されたものとみる。この見解は、テクストに媒介されない世界体験を認めないばかりか、テクストの外部にいかなる世界も認めないのだ。このふたつの極論に対し、サイードはつぎのような調停案を出す。まずテクスト（ならびに、これによって、わたしたちは音声言語、絵画、その他のテクスト形式を意味する）は、わたしたちの世界体験を処理するときに重要なはたらきをするが、テクストの世俗世界性と環境、「歴史的偶然性と感覚的個別性をもつ出来事としてのテクストの地位は、テクストのなかに組み込まれている、つまり意味を伝達したり作り出したりするテクストの能力の、それも破壊されない一部と、考えられる」（1983: 39〔同六三〕）。これはつまり、テクストは、わたしたちが世界を「所有する」とき重要なはたらきをするが、しかし世界も存在し、テクストの世俗世界性はテクストの内部に構築されるということである。テクストが携えている特定の状況は、解釈者に制約を課すのだが、これは「その状況がテクストの内部に神秘として秘匿されているからではなく、状況が、テクスト対象の表層にある個別性と同じレヴェルにおいて存在するからである」（1983: 39〔同六三〕）。テクストは、リアリストや構造主義者の立場において示唆されるように、世界の外側に存在しているわけではない。そうではなくてテクストは、それが語っている世界の一部であり、テクストのこの世俗世界性は、テクストのなかに、テクストを形成するものの一部として現前するのである。

意味形成作用の「遅延」、解釈の無限後退というデリダの観点は、世界のなかに満足なかたちで位置づけられないがゆえにつねに無意味へとむかう意味なるものを、すくなくとも理論上、想定している。しかしサイードの主張によれば、さまざまな点において「世界がテクストとまさに一体化するという考え方は、読者に再考をせまるものである」（1983: 39〔同六三〕）。テクストは世界のなかにあり、世界とさまざまな種類の連携関係《アフィリエーション》をもっている。そしてテクストとしての機能のひとつには、さまざまなやり方で世界の注目を喚起することがあげられる。多くのテクストは、そのテクストによって具体的なかたちで想像された状況の明確な細部を、みずからのうちに組み込んでいるのである。

たとえばサイードの議論によれば、ジェラルド・マンリー・ホプキンズ（一八四四―八九）、ジョウゼフ・コンラッド（一八五七―一九二四）、オスカー・ワイルド（一八五四―一九〇〇）といった作者たちにおいては、「発話と受容、音声言語性とテクスト性との意図的な相互作用が、テクストの状況であり、テクストを世界のなかへ位置づける行為そのものである」（1983: 40〔同六四〕）。注目してほしい。これが、たとえば著述は音声言語を再生産するだけだとか、音声言語の対極にすぎないという前提から、いかにかけ離れているか。オスカー・ワイルドにとって、彼の十八番であった、警句というのは、現実の場で解釈に制約をもうけるのと反比例して、純粋なテクスト上の制約から脱却しているようにみえる。この形態のテクストは「ワイルドのラディカルな提示の典型であった。なにしろ簡略な発話が、その作者に対し、最大幅の主題と、最高度の権威と、最小限の曖昧さを保証するからである」（1983: 42〔同六八〕）。同様に、ジョウゼフ・コンラッドの特異な提示モードは、語りの契機を劇的に示し、それを動機付け、そこに細部をあたえるはたらきがある。コンラッドのテクスト群は、みずからを未完成のもの、いまだ進行中のものとして提示するのだが、この現象は、テクストの緊急性を増大させたり、作家と読者とのあいだの絆を強固にするだけでなく、固定されたテクスト構造という概念全体を疑問に付すのである（1983: 44〔同七二〕）。このように、こうした作者のテクスト群は、世俗世界性をただ反映するのではなく、それを高らかに宣言しているのであり、そのとき、〈作者〉がなんらかのかたちで意味の「中心」であることをいささかなりとも前提としていないのである。

テクストの世俗世界性がもつ、本質的に政治的な性格は、テクストの主題とテクストの構成の双方に生ずる。わたしたちは、伝統的に、作者と読者が対等の立場でコミュニケーションしているとみなしがちである。しかしドイツの哲学者フリードリッヒ・ニーチェ（一八四四—一九〇〇）がみていたように、テクストは基本的に権力の場であって、民主的な交流の場ではない。言説状況は、対等の者どうしの交流どころか、むしろ植民者と被植民者、抑圧者と被抑圧者との関係に近いのだ。言語とテクストは世俗的なものであるがゆえに、その効果、ときにはその使用法には、所有関係、権威、権力、力の行使がからんでくる。こうした不均衡な言説関係の状況のなかから、学問研究としてのオリエンタリズムは誕生しているのである（1983: 47〔同七六〕）。

ジェイムズ・ジョイスの小説『若き芸術家の肖像』の主人公スティーヴン・ディーダラスが、言語から自己の疎外状況を説明せざるをえなくなるのも、こうした言説関係があったからである。英語の教師とのやりとりのなかで彼はこう考える——

ぼくたちが話している言語は、ぼくのものである以前に彼のものだ。〈家庭〉とか〈キリスト〉とか〈エール〉とか〈主人〉という言葉が、彼の唇から発せられるのと、ぼくの唇から発せられるのとでは、なんというちがいがあるのだろう。こうした言葉を、居心地の悪さを感ずることな

> く、話したり書いたりはできない。彼の、とてもなじみぶかいくせに、またとても異質な感じがする言葉は、ぼくにとっては、いつも、教え込まれた言葉となるだろう。ぼくはその言葉を作ったわけでも受け入れたわけでもない。ぼくの声がそれを追いつめる。ぼくの魂は、彼の言葉の陰で呻吟している。
>
> （Said 1983: 48〔『世界・テキスト・批評家』七九〕に引用されている）

いまやこれは、ポストコロニアル社会にみられる、植民者の支配的言語に対するおなじみの反応になっている。十九世紀をとおして勢力拡張したヨーロッパの列強によって導入された権力関係に対する原型的な反応が、音声言語のなかにみられる。音声言語が、植民地支配によって生じた政治的・人種的排除を収約して示すのだ。他のいかなる権力関係も、テクストと世界との、著述と物質的効果（権力関係から発生する）との関係を、これほど的確に記述できはしない。つまりテクストと読者との関係は、植民者と被植民者との関係に似ているのだ。ここにみられる権力関係は対等な者どうしのそれではないかもしれないが、これもまたひとつの関係であり、しかもそれは、テクストが世界と切り離せるとか、テクストは音声言語の対極にあるという原則を反故《ほご》にするものなのだ。あまりに多くの例外が、あまりに多くの歴史的、イデオロギー的、形式的状況が、テクストを現実のなかに関係づける。たとえ一個のテクストは、それ自身の聞き届けられぬメロディーを携えた沈黙の印刷物であるとみなせるにしても。テクストを生み出すのは、世界であり、その世界の物質的な権力趨勢の複合であり、状況への位置づけ状態であって、それらを個々のテクストは個別的に語るのである。

テクストの世俗世界性を読む――フィリエーションとアフィリエーション[訳注5]

テクストの世俗世界性を特徴づけ、また批評的読解のさまざまな可能性を照射してくれるきわめて重要な二項対立のひとつ、それが「フィリエーション」と「アフィリエーション」である。サイードによれば、「フィリエーション」（血統、親子関係）のパターンは伝統社会においては社会を団結させる力として作用したが、複雑多様化した現代社会においては維持するのが次第にむずかしくなり、「アフィリエーション」のパターンに取って代わられるようになった。フィリエーションが自然界における親子関係を指示するのに対し、アフィリエーションは文化をとおしての同一化のプロセスを指示している。サイードが推奨するのは、一般的批評原理としてのアフィリエーションである。なぜなら、テクストを考えるとき、他のテクストとのフィリエーション的関係だけに注目し、テクストが生まれた「世界」にはほとんど関心を寄せない狭い観点から、アフィリエーション原理は批評家を解放してくれるからである。たとえばサイードがこの言葉を使い始めたとき、念頭にあったのは、英文学の正典が、フィリエーション関係のみに光をあてて研究されがちだという状況であり、また文学作品は、先行する文学作品との関係をとおしてそのもっとも重要な意味を産出するという、文学を実質的には自己永続化するものとみるような前提であった。サイードにとってはアフィリエーション重視の読解によって、批評家は、文学作品を世界のなかの現象とみることになる。文学作品が、非文学的・非正典的・非伝統的なアフィリエーション関係のネットワークのなかに位置づけられているのがみえてくる。この意味でアフィリエーションは肯定的にみられている。それは、新たな批評の基盤となるもので、テクスト群のなかにおけるアフィリエーション過程を認知することで、批評は、ヨーロッパの正典中心の狭い基盤から解放されるかもしれないと期待されたのだ。

「アフィリエーション重視の」批評活動の帰結とは、政治的・社会的世界のほとんどが、とりわけ、あらゆる文学、あらゆるテクストに見出せる、非文学的・非ヨーロッパ的そしてなによりも政治的次元が、批評家の精査の対象になったことである。アフィリエーションはテクストの世俗世界性の特徴である。いっぽうフィリエーションが示唆するのは、テクストのユートピア的領域、つまり他のテクスト群と連続的に、同質的に、縫い目のないかたちで結びつけられたテクスト群の領域である（いわゆる「英文学」とよばれているテクストのカテゴリーなどがその一例である）。これに対し、アフィリエーションは、テクストがみずからをテクストとして維持するのを可能にしてくれるもの、つまり「作者という地位、歴史的契機、出版状況、普及と受容、頼られる価値、前提とされる価値観や理念、コンセンサスによって暗黙のうちに保持された諸前提の枠組、想定された背景など」（1983: 174-175『世界・テキスト・批評家』二八七）である。テクストのアフィリエーションは、つねにわたしたちをその世俗世界性へと引き戻すのだが、それはアフィリエーションを考慮することによって、わたしたちは「このテクストはどこで生まれているのか？」「いかにして誕生しているのか」（Aschroft 1996: 6）と問わずにはいられなくなるからだ。アフィリエーションは、わたしたちを、テクスト生産の場所と、場所への位置づけ状態へと、容赦なく引き戻すのである。

アフィリエーションは、ヨーロッパ文学とか正典文学の狭い境界の彼方に批評的眼差しをおくり、いま述べたような文化的肌理《テクスチャー》に探りをいれることになる。「アフィリエーションによるネットワークを再構築することは、テクストを社会や作者や文化とへと繋げる諸要素を、可視化し、それに物質性をあらためて付与することである」(1983: 175〔同二八七〕)。テクストの物質性への関心によって、サイードは、英文学のテクストを「対位法的」(本書165頁参照)に読み、テクスト群がどの程度まで帝国主義という大きな政治プロジェクトに組み込まれているかを見極められるようになった。伝統的に、「英文学」の言説にフィリエーション的にむすびついていると想定されているテクストが、いまや、それが生み出され、読まれるようになった歴史と文化と社会のネットワークと、アフィリエーション関係にあるとみなされるようになったのだ。

サイードはまた、この概念を使って、いかにしてアフィリエーションのネットワークが植民地化された社会を帝国文化へと接続させるかを記述しようとした。文化的アイデンティティは「対位法的アンサンブル」(1993: 60〔『文化と帝国主義』1・一一三〕)と解され、帝国文化と植民地文化のしばしば隠れたアフィリエーションが対位法的読解の対象となるようにあぶりだされることになった。植民地化された社会が土着の文化伝統とのフィリエーション的絆を断ち切り、帝国の社会的・政治的・文化的制度とアフィリエーション関係をもとうとすることを記述するときにも、アフィリエーション概念は、あきらかに役に立つ。アフィリエーションが意味するのは「かたや形式とか陳述とかその他のさまざまな洗練された芸術、かたや制度や機関や階級や無定形な社会的諸勢力、この両者の独特の文化的結合からなる暗黙のネットワーク」（1983: 174〔『世界・テキスト・批評家』二八六〕）である。サイードはこの概念を、グラムシのヘゲモニー概念（本書83頁参照）とむすびつけ、アフィリエーションのネットワークそのものは、ヘゲモニー的支配管理操作の領域となることを示唆したが、このことは帝国文化をいかにコントロールするかという問題においてとりわけ明白になるかもしれない。

訳注5　サイードの基本用語である「アフィリエーション」affiliationも、「所属」「所属関係」を意味する日常語である。サイードは「フィリエーション」filiation（血縁、親子関係）との対比によって、この「アフィリエーション」の意味の幅を広げている。過去の翻訳においては「所属関係」とか「類縁関係」と訳されることが多かったが、『世界・テキスト・批評家』（山形和美訳）では、「フィリエーション」を「親子関係」、「アフィリエーション」を「養子縁組関係」と訳している。本書では「アフィリーション」を「連携関係」と訳し、煩雑にならない範囲で「アフィリエーション」とルビをふることとしている。なおこのセクションは、定義と説明の部分なので、煩雑だが、あえてカタカナ表記のままにして、意味の可能性を見極められるようにしている。

要約

ロラン・バルトのような理論家によって、テクスト概念が、またテクストと作品あるいは書物との差異が、導入されたときこそ、現代の理論における、おそらくもっとも広範囲にわたる変化のひとつがはじまっていた。テクストは、作者からの単純なコミュニケーションであるどころか、はるかに複雑な構成物とみられるようになった。しかしテクスト性の隠れた効果は、テクストと世界とを切り離すことであった。エドワード・サイードにとって、テクストが誕生した世界、テクストが連携関係《アフィリエーション》によって結ばれている世界は、解釈作業にとってのみならず、テクストが読者にインパクトをあたえるときにも、重要きわまりないものである。テクストの世俗世界性は、テクストのなかに、それ自身のありようの産物として埋め込まれていることをサイードは証明している。テクストの世俗世界性は、物質的に現前し、文化史と社会史をたずさえ、政治的さらには経済的なありようをしめし、もちろん他のテクストとも広範囲の暗黙の結びつきを形成する。わたしたちは、テクスト性を捨てることなく、また言語の中心性を無視することなく、次のことを証明できる。すなわちテクストが世界に埋め込まれること、世界とテクストの連携関係のネットワークが、テクストの意味と意義、ならびにテクストとしてのアイデンティティにとって必要不可欠である、と。

第二章　世俗世界性――批評家

現代の理論における構造主義革命は、テクストにおよぼしたのと同じ大きな衝撃を批評家の機能にもあたえることになった。このことは、戦後の大学教育の急速な拡充や、それに続いて生じたアカデミックな批評の高度な専門化とも連動するもので、これによって、理論について語るには、複雑な専門言語を駆使するしかないことを、暗黙の前提とするような傾向が助長された。サイードの主張によれば、テクストの世俗世界性を、構造主義的な静的対象へと骨抜きにすることで、現代の理論は、批評家の活動を世界から取り除き、専門知識をもたない読者と批評家との溝をますます深めることになった。

批評家の機能、また広い意味でいえば公的知識人《パブリック・インテレクチュアル》の機能は、サイードにとって、つねに憂慮すべきものであり、その思索は一九八三年の『世界・テキスト・批評家』から一九九四年の『知識人とは何か』や一九九九年の『遠い場所の記憶』にいたるまで連綿とつづいている。知識人が彼もしくは彼女の社会において関連性のあることを発言できるためには、世俗世界性の概念は不可欠である。もし世俗世界性がなければ、知識人は、みずからの発言の基盤となる世界、ならびにみずからの発言を受けとめる世界をもてない。そのような世界のなかにエドワード・サイードが位置づけられていることから生ずる逆説こそ、彼の経歴を彩る数々の逆説の源であろう。しかし、世界が、テクストと批評家とにつながっていることこそ、まちがいなく、知識人の仕事に関するサイードの考え方にとって重要な鍵をにぎるものである。知識人の役割に関するサイードの見解が、ラディカルな攻撃をかけるのは、象牙の塔を立ち上げるような専門分化の蔓延に対してである。いまやその専門分化が、アカデミックな批評を特徴づけるようになってきたのだから、そして、その専門分化こそが、批評を、現代の社会の政治的現実からますます遠ざけようとしているのだから。

世俗批評

サイードによれば、批評家は社会のなかで他人とは異なる独自性を示す能力をもつが、そこから専門分化の罠が、「専門的エキスパート崇拝」が生まれ、現実問題として、批評家の活動が、現代社会の緊急の政治的関心事に対し周辺的なものに追いやられてしまったのだ。こうした趨勢に対し、サイードが提起するのは世俗批評と呼ばれる批評形態で、これは「聖職者だけが通じているような」秘儀的で深遠な専門分化を廃し、関心の幅を広げること、アマチュアリズムを優先することで、知識人の仕事が現実の社会から遊離するのを防ぐことになる。知識人がみずからの関心を、どれほど「高尚なものか、もしくは究極的価値をもつ」と信じようとも、知識人の実践のモラルは、世俗の世界に根をおろすことからはじまるべきものであり、「どこでおこなわれているのか、誰の利益に奉仕しているのか、首尾一貫した普遍主義的倫理をどのように嘲弄しているのか、権力と正義とをいかに区別しているのか、みずからの選択と優先事項についてどこまで明らかにしているか」(1994: 89〔『知識人とは何か』一九〇〇〕)に影響を受けるのである。

彼が提唱する世俗の三位一体——「世界」「テクスト」「批評家」——が、まっこうから対立する「神学」とは、ポスト構造主義が代表するような、現代の理論的アプローチであり、これは専門的批評実践の絶えざる内向化につながっている。わたしたちがいま到達した段階は、とサイードはつぎのように述べる——

専門分化と専門家主義が、文化的ドグマ、ほとんどむきだしの自民族中心主義《エスノセントリズム》〔白人中心主義〕やナショナリズム、また驚くほど執拗で半ば宗教化した静観主義とも結託して、文学の専門家や、アカデミックな文学批評家たち——文化によって生み出されたテクスト群に関する解釈においてもっとも集中的で厳しい訓練を受けてきた者たち——を、まったく別世界へと拉致したのである。その外界に煩わされることがない隔離世界は、事件と社会性からなる世界、まさに近代史が、近代の知識人や批評家たちが、実際に築き上げてきた世界と接触を失ったようにみえるのだ。
（1983: 25〔『世界・テキスト・批評家』四〇〕）

サイードによれば、批評は、一九七〇年代までに、「テクスト性」（本書39頁）の迷宮へ、文学理論という謎めいた無菌化された主題へと後退してしまった。テクスト性は、歴史のアンチテーゼそのものである。というのもそれは誕生するとしても、特定のどの場所にも、どの時代にも属さないというのだから。

今日のアメリカのアカデミーで実践されている文学理論は、そのほとんどが、テクスト性を、それを人間の仕事の所産として実現し理解可能なものにした外的環境から、出来事から、物理的感覚から、隔離してしまったのである。
（1983: 4〔『世界・テキスト・批評家』六〕）

皮肉なことに、現代の理論のめざすところが、ますます複雑になり、またさらに眩暈すらおぼえるほどになるにつれ、基盤となった社会に語りかけることがなくなったのである。

テクストのアポリアとか思考不能のパラドクスに入れあげ、世界を放棄した現代の批評は、その支持基盤から、つまり現代社会の市民層から後退し、市民を「自由」市場勢力と多国籍企業の魔の手のなすがままにしたのである。

（1983: 4『世界・テキスト・批評家』七）

現代批評の専門家にしか理解できない特殊化した批評語彙がその支えとしているのは、文学体験のひとつの様相だけが、つまりテクスト機能の体験だけが、すべての体験のうえに君臨するという信念である。テクストがおこなっていることに、このように関心を寄せることで、それなりに有益な成果はあがった。テクストの偉大さを言い募る美辞麗句の賞賛を排除できた。また批評家は、テクストについて真剣に正確に議論できるようになった。しかし同時にそれはまた批評家と読者公衆とのあいだに大きな深い溝をつくることにつながった。なぜなら著述と批評は、日常生活のなかに対応する機能を見出せない、きわめて特殊化した専門的機能をもつとみなされるようになったからだ。

理論と批評における、ますます狭く絞られてゆく専門化過程が、現代の批評界の特徴にもなっているとき、世俗批評は、これに真正面から立ち向かう。批評の専門分化に対する別の選択肢となる批評形態、それは、ドグマを拒否するためなら、よろこんで両義性や矛盾を認めるような批評形態である――

全体化する概念を前にして一歩立ち止まり、物象化された対象には居心地の悪さを感じ、ギルドとか特殊な利害とか帝国封土とか正統思想に蹂躙された思考習慣にがまんならないとき、批評は批評そのものになる。そして逆説的物言いを許してもらえるなら、それが組織化されたドグマへ

と傾斜するとき、批評はもっとも批評らしくなくなる。(1983: 29〔『世界・テキスト・批評家』四七〕)

ヤンモハメドが述べているように、この逆説的な公式を言いかえれば、「批評の機能とは、肯定すべきと同時に否定すべきものの何たるかを、規定することである」(JanMohamed 1992: 111)。かくして批評は、科学ではなく、政治的・社会的参加行為となる。それはときに逆説にみまわれ、ときに矛盾しようとも、ドグマ的な自明性へと硬直化しないのである。

批評家の世俗世界性

文学理論を扱う場合にはさまざまな接近法が考えられる。ひとつには、文学理論を、考察と研究と熟慮の様式として、アイディア沸騰の中心的な場として、ものそれ自体として、世界にそれ独自の存在論的地位を築いたものとみる方法。これとはべつに、文学理論を批評のための道具を供給してくれるだけのものとみる場合もある。しかし、さらに理論を、特定の批評の機能を支援すべく存在しているものとみることもある。その批評の機能とは、ものごとに変化をもたらし、世界に、それもあらゆる人びとの経験と参加と苦悩のなかに現実に存在している世界に、展望をあたえることにある。たとえ、理論によって明らかにされる種類の経験について知ることに、どのような困難が伴おうとも。

サイードにとって批評は、個人的なもの、活動的なもの、世界と骨がらみになり、表象のプロセスに絡めとられているものである。またサイード的批評は、いまではほぼ消滅している考え方にも肩入れしている。すなわち知識人は、対抗的・批判的精神を発揮して、偽善を暴き、欺瞞を白日のもとにさらし、変化のための素地をつくるという考え方である。批評家は、さまざまな連携関係《アフィリエーション》のネットワーク内で機能するのだが、これはテクストの場合も同じである。つまりサイードにとって批評家の「世俗世界性」は、テクストのそれと、根底においては同じなのだ。したがって、オリエンタリズムの言説（本書91頁参照）に関する彼の分析を読むとき、あるいは帝国文化と帝国支配とのあいだのつながりをめぐる彼の分析を読むとき、またさらにこのつながりが現代におけるパレスチナ表象にも継承されていることについての彼の分析を読むとき、世俗世界性の問題、世界における彼自身の場所を問うことが、サイードのテクスト群における〈政治関与〉の重要な特徴となっていることがわかる。このような世俗世界性が、テクストと読者と批評家との相互作用という彼自身の理論を後押ししているのはまちがいない。

　現代の批評家たちは、みずからの支持基盤（つまり現代の読者）を捨ててしまったというサイードの主張が正しいか否かはべつにしても、多くの読者が、現代の理論の難解な言葉づかいのために、自分たちがますますよそ者扱いされ周辺に追いやられていると感じているのではあるまいか。このことの皮肉な帰結は、多くの理論家たちの嗜好と、おそらくは真逆の方向に、批評が機能する事態をまねいたことだ。つまり批評は、いまもなお、ヨーロッパのエリート文化の支配的価値観を肯定し強化しつづけることになったのだ。たしかにこれは、十九世紀に英文学研究を旗揚げしたときの目的そのものだった。しかし、世界におけるテクスト状況を考慮しないような批評は、かつて植民地化された民族にとっては、いまや無関係の営為である。たとえば、植民地化された彼らにとって、文学実践を採用したことは、なにもヨーロッパ文化を維持するためではなく、国際的なコミュニケーション参加のためでもあったのだから。

批評を世界に復帰させなければならない。これがポストコロニアル批評全般によって望まれていることだ。たとえば「現実とは何か」という問題にふくまれる終わりなき逆説と戯れるのは、宗主国の大学という安全地帯にひきこもって営まれる活動なら問題はない。しかし、問題となる現実に、物質的欠乏や精神的打撃や文化的排除、さらには死までもがふくまれるとなると、逆説との戯れは、自己満足的で無意味なものに思えてくる。批評が世界へと帰還するとはいえ、このようなアカデミーのなかに埋没する「世俗的」帰還には、ポストコロニアル研究と現代理論とのあいだに生じた誘引と離反との二面的関係が集約されている。それはまた、西洋がいかにしてポストコロニアル世界を構築してきたかを真正面から暴くサイードの試みともかけ離れているのである。

サイードにとって批評は、個々の立場を超える。「ラベルによって前もって限定されている」批評、たとえば「マルクス主義とかリベラリズム」(1983: 28〔『世界・テキスト・批評家』四五〕)(あるいは「フェミニズム」とかその他「イズム」のつくものすべてを想定してよいだろう)は、サイードにとって、撞着語法である。「政治運動の歴史はいうまでもなく、思想の歴史も、「批評以前の連帯」は、批評の死を意味する」(1983: 82〔同四五〕)。これこそ、サイードが「世俗批評」という用語で意味していることとの核心を衝くものである。なぜならサイードが却下するものには、錯綜し難解な理論的思索からなる似非宗教的静観主義——「祭壇奉仕者という聖職者カースト」のそれ——だけではなく、「教条的形而上学者たち」（1983: 5〔同七〕）のイデオロギー満載の頑迷固陋な立場もふくまれるからだ。彼は批評をこのうえなく真摯にうけとめ、こう信じている——「自分がどちらの側についているか間違うことのない戦いのさなかですらも、批評は存在すべきである。なぜなら、もしそのために戦うべき課題なり問題なり価値観なり、さらには生命なりが、存在するならば、かならず批評意識も存在しなければならない」（1983: 28〔同四五〕）と。ここには、公的知識人の機能に関する彼の見解が集約して示されている。

これは明らかに英雄的な立場であることはいうまでもないが、困難な立場でもある。しかし、これはまた西洋中枢のエリート大学という「中心」から発言するパレスチナ人という、彼自身の位置の社会的歴史的条件から切り離すことはできない。つまりサイード自身のありようが、みずからの批評をあらゆる方向に発信せねばならないことの、雄弁な証左となっている。対抗的批評は、批評性や内省を欠いたイデオロギー的泥沼に足をとられて身動きできなくなることが多々ある。サイードにとって批評は、その性質そのものからして、対抗的なのだ——

> 批評が、特定の問題に関する教義なり政治的立場に還元されることなく、また批評が、世界のなかに存在し、同時に、そのことを自覚するというのであれば、批評の独自性とは、他のいかなる

文化的活動からも、また他の思想体系や方法論からも、それが一線を画すことにあるのだ。

（1983: 29〔『世界・テキスト・批評家』四六—四七〕）

これは、さまざまな批評的立場にとって有益なアドヴァイスであるが、とりわけ、ポストコロニアル批評にとって有益といわねばならない。なぜならポストコロニアル的立場とは、徹底抗戦するわけでも周辺に追いやられている立場でもないとしても、文化的に支配されていると感ずる人びとの批評的作業のはけ口を提供しているとみなせるのだから。

サイードの二重の拒否、すなわち純粋なテクスト性からなる洗練された世界を拒否しつつ、イデオロギーに拘束された政治的教条の世界をも拒否すること、これこそ、批評の四つの基本形態、すなわち実践批評、文学史、鑑賞解釈、文学理論の四形態を超えてゆく、彼の努力の基盤をなすものだ。しかもサイードの批評精神の本質をなすのは、学派なりイデオロギーなり政治的党派に縛られることを拒絶する姿勢であり、またなにものも批評の対象から免除しないという固い決意にある。はたして彼が、このことをみずから望む程度にまで達成したかどうか、とりわけオリエンタリズムやイスラムをめぐる議論において達成したかどうかは、議論のわかれるところだろうが、しかし、だからといって、批評を世界へと送り返すという彼の根底にある衝動を過小評価してはなるまい。

批評家の世俗世界的な連携関係《アフィリエーション》が議論の対象となるとき、批評そのものを、テクスト性という観念化された領域へ閉じ込めるのはむずかしくなる。批評家にとって、彼もしくは彼女がそのなかで働きかける連携関係は、批評家の仕事にとって、きわめて重要である。サイード自身の事例が、格好の証左となる。なぜなら有名大学において特権的地位を享受しているがゆえに、彼は世界でもっとも広く知られた批評家のひとりになりおおせたのだから。彼自身のこの立場、すなわち力もあり特権もある大学人としての立場のなかで、彼はつねに、ふたつの基盤とかかわりをもたねばならない。かたや、ある意味で彼に知識人としての地位を保証し、またそこを立脚点として発言することになった大学人の言説。そしてかたや彼自身の基盤のなかでも、とりわけ周辺化された立場。とはつまり、パレスチナ人と現代のイスラム世界という基盤のことであり、これは、今日のアメリカにおいてもっとも悪魔化された基盤のひとつである。

このような連携関係《アフィリエーション》の緊張は、逆説的でもあり、また脱構築的でもあるが、サイードの仕事のなかで、彼の外交的手腕とバランス感覚を発揮する機会となっている。パレスチナに対するアメリカの政策をめぐるジャーナリスティックな文章やとりわけ白熱した個別的な議論を除くと、サイード自身の著述は、バランス感覚の模範例である。バランスのとれた語り口。恫喝的な物言いの拒否。いっぽうで保守的ととられかねない理論的立場と、いまいっぽうでラディカルな立場とみられる立場との均衡。西洋における権力の行使のありように対する理解と、ポストコロニアル世界における不正に対する理解との均衡。彼自身の聴衆や支持母体のそれぞれに関する理解度の均衡。このようにたえず均衡を配慮することは「非難のレトリック」（1986c）の却下につながる。なぜなら非難のレトリックは、未来を見透かすことができないからである。おそらく現代のどんな文化理論家にもまして、サイードは、批評テクストといえども状況に位置づけられていることをみごとに証明しているし、また批評が対象とするテクストなりテクスト群と、批評との関係を理解するとき、批評そのものの連携関係《アフィリエーション》を考慮しなければいけないこともみごとに強調している。

アマチュアリズム

「世俗世界性」が批評家にもたらす帰結には、きわめて意義深いものがある。サイードが導入するのは、「アマチュア」としての批評家という、やや人を当惑させつつも、しかし鬼面人を威《おど》かすことのない、肩透かしをくらうような考え方なのだ。サイードは、批評家たる者、狭小な専門領域にからめとられることを断固拒否すべきで、そうでなければ、隠語めいた語彙を駆使し、他の専門家にしか語りかけない事態に陥ってしまうといいたいのである。批評における専門家崇拝が有害このうえもないのは、それが現実の素材なり社会における政治的関心事を、経済専門家やテクノロジー専門家が牛耳る言説にゆずりわたしてしまうからである。このような状況は今日では世界の先進国に蔓延し、いまや経済的・テクノロジー的言説だけが、現実に関する最良にしてもっとも成熟した表象であり、さらに、人間的事象に関する唯一の信頼するに足る考察とまで思われているありさまなのだ。正義とか抑圧とか周辺化とか地球の半球間と人種間と民族間の不平等問題などは、貨幣経済の言語にほとんどあとかたもなく覆い隠されてしまい、「もし数字がただしければ、ほかは万事快調」といったお題目が、さもユートピア的夢想であるかのごとく唱えられる。

批評家の世俗世界性が完璧に認知されるのは、「アマチュアリズム」をおいてほかにない。このようなアマチュアリズムは、皮相な素人的いとなみではなく、環境とか社会の出来事といった、批評に存在意義をあたえるものをないがしろにせず、（とりわけ）文学理論の最近の傾向の逆をゆくものである。また実際、最近の傾向の大半において、知識人たちは、同じ分野の専門的知識人にしか理解できないような、仲間うちだけの内向的に自己充足するだけの言説に専念している。このようなとき「アマチュア」というのは有益な言葉となる。なぜなら、その語のやや侮蔑的な含意によって、わたしたちは、現代の知識人がはたしている機能に、あらためて疑惑のまなざしをむけることになるからだ。なぜ「有識者」ではなく〈アマチュア〉という言葉を使ったのかと問われて、サイードは、その語のフランス語としての文字通りの意味に惹かれたからと答えている。つまりアマチュアとは、なにかを愛好すること、「専門家にならずに、なにかに没頭すること」である（Ashcroft 1996:8）。サイード自身の仕事は、いくぶん諧謔的にアマチュアの仕事と命名できるものが何であるかを、十二分に示している。このアマチュアたるサイードが信じているのは、社会において思考し憂慮する成員たらんとすれば、いかなる問題に対しても、それがどんなに専門的で専門職以外の人間をよせつけないような問題であっても、果敢に道徳的な問いかけのできる人間たらねばならないということである（1994: 61〔『知識人とは何か』一三六―一三七〕）。はたせるかな彼の活動領域は、多岐にわたった――文学理論から本文校訂、歴史学、言説分析、音楽学、人類学、そしてポストコロニアル世界における文化的差異の政治に光をあてる研究、それも文化研究というかたちをとって登場したありとあらゆる研究にいたるまで。

批評家の仕事

したがって批評家の仕事は、批評家の世俗世界性という連携関係《アフィリエーション》と緊密に絡み合っている。『オリエンタリズム』や『文化と帝国主義』といった、スケールの大きなどっしりとした著書からは予想しにくいことだが、サイードが好むジャンルはエッセイなのだ。サイードにとってエッセイは伝統の桎梏から逃れられるジャンルである。なにしろそれは個人的なものを重視しながら同時に政治的な次元も引きずり、さながら「個人的なものは政治的なものである」というスローガンを地でゆくものだからだ。この形式がサイードにとって批評的といえるのは、「批評家は、著述という媒介なしには発言できない」(1983: 51〔『世界・テキスト・批評家』八四〕)からであり、その際、エッセイ形式は、他のどの形式にもまして、書き手の世俗世界性を解放してくれるからである。

けれどもこのジャンルの限界もサイードはよく承知している。エッセイ形式はアイロニーを伴うとサイードは論ずる。第一に「その形式は、生きた経験を語るとき、知的な厳密さにおいて潜在的に不十分なものがある」(1983: 52〔同八四―八五〕)こと、第二に「エッセイ形式そのものは、エッセイであるかぎり、実人生の大問題に関しては距離を置きつづける運命をたどるほかはない」(1983: 52〔同八五〕)。たとえばソクラテスの死は、ソクラテス自身が論じていた諸問題に対して恣意的で不適切であるがゆ

えに、

> エッセイがたどる運命を完璧に象徴している。そこには現実の悲劇的運命は不在である。したがって悲劇とは異なり、エッセイには内的に必然的な終わりというものが存在しない。なにしろ、外的に存在しているものしか、エッセイを中断させたり、終わらせたりできないからであるが、これはちょうどソクラテスの死が、舞台の外で宣告され、彼の問いかけの人生を唐突に終わらせるのと同じである。（1983: 52〔『世界・テキスト・批評家』八五〕）

サイードが注目するのは、エッセイが「最高度の重要性をおびる、文化の、文明のともいえる生存行為」という点である（1983: 6〔同九〕）。このお気に入りの著述形式をとおしてサイードは「多声的《ポリフォニック》」になれる。つまり他の思想家たちを使いながら、みずからの観点を表明し発展できるということだ（Salusinszky 1987:134）。サイードのポリフォニックなアプローチは、知的聴衆すなわち聞く耳をもつ聴衆にとって本質的な条件と彼がみなすものとも両立する。

エッセイは、おそらく他のテクストと同じく、みずからの居場所を表明する。これによってサイードが考えているのは、批評家がその仕事をするとき引き受けるいくつかの形式と批評家が自分自身を位置づけるときのいくつかの方法を、エッセイ形式も有しているということだ。場所は連携関係《アフィリエーション》を伴う。連携関係、それはエッセイが取り組もうとしているテクストや状況と、エッセイそのものとの関係、エッセイの意図（あるいはエッセイによって前提とされるか創造される読者がいだくところの意図）、エッセイの執筆（そしてエッセイ執筆の一側面として発生するさまざまな出来事）、エッセイそのもののテクスト性のことだ。エッセイはテクストなのか、テクスト間の調停か、テクスト性概念の強化か、それとも言語の拡散なのか、それも偶然それが記されたページから、諸事件や諸傾向や諸潮流へとつづく拡散、あるいは歴史へと流れ込み、歴史をめざす運動なのか？（1983: 50-51〔同八二―八三〕）
批評は、その二次性によってきっぱりと定義されているように思われる。それが扱おうとするテクストなり事件のあとに到来したことが、批評の時系列上の悲劇というわけだ。現代の批評に押し付けられることが多いこの二次的役割をサイードは拒否する――

そのかわり、フーコーが文書保管庫《アルシーヴ》的事実と呼んだものは、テクストがつくりあげていると仮定してよいなら、なぜなら文書保管庫はテクストが社会言説として世界のなかに存在したものと定義されるからだが、もしそうなら、批評もまた現在のいまひとつの側面である。言い換えるなら批評は、沈黙の過去によって規定され、現在にむけて語りかけるように命じられているわけはなく、他のいかなるテクストにも劣らぬかたちで、その主張の途上にあり、また定義をもとめるその苦闘の途上にある、現在そのものなのである。（1983: 51〔『世界・テキスト・批評家』八三―八四〕）

批評は、いかなるテクストとも連携関係のネットワークを共有する、それは世界においてみずからの存在を訴える言説の一例なのである。

エッセイがテクストとみなせるかどうかは、議論が分かれている。そしてもしエッセイはもちろんテクストとみなせるとの意見の一致をみるのなら、わたしたちはつぎのことを想定できる。すなわち世界におけるエッセイのありようを特徴づけるのは、テクストの推定上の主題たるべき別の先行テクストとのつながりのみならず、いかなるテクストにも影響をあたえる広範囲におよぶ連携関係なのである、と。あるいはワイルドが述べたように、批評は「芸術作品を新しい創造のための出発点として扱う」のである(1983: 52〔同八五—八六〕)。

文体

批評家が世界へ復帰するときに見せる重要な特徴は、わかりやすい著述スタイルへの復帰である。なにしろ、高度な理論からなる聖域的世界では「稀少な述語が成長をとげ、その手ごわい複雑さによって、社会的現実が曇らされてしまう。だが、奇妙に思えるかもしれないが、この社会的現実こそ、アメリカン・パワー没落の時代に日常生活からかけはなれた「優越の様式」を誇示する学術研究を後押ししてきたのだ」(1983: 4〔『世界・テキスト・批評家』七〕)。文体とはサイードのいうように、認知可能で反復可能で保存可能な指標、それも作者の指標であり、作者の存在を際立たせることで、読者の存在が明確になり、テクストの非世俗世界性が無効になり、さらには孤立したテクストの沈黙の存在様態が、それもみかけたところ状況の影響下にないような存在様態がその偽りを暴かれるのである。このことはサイード自身が著述という責務にどのように取り組んでいるか理解するときにも、きわめて重要である。ときおり(たとえば『文化と帝国主義』において)、文体は、論文調になったり、会話調になったり、さらには反復的になったりして、それが一部の者には「アマチュア的」とか非理論的と思われるらしい。しかし、そうした文体は、サイードのもくろみには不可欠である。なぜなら、つねに非専門的読者に語ろうとするサイードのテクストは、それ自体の世俗世界性をしっかりかためておかねばならないからだ。この文体、このバランスが、もっと活力ある状況、たとえばジャーナリズム的文章を書くとき、雑誌へ投稿するとき、他の批評家に反駁するときには変化するという事実こそ、批評家と、その批評家である彼もしくは彼女がはたらきかける言説との連携関係《アフィリエーション》が、たえず柔軟に変化することのあかしである。批評家は言説にとってとるに足らぬ存在ではない。ちょうど小説がその歴史的・社会的環境によって「のみ」生み出されるのではないのと同じように。

政治的社会的生活の現実的物質的基盤とかかわる批評を生み出そうとするサイードの試みは、過去二十年間、ゆらぐことなくつづけられている。サイードにとって、批評はつねに境界を横断する――アカデミックなテクストとジャーナリスティックなテクストとの境界、専門家集団と公共の場との境界、専門家どうしの間の境界、これを横断するのだ。これは批評の性格と目的が、その根底において、境界を尊重してなどいられない、緊急を要する直接的なものであるからだ。「批評は、みずからを、生を豊かにするものであり、その本質からして、あらゆる形態の専制や支配や虐待に反対するものと、みずからを考えている。批評の社会的目標は人間の自由に益するために非強制的な知を生み出すことである」（1983: 29〔同四七〕）。イデオロギー的あるいは理論的ドグマを認めないがゆえに、通常、保守的な立場とみなされるかもしれぬ主張をも、サイードは積極的に考慮する。とりわけそれが、歴史的経験論的学術研究の有効性とどう切り結ぶかについても視野に入れながら、またそれを、社会的政治的諸関係に対するラディカルな見解と対比させながら。

権力に対して真実を語る

わたしたちが、ひとたび批評を、文学批評家の専門領域から引き離して考えれば、批評の変容力に、あらためて気づかされるだろう。最終的に、サイードにとって、批評は、憂慮せる知識人の中心をなす機能であるがゆえに、重要なものとなる。批評は知識人を世界のなかに位置づける。なぜならそのような批評家の究極的な機能とは、複雑で高度に専門家した「神学的知識」を広めることではなく、「権力に対して真実を語る」ことである。ちなみに、これは『知識人とは何か』（一九九四）に収録されたエッセイのひとつのタイトルともなっている。「いかにして真実を語るか？　語るとしてもいかなる真実か。誰の立場から、どの立場からか」（1994: 65〔『知識人とは何か』一四四〕）。包括的な解答を提示することはできなくても、知識人は、言論と表現の自由のために戦わなければならない。抵抗する力は、著者が帝国主義に対して「文筆によって逆襲する」とか、不正に対して「真実」を語る、というかたちであらわれる。人間は真実を捏造するだけではない。「ヨーロッパの古典的植民地帝国によって形成され維持されてきた白人優位といういわゆる客観的真実なるものは、アフリカやアジアの諸民族を暴力的に屈服させることによって支えられていたのである」（1994: 67〔同一四八〕）。

平等と正義というリベラルなレトリックの増殖にもかかわらず、地球のさまざまな地域では不正がはびこっている。知識人の課題は、平等と正義の主張を適用し、「現実の状況と関連づける」ことである（1994: 71〔同一五二〕）。これは、みずからの政府にたてつくことだ。ちょうど湾岸戦争時に、サイードがそうしたように。あるいは、みずからの民族にたてつくことである。ちょうどオスロ和平合意時に、まさにイスラエルとパレスチナ人との長い闘争に終止符が打たれるものと、浮かれ騒ぐ人びとが多かった時期に、サイードの批判的言論がそうであったように。いまにしてみれば、サイードの主張は正しかったように思われる（1994a〔『ペンと剣』〕）。現代社会において権力に対して真実を語ることの主旨とは、平和と調停と正義を確立するためのよりよい状況を生み出すことにある。知識人は、個人的な栄達の道に沿って進むのではなく、道徳的な風土を変革する道に沿って進まなければならない。「権力に対して真実を語ることは」とサイードは述べる――「パングロス的な理想論の問題ではない〔パングロスはヴォルテールの『キャンディード』に登場する底抜けの楽天家。転じて、楽天的能天気な人物〕。それはさまざまな選択肢を慎重に勘案し、正しい選択肢をみつけ、それがもっとも効果的で、正しい変革をもたらしうる状況において、知的に代弁＝表象《レプリゼント》することである」と（1994: 75〔『知識人とは何か』一六三―一六四〕）。

「権力に対して真実を語る」という考え方には逆説がないわけではない。というのも、権力に耳を傾かせるのは、いったい何かと、問うてもいいからだ。ブルース・ロビンスが示唆しているように、「権力」が「真実」に耳を傾けるのは、働きかける側も多少なりとも権力を帯びていること、対抗権威のはたらきかけのあること（Robbins 1994: 29）、認知可能な（そして著名ですらある）公的アイデンティティに付随する権力の存在が条件としてあげられる。しかし、そのような権力をおびる公的アイデンティティは、どうやって位置づけられるのか。逆説的なことだが、知識人が、かろうじて権力に「真実」を「聞かせること」ができるのは、知識人が専門家としての権威を帯びるときである。だがこれはサイードが熱心に唱導している世俗主義そのものに反することだ。とはいえ、サイードの歯に衣着せぬ物言いに価値がなくなることにはならない。ただ、知識人としての立場が、どれほどやっかいで両義的になりうるかを、それは示しているのである。

『知識人とは何か』でサイードは重要な問いを発している。知識人は、どこまで関わりをもつことができるのか、と。政党とか党派に参加し、そのうえで独立を装うのは可能なのか、と。サイードは、かつてはパレスチナ国民会議の一員であった。連帯行為として彼はそれに参加したのだ（だが、指導層との論争のあと、辞任している）。にもかかわらず、サイードは、政党なり党派にみずからを捧げることには慎重だったと述懐している。この姿勢は、知識人にとって枢要な批判的距離というものを、サイードにあたえている。理想をいえば知識人は、解放と啓蒙の代弁者となるべきであり、これを達成できるのは、物事を極端なかたちでみない、つまりこちらが善、こちらがどうしようもない悪というように色分けして物事をみないような、「世俗的」方法だけである。第三世界の社会を、ポストコロニアル社会を、いまや習慣的ともなった帝国主義非難行為一色に染め上げ、ほかの変革戦略を封じ込めてしまうような「非難の政治」(1993: 19〔『文化と帝国主義』1・五六〕)ではなく、サイードが提示するのは、「世俗的解釈という、もっと興味ぶかい政治」(1993: 19〔同、1・五六〕)である。そのような政治が、異なる世界の可能性と、批評とを結びつける。

しかしながら、ポストコロニアル知識人の役割は、ポストコロニアル社会がみずからの主張を展開できる場を明確にし、押し広げることだけではなく、植民地主義と、その継続的な効果について注意を喚起することでもある。これこそ、サルマン・ラシュディや、ケニヤの小説家グギ・ワ・ジオンゴやパキスタン出身の学者で活動家でもあったイクバール・アフマド(一九三三―九九)が達成しようとしてきたことだ。植民地主義とその系譜的派生物とのあいだに、サイードのいう「維持と乗り越え」の関係がある(1993: 54〔同、1・七七〕)。多くのポストコロニアル作家たちは、彼らの過去を

屈辱的な傷跡として背負い、これまでとは異なる実践へと促すものとして背負い、未来へと向かうときに修正可能なヴィジョンとして背負い、緊急に再解釈し再利用できるような経験として背負う、それもかつては沈黙を余儀なくされた原住民たちが、植民者たちから取り戻した領土について語り行動する際の経験として背負うのである。(1993: 55〔『文化と帝国主義』1・七七〕)

ポストコロニアル知識人によるこの乗り越えと再登録こそ、世俗的解釈の政治そのものである。彼ら

には、植民地化の経験のせいで、「わたしたち」と「彼ら」のあいだに明確な線をひくことができない。ポストコロニアル知識人たちは、「そのさまざまな実践――歴史的、解釈的、分析的実践――によって、抵抗文化と一体化しているが、その際、西洋の帝国主義に対する遅れた反応として抵抗文化をただ把握するのではなく、それ独自の統合と力をもつ長い伝統を保持する文化的営みとして把握しているのである」(1990: 73〔「イェイツと脱植民地化」八五〕)。

エグザイル礼賛

批評家の機能は、その批評家たる彼ないし彼女が「世界のなかに」存在できることによって高められ明確になる。しかし「世界」とは何を意味するのだろう。いかなる種類の世界が批評家を位置づけるのか。いかなる種類の世俗世界性が、独創性を解放し、思想の党派的商品化を防ぐのか。おそらく批評家の世俗世界性についての最良の概念は、十二世紀のザクセン出身の修道士、サン・ヴィクトワールのフーゴーのつぎの一節に見出せる。サイード自身、何度も引用しているそれは――

自分の故郷がすばらしいと感じている者は、まだ弱々しい未熟者にすぎない。あらゆる土地が自分の故郷であると感ずる者は、すでに強くなっている。しかし世界が残さず外国の地であると感ずる者は、完璧である。弱々しい魂の持ち主は、自分の愛を世界の特定のひとつの場所に固定する。強い人間は、自分の愛をあらゆる場所に広げた。完璧な人間は、自分の愛を消滅させるのである。

(Said 1984: 55 に引用〔『文化と帝国主義』2・二四四にも引用〕)

このような姿勢は、ヴィジョンの独創性を可能にするだけではなく、(故国喪失者《エグザイル》は、すくなくとも二つの文化を意識しているから) ヴィジョンの複数性を可能にする (1994: 44〔『知識人とは何か』一〇四〕)。「なぜなら故国喪失者は、すでに残してきたものと、いまここにあるアクチュアルなものとの関係からながめるために、ものごとを単独のかたちでながめることのない、二重のパースペクティヴが存在する」(1994: 44〔同一〇四〕)。

その結果、故国喪失《エグザイル》は、サイードにとって、きわめて両面価値的な状態となる。というのも、故国《エグ》喪失《ザイル》は、真に批評的な世俗世界性を達成するためにほぼ必要不可欠な状態であるいっぽう、「いかなる故国喪失《エグザイル》も、みずから達成した成果を、みずからの喪失意識によって、つねに損なうことになる」(1984: 49) からだ。故国喪失とは「人間と生まれ故郷とのあいだに無理やりもうけられ癒されることのない亀裂」(1984: 49) なのだが、そのくせ、現代西洋文化の正典は、その大半が故国喪失者たちの手によるものである」(1984: 49)。この個人的寂寥感と文化的活力源との緊張関係は、サイード自身の仕事において故国喪失がもたらす緊張関係と同じである。この緊張関係を通して、なぜサイードがテクストと世界とのつながりに深くかかわるのか、その一端がみえてくる。テクストと世界とのつながり、すなわちこの世俗世界性を前にすれば、国家なり社会なり宗教なりがいくらテクストの所有権を主張しても、たとえこの所有関係《フィリエーション》によるつながりがどれほど強力であろうとも、まちがいなく無駄なのである。

故国喪失はまた、深い文化的創造力の源ともなりうる。エーリッヒ・アウエルバッハは、ナチス・ドイツから逃れて亡命したユダヤ人学者であるが、亡命先のイスタンブールで、西洋批評文学の記念碑的作品『ミメーシス』を書いた。必要な文献すべてを調べることができない状況であったがゆえに、かえってアウエルバッハは、あのような壮大なスケールの研究をものすることができたのだ。サイードによれば『ミメーシス』そのものは、「西洋の文化的伝統の荘厳な再確認のみならず、西洋の文化伝統から遠ざけられるという事態、まさに一線を画すという批評にとって重要な事態があったがゆえに構築された研究なのである」(1983: 8〔『世界・テキスト・批評家』一二〕)。たとえばジョナサン・スウィフト(一六六七―一七四五)は、アイルランドに追放されたがゆえに、『ガリヴァー旅行記』と『ドレイピア書簡』で天才ぶりを遺憾なく発揮できた。それは「創造的憤怒とでもいうべきものから恩恵をこうむっていることは言うまでもなく、そこから開花した精神を示している」(1994: 40〔『知識人とは何か』九四〕)。正典《キャノン》と故国喪失との関係は、サイード自身の経歴に執拗につきまとう逆説のいくつかを露呈させる。しかし、いま引用したサイードの議論――すなわち知識人は、自由奔放な批評の能力を発展させ、また国家的・党派的なものから生ずる弱体化効果から自由な知的営みの形態を発展させるために、故国喪失状態から恩恵をこうむるだけでなく、ある意味で、故国喪失状態を必要としているという議論――は、彼の文化理論と政治理論をつねに根底から支えている。

知識人と文化との関係から、おそらくもっとも深刻な逆説が生まれる。なにしろ知識人たる彼もしくは彼女は、特定の文化にどっぷりつかることになるが、文化は場所と深くつながっているために、故国喪失者たる知識人は、不安定な暫定的ディアスポラ文化のなかに位置づけられてしまうのである。文化と場所とのつながりは、ただたんに国家や宗教とのつながりを意味するだけでなく、次のものを含む——

> **at home**〔本国で／くつろぐ〕とか **in place**〔適当な所に／当を得た〕という語句に付随するあらゆるニュアンス、すなわち安心・適切性・所属・連帯・共同体など。……**belonging to**〔所属する〕、あるいは **in a place**〔ある場所にいる〕、**being at home in a place**〔ある場所に収まる、くつろぐ〕という語句によって伝えられる意味や思想の及ぶ範囲を確認できるのは、ひとえに文化のなかにおいてである。
>
> （1983: 8〔『世界・テキスト・批評家』一三―一四〕）

これは故国喪失者《エグザイル》を、歴史や社会に対して独自の立場におくだけでなく、文化との関係でいえば、さらにもっと不安にみちた、両面価値的立場におく——

> 故国喪失……は「冬の精神」である。このなかでは夏や秋の情緒は、近づく春の気配ともども、すぐ近くに感じられるのだが、しかし手に入らない。おそらくこういうかたちでいわんとしてい

るのは、故国喪失の人生が、異なる暦にしたがって動き、故国での人生に比べて、四季に左右されることなく、落ち着いているということだ。故国喪失は、習慣的な秩序の外で起こっている生活である。それはノマド的で、脱中心化され、対位法的である。またそれに慣れてしまうやいなや、そのあらぶる力が安定した生活をふたたび揺さぶるのである。(1984: 55)

しかし、文化の概念には、サイードが「所有せんとする所有物」として記述する、さらに興味ぶかい次元も存在する。これは「文化が、その高められた地位あるいは優位な地位を活用して、権威づけ、支配し、正当化し、格下げし、禁止し、価値づける力をもつことである」(1983: 9〔『世界・テキスト・批評家』一四〕)。文化は「その守備範囲にあるものほとんどすべてに上から価値観を浸潤させるシステムであり、しかも逆説的なことに、文化は、上から支配するくせに、同時に、それが支配するすべての人間にはゆきわたらず、またさらにすべてのものにもゆきわたらない」(1983: 9〔同一五〕)。

あきらかにこれは、ウェールズ出身のマルクス主義者レイモンド・ウィリアムズ(一九二一—八八)が提唱した「芸術」としての文化と、「生活様式」としての文化の区分という議論からはずれる話である。なぜなら、個人が、その生活様式から、サイードのいうように「排除される」とはどういうことか想像するのがむずかしいからだ。サイードは生活様式ではなくて「文化」という言葉を使って、こう示唆する——

それは、そのなかに個人（その私的な環境における）や、その個人の仕事などが埋め込まれている環境なり過程なりヘゲモニーを意味し、上からは文化は上部構図として眺められ、下からは、一連の方法論にもとづく姿勢によって眺められる。（1983: 8〔『世界・テキスト・批評家』一三〕）

サイードの著作の矛盾は、こうしたヘゲモニー文化と彼自身との関係のなかに、おそらく存在する。というのも、サイードは、ヨーロッパの文学・文化を対位法的に（本書165頁参照）、また「批判的」に読み解くことができるが、そのいっぽうでみずからの「浸潤状態」を、つまり西洋の文化に、そのヘゲモニーの及ぶ範囲において、自分が深く魅了されていることを否定できないのである。にもかかわらず、サイードの図式では、知識人は、故国喪失、世俗主義、アマチュアリズム、世俗世界性などを立脚点として、社会的政治的不正のみならず、文化的諸前提をも揺さぶる大いなる力を維持していることになる。

ヘゲモニーならびに高邁化の概念、正当化する文化の力、これらがサイードの文化観の特徴となっている。「文化の流れとは、つねに、その権勢と特権の高みから、下へと向かい、その文化そのものを、可能な限り広範囲に分散させ、散逸させ、膨張させることを目指すものだ」（1983: 9〔同一五〕）。文化は、力を行使する。たとえ、その力が、高めるものであろうと、強制するものであろうとも、おかまいなしに。ちなみにいまなお影響力のある文学・文化批評家マシュー・アーノルド（一八二二―一八八八）は、高次の価値体系としての文化を宣伝したもっとも有名な人物であろう。「偉大なる教養人〔文化人〕は」とアーノルドはこうつづける、「最良の知識を、時代の最良の思想を、伝播すること、浸透させること、社会の一方の端からもう一方の端へと伝えることに情熱をもやす人びとである」と。社会に文化を浸透させ社会と文化を照応させる営みを、アーノルドは、本質的に闘争とみていた。そ

HEGEMONY

ヘゲモニー

ヘゲモニーは、もともと、同盟国間で、特定の一国家が他の国家を支配することを意味する用語だったが、いまでは「合意による支配」を意味すると一般に理解されている。この広い意味のほうは、一九三〇年代にイタリアのマルクス主義者アントニオ・グラムシによって考案され一般化したものだが、グラムシは、なぜ支配階級が社会においてみずからの利益を成功裡に伸張させるのかという問題を追究していた。グラムシにとってヘゲモニーの起源は、支配階級にとって利益になることは、万人にとって利益になることだと、支配階級が他の階級を言いくるめてしまう、その力のなかにあった。したがって、ヘゲモニーによる支配は、力によるのではなく、また必ずしも積極的な説得にもよらず、ただ経済をとおして、また教育やメディアという国家装置をとおして、巧妙な、また包み込むような力によってなされるのであり、これによって支配階級の利益は、共通の利益として提示され、そのため当然視されるようになる。ヘゲモニーは帝国主義においても重要である。なぜなら植民地化された人びとの思考は、植民地化された地域における帝国権力のきわめて巧妙な操作によって変えられてしまうからだ。「帝国」は、中心をなす強国によって、強制的に支配された従属国家の集合体ではなく、中心をなす強国の文化的ヘゲモニーが効率的に機能することによって達成された統一体なのである。

れは「一連の容認された理念群、アーノルドがうやうやしく文化〔教養〕と呼ぶものが、社会における他の理念群に対して、ヘゲモニーを誇らしげに達成し、勝利すること」（1983: 10〔同一六〕）なのだ。文化と社会を一体化させる戦いは、確固たる権力獲得を目指し、その戦いの終わりには、アーノルドによれば、文化と〈国家〉との一体化がもたらされる。「かくして文化の力は、潜在的に、〈国家〉の権力にほかならなくなる」（1983: 10〔同一六〕）。その結果、文化はまた、支配階級によれば、〈国家〉と一体なのである。ここでいう〈国家〉は「上から正当化されただけにしても、政体全体を通じて行使される排除システムであり、これによってアナーキー、無秩序、不合理、劣等性、悪趣味、不道徳といったことが特定され、文化の外に廃棄され、また国家の諸制度によって外部にとどめ置かれる」（1983: 11〔同一九〕）。

文化と社会とのこの一体化には理論的見地からも抵抗せねばならないが、この理論的要請こそ、批評家にとって最大の課題のひとつである。そもそも批評は距離をつくりだす。この距離によって個人の意識は、文化のヘゲモニーに抵抗できそうな、きわめてデリケートな領域を確保できる。

> 歴史の知、社会環境の重要性に関する認識、区分を明確にする分析能力。こうしたものが攪乱するもの、それは国民のあいだに居心地よくおさまり、既存の権力と容認された価値観に支持され、外的世界から守られている擬似宗教的な権威である。（1983: 15-16〔『世界・テキスト・批評家』二五〕）

こうした理論的要請が、サイード自身の著作のなかで、じゅうぶんに応えられているかどうかは、べつの問題である。故国喪失という状況そのものによって、知識人は、文化に対して逆説的な関係を余儀なくされる。この文化はヘゲモニー的な圧力を行使する。たとえば植民地化された社会に対して。いうまでもなく、このとき、文化の強制力と排他力のはたらきかけは最大になる。おそらくこうした理由から、サイードは、文化を記述するとき、生活様式としての文化よりも、ヘゲモニー的な浸透する力として文化に集中したのだろう。そのような文化の力がもっともあからさまに見て取れたのは、ほかでもない英国植民地の管理体制のなかであった。

故国喪失、知識人、文化、この三者の相互関係に関するサイードの観点にみられた矛盾した性格の多くは、サイードにとって故国喪失が現実の状況でもあり、また比喩的な状況でもあるという事実によって、おそらく説明できる――

アウトサイダーとしての知識人のありようを決定するパターンの最たる例は、故国喪失という状態である。それは決して順応しない状態であり、現地人が暮らすところの、うちとけた親密な世界とは無縁の外側に自分がいると感ずる状態である。……この比喩的意味でいう故国喪失とは、知識人にとっては、安住しないこと、動きつづけること、つねに不安定で、また他人を不安定にさせる状況をいう。もとの状態へと、またおそらくはもっと安定してくつろげる状態へとあともどりはできない。ああ、悲しいかな、もうすこやかに安住することはできないし、新しい故郷や

環境と一体化することもない。（1994: 39〔『知識人とは何か』九三〕）

ここにおいても、たとえば現実的なものと比喩的なものとのあいだに、ある種の混同をみてとることができる。サイードの示唆によれば、知識人は、故郷あるいは故国における心地よい馴れ合い状態から身をひこうと、みずからの意志で、比喩的な故国喪失状態を選び取ることができる。ただ、そうなると、この比喩的な一体化によって、故国喪失の考え方そのものが解体しないでどこまで機能するのか、見極めがむずかしくなる。

たしかに故国喪失に関してサイードにもっとも大きな影響をあたえたドイツの新マルクス主義・文化批評家テオドール・アドルノにおいては、故国から追放されることと、日常生活の馴れ合い状態をみずからの意志で断ち切ることとのむすびつきは完璧にゆるがぬもののように思われる。アドルノすなわち「二十世紀中葉に君臨する知的良心を代表するような人物であり、その全生涯はファシズムと共産主義と西洋の大衆消費社会の危機を慎重に回避しつつ、それと戦うことに費やされた」人物（1994: 40〔同九五〕）は、その知識人としての人生と個人的な人生のありようが、エドワード・サイードの人生と奇妙に符合する人物である。しかし興味ぶかいのは、アドルノが故国喪失した知識人の至上の実例であるいっぽう、彼はまた故国喪失という概念そのものを問題にした人物でもある。なぜなら、アドルノは知識人のありようの精髄たるものを示し、あらゆるシステムを、それがわたしたちの側のものであろうと、彼らの側のものであろうとも、等距離に置いて嫌悪していたのである。彼にとって、生活は集団的になるとその虚偽の極致にいたる——全体は、つねに、非真実であると、彼は語っていた——、そしてそうであるがゆえに、と彼はこうつづけていた、主観性に、個人の意識に、また全面的管理社会において統制されえぬものに、さらにもっと大きな評価をあたえられるのである、と。

(1994: 41〔『知識人とは何か』九七〕)

ある点で、アドルノは、故国を去る以前から、故国喪失者であった。現実の故国喪失状態が、彼の本質にすでに深く埋め込まれていた比喩的な故国喪失状態の諸傾向を、どの程度まで助長したかは、推測の域をでないのであるが。

サイードの故国喪失《エグザイル》礼賛におけるいまひとつの逆説は、そこに深く刻まれたヨーロッパ中心的性格である。故国を追われたり退去させられたりした「ヨーロッパ人」故国喪失者が、顧みられ、礼賛され、あらたな「故国」を許容されるいっぽうで、ヨーロッパ人以外の「他の」故国喪失者の立場はきわめて微妙である。世界中に離散した民族が直面しているジレンマと苦境は、西洋において、おざなりな関心しか集めていない。そもそも、かえりみられるどころか、この「新たな」故国喪失者たちは、旧体制に対する脅威とみなされるのだ。彼らは、古くからの住民を追い出すものとして表象されている。ロンドンやパリやマイアミやニューヨーク、それにヨハネスブルクのかつては白人しかいなかった排他的な郊外といった場所において、アングロ系やフランス系の白人住民たちは、疲労し、不安にさいなまれている。こうした「新しい」故国喪失者たちをとりまく雰囲気とか、彼らの居住区について、植民地言説の影響力のある理論家ホミ・バーバは、つぎのようにまとめている。パールシー教徒〔インドのペルシア系ゾロアスター教の一派を信仰する者〕としてのみずからの強制移住経験に照らして、バーバはこう書いている——

わたしは民族の分散の段階を生きてきた。この段階は、べつの時間とべつの場所における、すなわち他者の国家における、集合《ギャザリング》の時代ともなっている。集合、それは故国喪失者と移民と難民の集合。集合、それは「外国」文化の周辺における集合。国境における集合。都市中枢のゲットーあるいはカフェにおける集合。外国語のうわべの生活、外国語の薄明のなかの集合、あるいは他者の言語の無気味な流暢さのなかの集合。賛同と容認の記号の集合収集。学位、論文、学問。未開発の記憶、回顧的に生きられる他者の世界の記憶の集合収集。復活の儀式における過去の集合収集。現在の集合収集。またディアスポラにある民族の集合。集合、それは、年季奉公、季節労働、抑留。犯罪統計、教育実績、法整備、入植状況。(Bhabha 1990: 291)

「他者」たる故国喪失者たちが「定住」を許されないのは、驚くべきことではない。サイードが『オリエンタリズム』のなかで雄弁に例示したような、「他者」の構築そのものは、もっぱら〈西洋《オクシデント》〉

と〈東洋《オリエント》〉の差異にもとづいている。この他者化のプロセスを通して、〈オクシデント〉は、東洋地域を〈オリエント化〉できるのだ。このような構築は、明確に政治的な次元をもっている。そしてこのことが、どこよりも典型的にあらわれるのが、帝国主義である。したがって力の不均衡は、帝国主義のもっとも明白な特徴――「残忍な政治的・経済的・軍事的原理」――のみならず、文化の領域にも存在する。それゆえ支配的言説のなかで貶められ周辺に追いやられてきたさまざまな民族の文化にとって、みずからの故国喪失状態を言祝《ことほ》ぐのは、およそ、らしからぬことだ。さらにいえば、「他者」たる故国喪失者《エグザイル》は、一般的に、植民地主義と帝国主義に踏みにじられ耐えてきた社会群の分裂や摩擦の産物である。サイードのような故国喪失者がみずからの周辺性のなかで、また周辺化をこうむるなかで、なんらかの居場所を確保できたということは、故国喪失者が西洋において受けてきた冷遇についてではなく、個人的な決意と努力について、より多く物語るものであろう。

要約

世俗世界性は、テクストとか批評家のありようを示すだけでなく、サイードの文化分析や文化理論のすべての基盤となっている。オリエンタリストについて語るときも、正典的作家やポストコロニアル的抵抗の主要人物について語るときも、サイードのアプローチは、知的活動が場所の制約を受けることに対する深く揺るぎなき確信に支えられている。文学批評であれ、社会活動であれ、批評家の世俗世界性が、批評家たる彼もしくは彼女の現実における権力との関係を規定している。サイードの経歴と仕事にまつわる逆説は多岐にわたる。しかしそれらはすべて、彼の信念と彼の選択との根源的乖離、理論家と社会化された個人との矛盾に起因する。しかし、そうした矛盾そのものが彼の世俗世界性の確かな手応えとなっているのだ。知識人自身は、彼らが生みだすテクストもそうだが、理論を産出する機械ではなく、世界における彼ら自身の存在の複雑さによってたえず屈折させられる。まさにこの屈折をもたらす世俗世界性こそが、知識人の仕事に、真実味を、それが「重要である」ことの意味をあたえるのだ。したがって、この意味で、世俗世界性は、エドワード・サイードの知識人としての文化と政治との関わりをうながすエネルギー源でありつづける。故国喪失者となった知識人の脱 - 接続状態こそが、「権力に対して真実を語る」ことに対する強い動機を生むのである。

第三章　オリエンタリズム

エドワード・サイードの『オリエンタリズム』は、植民地言説をめぐる思考に多大の影響をあたえ、二十年たったいまもなお、論争と賞賛と批評を集《つど》わせる場でありつづけている。サイードが投じた一石によって、ヨーロッパの「他者」表象が、すくなくとも十八世紀以降、いかにして制度化され、ヨーロッパの文化的支配の特徴となりおおせたかが見えてきた。『オリエンタリズム』によって記述される、さまざまな学問や制度や研究プロセスや思考様式は、ヨーロッパ人が過去数世紀にわたって「オリエント」に対する「知」をはぐくんだとき、それを支援し、そして十九世紀に帝国主義が勃興し確立されるにおよんで、その最盛期を迎える。ヨーロッパがその他者を知るときの、このような方法に関心をよせることで、サイードは、知と権力とのむすびつきを効果的に証明できるとふんでいる。なぜならヨーロッパは、「オリエント人」を知ろうとするプロセスにおいて、「オリエント人」を「構築」し支配するからである。このプロセスがいかに機能するかは、「オリエント人」という用語のはたらきをみればよい。この言葉は、それが名づけている対象を特定し同質化するだけでなく、同時に、名づけられている対象に関し、一定範囲の知と知的支配行為が存在することをほのめかしている。サイードの分析以降、オリエンタリズムは、植民地化された世界について知ろうとするヨーロッパ人の戦略が、同時に、植民地化された世界を支配する戦略になってゆく、まさにモデル例として露呈されたのである。

オリエンタリズムの起源

一七八六年、ベンガルの高等法院の判事でサンスクリット研究者でもあったウィリアム・ジョーンズは、ベンガル・アジア協会で演説をするが、そのなかで彼は、以後ヨーロッパの知的生活の外観を大きくかえる言明をおこなった――

サンスクリットは、その古めかしさはどうであれ、すばらしい構造を有し、ギリシア語よりも完璧で、ラテン語よりも豊かで、いずれにもまして精巧で洗練されているが、しかし、このふたつの言語に対して、動詞の語根ならびに文法形式面で、偶然によって生み出されたとは思えないほど顕著な類似を示している。その顕著さは驚くほどで、どんな文献学者でも、この三つの言語を研究すれば、それらが、なんらかの共通の源泉、おそらくいまや存在していない源泉から発生したのだと信ずるほかないであろう。（*Asiatic Researches* 1788, Poliakov 1974: 190〔『アーリア神話』二五二〕に引用〔なおこの一節は『オリエンタリズム』上・一八六にも引用されている〕）

ジョーンズの宣言が引き金となって、ヨーロッパ全土に、ある種の「インド熱」が生まれ、学者たちはこぞって、ヨーロッパ諸言語の起源を、それもラテン語やギリシア語よりももっと過去にさかのぼる起源をもとめてサンスクリットに眼を向けることになった。このインド熱の余波として、オリエンタリズムが定着し、言語研究が大々的な膨張をみるにいたる。はたして、つづく十九世紀においてヨーロッパの民族学者や文献学者や歴史家たちは、オリエントとインド・ヨーロッパ語族が、ヨーロッパ文明の根源に関する説明をあたえてくれると予想して研究に没頭したのである。

それまで言語学史において、言語発達は天地創造から六〇〇〇年以内に完了し、基幹言語としてのヘブライ語と、言語退化の過程で生じた他の言語群とを残したというのが定説となっていたので、ジョーンズの宣言は、まさに革命的であった。ジョーンズ説によって新たな概念の言語史がはじまることになったが、言語は国民的・文化的アイデンティティへの関心とも深くからまりあっているため、「言語学という真正の、また有益な科学が「人種人類学」などという狂った学問に吸収されることになった」（Poliakov 1974: 193〔『アーリア神話』二五七〕）。また言語とアイデンティティをつなぎ、またとりわけ言語の多様性と人種的アイデンティティの多様性とをつなぐことで、民族学といった、現代の人類学の先駆となるような学問も生まれたのである。

サイードの公式によれば、オリエンタリズムは基本的にヨーロッパにとっての他者を規定し「位置づける」方法である。しかし関連学問分野の集合体としてのオリエンタリズムは、重要な点で、ヨーロッパそのものに深く根ざし、民族的特徴や人種的・言語的起源といった問題をめぐる議論を基盤としている。したがってオリエントの言語や歴史や文化に関する精密で詳細な研究は、ヨーロッパ文明の優位性と重要性が疑われることのないコンテクストで行われたのだ。その言説の力強さは圧倒的であり、その結果、影響力のある学者たちが無責任に生み出した神話なり伝聞なり偏見なりが、そのまますぐに公認の真実になりおおせてしまう。たとえば影響力のある文献学者で歴史家であったフランスのエルネスト・ルナン（一八二三―九二）は、つぎのように公言してはばからなかった――「わたしたちの時代の情勢にどんなにうとい人物にとっても、マホメット教の国々の現実における劣等性は歴然としている」（Renan 1896: 85）と。ルナンの読者がどのような人びとであったか、また彼らが共有していた文化的前提がどのような性質のものであったかは、その発言から手にとるようにわかる――

東洋もしくはアフリカに赴いたことがある人間なら誰しも、真正の原住民信者の精神が、彼らの種族のありようによって、すなわち頭を無知という鉄の輪でしめつけ知識をまったく受け入れない頑迷さによって、致命的に狭められていることに愕然とするであろう。

（Renan 1896: 85）

このような自信に満ちた言明は、ルナンや、文献学者にして人種理論家であるアルトゥール・ゴビノー（一八一六—八二）のような著述家が広い分野で人気を博した結果、ヨーロッパ人のあいだに自己満足が生まれたことの指標の一部といってよい。しかし、もっと深いレヴェルでは、これはヨーロッパの疑問の余地なき文化的優位、それもヨーロッパが世界のほとんどの地域に対し経済的かつ軍事的に維持してきた文化的優位の産物であった。ルナンの言明などを通して、オリエンタリストの知の「生産」は、さまざまな前提や信念の継続的で無批判な「再生産」へと転換する。かくしてルナンのような著述家の意見におおいに影響されたクローマー卿は、一九〇八年の時点で、つぎのように書くことができた——ヨーロッパ人の「訓練をうけた知性は機械装置の部品のように働くが」、オリエント人の精神は「彼らの風光明媚な街路のように、顕著なまでにシンメトリーを欠いている」（1978: 38〔『オリエンタリズム』上・九六〕）と。ヨーロッパの優位性の証明たる「秩序」「合理性」「シンメトリー」と非ヨーロッパの劣位性の証明たる「無秩序」「非合理性」「原始主義」、この二極対立こそ、さまざまなオリエント学を流通させる自己満足的な基盤であった。しかし、こうした学問分野に、すくなくともその初期において、ダイナミズムと緊急性をもたらしたのは、ヨーロッパと、ヨーロッパの先祖たるオリエント人との歴史的関連とみえるものを説明したいという欲求であった。「オリエント」は、地域的には、現在わたしたちが「中東」と呼んでいる地域とほぼ同じであり、言語的社会的には、「セム系」ならびに南インドの言語と社会を含んでいたが、こうした社会は、インド・ヨーロッパ語の発展と拡大にもっとも関係していたからである。ただしサイードが示唆しているように、オリエント社会は、古典的インドにみられる「良き」オリエントと、現在のアジアや北アフリカにみられるような「悪しき」オリエントに二分化しがちだった（1978: 99〔同、上・二三四〕）。

インド・ヨーロッパ語族を特定したことは、世界史にはかりしれぬ大きな変化をもたらした。それは伝統的な言語史の概念をゆさぶり、一世紀以上もつづく文献学的論争を呼んだだけではなく、言語と人種が一体とみなされるにつれ、人種の起源と発展に関する理論を急速に開花させたのである。インド・ヨーロッパ語族は、それまで「ヤペテ系」言語と呼ばれたり（これはノアの息子ヤペテにちなんで名づけられたもので、ほかのふたりの息子シェムとハムにちなんだ「セム系」言語と「ハム系」言語と区別された）あるいは「インド・ゲルマン」語族と呼ばれたりしていたが、それが「アーリア系」というように、その発祥の地とされるアジアのアリエス湖にちなんで呼ばれはじめる。「アーリア」という名称が一八一九年に、その権威を広範囲に認められるようになったのは、ドイツの哲学者フリードリヒ・シュレーゲルの努力があった（Poliakov 1974: 193〔『アーリア神話』二三七〕）。この語は、ヨーロッパ国家群の中枢にいる人びとを魅了する思想を象徴するようになる——すなわち、独自の言語が独自の人種的／民族的起源を指示するという思想。ドイツの青年層をアーリア人神話で刺激するシュレーゲルのレトリックは、十九世紀のはじめにおいて、第二次世界大戦のホロコーストへと最終的にいたるプロセスを始動させたのだ。かくして文化的多様性をもつ諸民族を、つまりインド人、ペルシア人、チュートン人、アングロ・サクソン人にいたる多岐にわたる諸民族を——インド・ヨーロッパ言語共同体として——ひとつにまとめる潜在能力をもっていたこの概念が、ヨーロッパ人のあいだに深く根づいていた人種偏見に養分をあたえるにつれて、歴史上もっとも仮借なき人種二極化をもたらすことになった。

オリエンタリズムを、十九世紀において成長した近代帝国主義の産物にすぎないと、そうみたくなる誘惑にかられる。つまりオリエントをヨーロッパ人が支配するには、文化的・経済的支配を正当化する思想的原則が必要だったはずだから。しかしオリエンタリズムの言説は、こういってよければ「重層決定されている」。つまり、多くの異なる要素がすべて、この歴史上の一時期における特殊なイデオロギー構築の展開に寄与したのであって、そのなかでヨーロッパ国家群において勃興した帝国主義は、あくまでも一要素にすぎない（たとえ重要な要素であったとしても）。この分岐する影響力のありようは、国によってさまざまに変化した。たとえばイギリスでは産業支配と、その植民地における政治経済に影響した。フランスでは革命以後の国民的運命意識を育んだ。ドイツではチュートンの血族社会に対する数世紀にわたる関心をさらに刺激した。こうした要因が積み重なって、オリエント諸文化に関する研究熱をうみ、自然科学や人文科学の分野において、まったく新しい学問分野、たとえば民族学や人類学や古生物学や文献学の誕生をみたし、また歴史学や地理学といった既存の学問分野の変容あるいは体系化も生じた。オリエンタリズムが包括する知的学問分野は、決して一枚岩ではなく多様であり、主要なヨーロッパ諸国のさまざまな文化史によって「重層決定」されているため、オリエンタリズムのさまざまな知的様式が発展したのである。

しかしオリエンタリズムの学問的錯綜性と多様性にもかかわらず、オリエンタリストの学者たちの探求はすべて、ある種の限界のなかで動いているだけのようにみえる。たとえば西洋文明は歴史的発展の頂点に位置するといった前提から一歩も外に出ていない。したがってオリエンタリストの分析は、オリエント社会の「原始性」「寡頭支配性」「異国情緒性」「神秘性」を確認し、また往々にして、インド・ヨーロッパ語族のなかでも「非ヨーロッパ的」支流は退化をしていることを確認する方向にもすすんだ。この点において、オリエンタリズムは、それが多様な学問をはぐくむにもかかわらず、ミシェル・フーコーのいう「言説《ディスクール》」としてみることができる。すなわち社会知の首尾一貫した集合体で、強力に境界内に囲われた領域であり、世界をどのようにみるかを決める言明の体系なのである（本書32頁参照）。

言説内においては、何を語ることができるか、何が語れないかについての、ある種の不文律（それもしばしば無意識的な）が存在するが、オリエンタリズムの言説も、約束事、慣習、期待、前提といった分野において機能するルールをたくさんもっている。世界について知ろうとするいかなる試みにおいても、既知のものは、それがどのように知られるようになったかによって、いやおうなく規定される。学問上のルールが、そこから得られる知の種類を規定する。そしてこうしたルールの力が、またときにはルールの語られざる性質が、アカデミックな学問を、言説の原型的形式にみせかける。しかも、そこから、こうしたルールが数多くの学問に及ぶようになり、知を産出できる境界を決めてしまうと、発言したり執筆したりする知的習慣が、オリエンタリズムという言説として固まる。オリエンタリズムの言説としての一貫性をめぐる議論こそ、この現象をめぐるサイードの分析を解く鍵であり、また彼の議論の圧倒的な力強さの源を解く鍵ともなっている。ヨーロッパの知は、それもとりわけ、知の対象をオリエンタリズムの言説の範囲内におさめるべく容赦なく構築してしまうこの知は、その対象にヘゲモニー的力を行使することができた。オリエンタリズムという複雑な現象のなかでこの一面だけに焦点を絞ることによって、サイードは、オリエンタリズムを、文化支配機構のもっとも奥の深い実例のひとつへと練り上げることに成功する。オリエンタリズムこそ、帝国支配のプロセスの雛形であり、現代の生活においても、その影響は消えることがない。それゆえ『オリエンタリズム』が議論の主軸にするのは、知と権力の結合を証明してみせることである。なぜならオリエンタリズムの言説は、オリエント人を「知る」過程においてオリエント人を構築し支配するからである。

「比類なき懲罰的運命」──『オリエンタリズム』の世俗世界性

『オリエンタリズム』は、あからさまに政治的な著作である。そのねらいは、一連の学問領域を探求することでもなければ、オリエンタリズムの歴史的あるいは文化的な起源を網羅的に精査することでもなく、むしろ、言説の「眼差し」を反転させること、「オリエント人」の観点から言説を分析することにある──それは「オリエント人という主体のうえに刻印された……痕跡の、財産目録をつくることである、なにしろ、その文化の支配は、すべてのオリエント人の生活において強力な事実として存在していたのだから」（1978: 25〔『オリエンタリズム』上・七〇─七一〕）。サイードのような、アメリカ合衆国において著名な大学教員が、みずからをいかにして「オリエント人」と名乗れるのかは、サイードの仕事すべての底流にある逆説をむしかえすことになろう。ただ合衆国における彼の生活体験、つまりそこでは「東」が危険と脅威を意味してしまうのだが、そうした体験が『オリエンタリズム』の世俗世界性の源泉となっていることは否めない。その著作は、このような出自ゆえに、オリエンタリズムの言説の深い爪あとをそのなかに残している。なにしろこの本は、西洋において、パレスチナ出身のアラブ人として暮らす「気の滅入る」生活から直接生まれたものだからだ——

人種差別や文化的ステレオタイプや政治的帝国主義や非人間的イデオロギーの網の目、アラブ人やムスリムに対してはりめぐらされたこの網の目は、きわめて強力であり、まさにこの網の目を、あらゆるパレスチナ人は、比類なき懲罰的運命として感ずるようになった。……知と権力の結合、それによって「オリエント人」が創造され、またある意味で人間として忘れてしまえるからくりは、わたしにとってもっぱらアカデミックな問題としてのみすまされることではない。それは、その重要性が明白な思想的問題でもあるのだ。（1978: 27〔『オリエンタリズム』上・七〇—七一〕）

『オリエンタリズム』は、わたしたちにもわかるように、サイード自身の「比類なき懲罰的運命」の成果である。この本は、アメリカに暮らすパレスチナ出身のアラブ人が、自分のものとして選んだ専門職における道具やテクニックを活用して、文化ヘゲモニー（本書83頁参照）が維持されるからくりを解明しようとしたものである。その意図は、彼の主張によれば、「オリエントとの新しい種類の取り組み」(1978: 28〔同、上・七二〕)を喚起し、また刺激することであった。そこで仮りにも「東洋」と「西洋」という二分法が、跡かたもなく消滅するとすれば、「ウェールズ出身のマルクス主義者で文化批評家のレイモンド・ウィリアムズが「内的支配様式」の「意識的忘却」と呼ぶプロセスを、わたしたちは、わずかなりとも先に進めたことになる」(1978: 28〔同、上・七二〕)。

サイード自身のアイデンティティ構築作業が、『オリエンタリズム』の背後にある情熱を支えている。この本の知的な力が、ある種の首尾一貫した言説境界内における多様な学問の機能をめぐる、決して要点をはずさない水際立った分析から生まれているとすれば、この本の文化的、またおそらく情緒的な力のほうは、その「世俗世界的な」直接性から、つまりみずからのアイデンティティを、オリエンタリズムの言説によってなかば構築され、いまもなおオリエンタリズムの「知」の効果を肌で感じている人物によって書かれたという切実さから生まれている。知的な論議の場では、情熱は、混乱をもたらす要因とも非内省的な要因ともなりうる。たしかに情熱を云々すれば『オリエンタリズム』の人気の高さをうまく説明できそうだが、その一方で、この本の世俗世界性を考慮するのを激しく拒む多くの批評家は、この本の意義について、限定された見解しか示さない傾向にある。たとえば『オリエンタリズム』のアラブ人書評者バシム・ムサラムは、その書評のなかで、ある敵対的な批評家で学者のマイケル・ルストゥムのことを紹介し、彼は「自由な人間として、自由社会の一員として書いている。またいまもなお独立したオスマン国家であるシリア・アラブ共和国市民である」(Said 1995:

337）と書く。ところがエドワード・サイードは「一般的にアイデンティティを授けられてはいない」とムサラムは書く。「彼の民の存在は、論争の渦中にあるからだ。エドワード・サイードや彼の世代は、マイケル・ルストゥムのシリアの破壊された社会の残骸や記憶だけを基盤にしていることはじゅうぶんに考えられる」と。そしてムサラムはその批評の要点をこう述べる。「この本を書いたのは、ただの「アラブ人」ではなく、特殊な背景と経験をもった人物なのだ」と（Said 1995:337-338に引用されている）。

とはいえサイードの意図を、自分の怒りを吐き出し、あわせて（パレスチナ人の）ナショナリズムを主張し、彼自身とその他の植民地化された人びとから、植民地主義の経験と遺産を祓い清めるためだけだとするのは、あまりに還元的な見方であろう。もしその意図しかないのなら、それはサイードの言う公的知識人の「世俗的」役割、すなわち「権力に対して真実を語る」試みのなかで、自分の居場所を切り開き境界を横断するという役割に、まったく反することになろう。フランツ・ファノンの未完のプロジェクトを引き継ぎ、サイードは、非難の政治から、解放の政治へと移行する。しかも、自分の著作が着手しているのは、非強制的、非支配的、非本質的な知の創造であると、サイードが何度も口を酸っぱくして念をおしても、『オリエンタリズム』は「みずからの企図を推進するために知を利用する権力に対する多文化的批判の書としてみなされるよりも、従属的地位に対する一種の証言——地に呪われた者たちの反駁——としてみなされたことのほうが多かった」（1995: 336）。『オリエンタリズム』が出版される頃には、「オリエンタリズム」という用語は、一般的用法から消えていたが、一九七〇年代末期になって、勢いを盛り返すことになった。現代のオリエント研究は、精密化が進んでいたにもかかわらず、オリエント(とりわけ中東)の性質に関する伝統的表象と、オリエンタリズムの言説の底流にある諸前提に、否応なく染まっていた。『オリエンタリズム』の、時にみさかいのない濫用をサイードは嘆いているが、しかしそれが社会理論一般に大きな衝撃をあたえたことに疑いの余地はない。一九九五年までに『オリエンタリズム』は、著者の意図を予想外に「凌駕して」、「集団購入本」(1995: 300)となった。さらにこう付け加えてもいい、その本は、いまもなお成長しつづけている、と。オリエンタリズムの戦略に関する分析は、さまざまな点で、帝国文化の特定の言説・文化作用の検証に役立ってきたのだから。また題材の汎用性も高く、分析の基軸になるのは、表象のイデオロギー的性質であり、強力な表象が、ステレオタイプ的でカリカチュア的であっても、「真実」の表象に、それも認定済みの表象になるからくりであった。

構成

『オリエンタリズム』は、おおきく三つの部分に分けられる。第一部でサイードはオリエンタリズムの、膨張し浸透する能力と、融通無碍に変化する能力を検証する。オリエンタリズムは、過去二世紀以上にわたって存在しつづけ、現在まで継続している言説である。第一部で中心となるのは、表象の問題であり、「東洋的専制とか東洋的感性とか東洋的生産様式とか東洋の光輝」(1976: 47)といった多種多様な観点にみられる類似性に光をあてる。

第二部は「オリエンタリズムの構造と再構造」の解明である。ここでサイードは、十九世紀の主要な文献学者や歴史家や文学者たちが、いかにして伝統的な知に依拠することで、オリエントをテクスト上に構築し管理しえたかを立証する。オリエントをこのように構築し、また可視化することは、植民地管理に貢献した。なぜなら植民地管理者は、この知を利用して支配システムを樹立したからだ。

第三部は、「現代のオリエンタリズム」の検証である。ここでは、英仏のオリエンタリズムの確立された遺産が合衆国によっていかにして引き取られ活用されたかが示される。サイードにとって、このことが、どこにもましてはっきりと見てとれるのは、この負の遺産が明白になったアメリカの外交政策においてである。この本は、オリエンタリズムの吸収能力が、いかにして実証主義やマルクス主義やダーウィニズムなどを、その中心的主張を温存しながら、自家薬籠中のものにできたかをめぐって、複雑な記述を展開する。

「オリエンタリズム」という用語は、「オリエンタリスト〔もともと「オリエント学者」を意味した〕」から派生しただけあって、オリエント研究に従事する人びとと伝統的に結びつけられてきた。「オリエント」という言葉も、さまざまな人びとに、さまざまに異なる意味をもっている。サイードが指摘しているように、アメリカ人は、「オリエント」と聞くと、極東のこと、とりわけ日本と中国のことを連想するのに対し、西欧人、とりわけイギリス人とフランス人は、すこし異なるイメージを抱く。つまり「オリエント」はヨーロッパに隣接しているだけでなく、「ヨーロッパが所有するもっとも広大で、もっとも豊かで、もっとも古い植民地の所在地でもあり、文明と言語の発祥の地であり、ヨーロッパにとって文化的好敵手にして、ヨーロッパがもっとも深奥にいだく、またもっとも頻出する他者像のひとつでもある」(1978:1『オリエンタリズム』上・一八)と。

オリエンタリズムの浸透力は、オリエンタリズムがすくなくとも三つの異なる、だが相互に依存する活動とからむことと、なかば関係がある。その三つとはアカデミックな学問、思考様式、そしてオリエント人とつきあうための共同事業である。アカデミックな学問としてのオリエンタリズムは、十八世紀後半に出現し、以後、オリエントに関する西洋の表象を永続化したり強化するのに役立つ知の集積庫を築きあげるまでになる。オリエンタリズムは「学問であり、それによって学識や発見や実践の主題としてのオリエントに体系的に取り組むことができた(またいまもできる)」(1978:78〔同、上・一七四―一七五〕)。思考様式としてのオリエンタリズムは、〈東洋《オリエント》〉と〈西洋《オクシデント》〉とのあいだの「存在論的かつ認識論的な区分に基づくものである」(1978:2〔同、上・二〇〕)。この区分は、包括的なものであり、多岐にわたる作者をとりこむことができる。たとえば古典ギリシアの劇作家アイスキュロス(五二四―四五五BC)、中世イタリアの詩人ダンテ・アリギエリ(一二六五―一三三五)、フランスの小説家ヴィクトル・ユゴー(一八〇二―八五)、そしてドイツの社会科学者で革命家カール・マルクス(一八一八―八三)にいたるまで。オリエンタリズムの第三の定義である共同事業というのは、構造体としてみると組織的ではない点に特色があり、オリエントに対し支配権を権威を印象づけるために使われる。そのためオリエンタリズムは、植民地主義と密接に結びつくものと、必然的にみなされる。

サイードが提示した三つの定義は、オリエンタリズムがオリエントに関する表象の複雑な網状体であることを解き明かす。最初のふたつの定義が、テクスト上で創造されたオリエントを包含するのに対し、第三の定義は、オリエントに対して権威を示し支配権を行使すべく、オリエンタリズムがどのようにして活用されたかを解き明かす。三つの定義は相互に関連しあう。とりわけ第三の定義に付随する支配の問題では、支配の基盤にあり、また支配そのものを正当化するのは、テクスト上に樹立されたオリエント像であり、このオリエント像の淵源には、オリエンタリズムのアカデミックかつ想像的な定義が存在しているのである。

オリエンタリズムの領域

サイードの議論の中核をなす主題は、知と権力とのつながりである。これは一九一〇年アーサー・バルフォア首相がイギリスのエジプト占領を擁護すべくおこなった演説のなかにまざまざとみてとれる。いわく——「わたくしどもは、エジプトを、他のどの国よりもよく知っているのであります」(1978: 32〔同、上・八一〕)。バルフォアにとって知とは、ある文明をその起源から概観することを意味するだけでなく、概観できる立場にあることも意味する。「そのようなもの［エジプト］について、そのような知識をもつことは、それを支配すること、それに対して権威をもつことであります。……なぜならわたくしどもは、それについて知っており、そしてそれは、ある意味で、わたくしどもが知っているようなかたちで存在しているからであります」(1978: 32〔同、上・八三〕)。バルフォアの演説の

EPISTEMOLOGY

認識論

知に関する学問あるいは哲学。知や経験や信念を対象とし、その定義と変異体と淵源と限界を探求するもの。「わたしたちは何を知るのか、それをいかにして知るのか」が、認識論の中心に位置する問いかけである。かくして、認識論は、知と信念の関係あるいは区分を検討し、また理性と判断の相対的機能を検討する。しかしながら抽象的な認識論的問いかけによっては、かえりみられることがないのは、サイードがフーコーから援用した重要な考え方、すなわち、「知」と権力とが密接な関係にあるという考え方である。知、あるいは真実は、どのようなかたちをとろうとも、みずからの知のヴァージョンを他の集団に押しつける権力を掌中に収めている特定の集団に帰属するのである。

ONTOLOGY

存在論

存在に関する学問あるいは哲学。存在論は、形而上学の一分野で、事物の存在あるいは本質を検討し、存在しているものに関する理論あるいは存在しているもののリストづくりをめざす。存在論は、つぎのような種類の質問をする——存在は属性なのか？　なにかが存在するとは必然的なことか？　一般的な〈存在〉と個別的な存在との差異とは何か？　と。提起される問いかけの性質と、問いかけそのものの多様な変化から、多くのことがわかる。存在の問題が考察される文化について、またその結果、〈存在〉の哲学上の地位、ならびにその文化において人間が世界のどこに位置づけられているかについて。

前提部分は、知と支配との提携をきわめて明白に証明している——

> イギリスはエジプトを知っている。エジプトは、イギリスが知っているところのものである。イギリスはエジプトに自治能力がないことを知っている。イギリスはこのことをエジプト占領によって立証する。エジプトにとって、エジプトとは、イギリスが占領を完了し、いま統治しているところのものである。それゆえ、外国勢力による占領が、現代エジプト文明の「基盤そのもの」となる、というわけなのであります。
> （1978: 34〔『オリエンタリズム』上・八七〕）

しかしオリエンタリズムを、植民地支配の後付け的正当化手段としてのみ見るのは、植民地主義がオリエンタリズムによってあらかじめ正当化されていた事実を見過ごすことになる（1978: 39〔同、上・九八〕）。世界を東洋と西洋に分けることは数世紀も前からおこなわれ、オリエント人とのつきあいかたすべての基礎となる二項対立的区分ができあがり表明された。しかし、この場合、一方の側だけが決定権を握り、東洋と西洋双方にとっての現実とはいかなるものかを決めてしまった。オリエントに関する知は、この不均衡な文化的格差から生じたものなので、「ある意味で、オリエントとオリエント人とその世界とを創造してしまった」（1978: 40〔同、上・一〇〇〕）のだ。この主張を携えて、わたしたちはいよいよ『オリエンタリズム』の核心にいたる。そしてその結果、『オリエンタリズム』が引き起こした多くの論争の淵源に到達する。サイードにとって、オリエントならびにオリエント人は、ヨーロッパ人が知っていたさまざまな学問によって、直接構築されたのである。こう語ると、きわめて複雑なヨーロッパの現象を、権力と帝国関係からなる単純な問題に矮小化するように思われるが、しかし、その一方で、これはオリエント人から自己表象の可能性を奪うことにもなるのである。

サイードの指摘によれば、オリエンタリズム研究の興隆は、ヨーロッパの前例なき膨張期すなわち一八一五年から一九一四年にいたる時期と符合する。サイードがオリエンタリズムの政治的性格を力説するのは、近代オリエンタリズムの発端に焦点をしぼるからである。サイードの見る発端とは、ウィリアム・ジョーンズによる言語学の通説打破ではなく、一八七九年のナポレオンによるエジプト侵攻である――「これは多くの点で、ある特定の文化を、べつの、より強力にみえる文化が、学問的に領有＝流用《アプロプリエーション》することのモデルそのものであった」(1978: 42〔同、上・一〇五〕)。しかし、ここで重要な事実は、オリエンタリズムが、その支流となる学問ともども、オリエントに関する思索に制約を加えはじめたことだ。ギュスタヴ・フロベールやジェラール・ド・ネルヴァルやサー・ウォルター・スコットといった想像力豊かな作家たちでさえ制約をうけ、オリエントについて限られたかたちで、体験したり発言するしかなかった。「オリエンタリズムは、究極的には政治的ヴィジョンであった、それも、慣れ親しんだもの(ヨーロッパ、西洋、「わたしたち」)と異質なもの(オリエント、東洋、「彼ら」)との差異を助長する構造によって際立つ現実に関する政治的ヴィジョンであった」(1978: 43〔同、上・一〇七〕)。オリエンタリズムがまさにこのように機能したのは、オリエンタリズムの言説の知的成果が、帝国権力の利益に奉仕しつつ、また帝国権力の大掛かりな階層秩序組織《ウェッブ》によって管理されたからである。

こうした言説の登場に中心的役割をはたしたのが、「オリエント」と呼ばれる想像的存在である。この「オリエント」は、サイードが「想像的地理」と記述するものの内部に誕生する。なぜなら、わたしたちが「オクシデント〔西洋〕学」を発展させることは、まずありえないからだ。ありていにいえば、オリエントという着想は、ヨーロッパ人を定義するために存在する。「たとえば西洋とオリエントという大きな区分が、さらにべつの小さな区分へとつながってゆく」(1978: 58〔同、上・一三七〕)のであり、ヘロドトスからアレクサンドロス大王にいたる作家や旅行者や兵士や政治家の経験が「オリエントを経験するときのレンズとなり、さらに東洋と西洋との邂逅の言語や認識や形態を形成する」(1978: 58〔同、上・一三九〕)。彼らのオリエント経験をひとつにまとめるのは、彼らの意識の根底にある、異様ななにか、すなわち「オリエント」と命名されたものである。オリエンタリズムの特徴として、このような二項対立をとりあげ分析することで、『オリエンタリズム』は幾多の批判にさらされてきた。なぜなら、これでは二項対立の一方の側、ヨーロッパだけが、あるいは西洋だけが(「わたしたち」だけが)オリエントを構築するかにみえるからだ。しかしこうした同質化を、世界そのもののありようではなく、オリエンタリズムの言説が世界を単純化するやりかたを示唆するものとしてみれば、あるいは、ある一般的な姿勢が、さまざまな学問領域やその支流を、主題や対処法の差異などおかまいなしに、ひとつにつなぎあわせてしまうやりかたとみれば、オリエンタリズムと呼ばれている、この浸透性の強い思考習慣と行動習慣に支えられた言説の力について、その一端を理解できるかもしれない。

「オリエント」と命名された「他者」を、このように二項対立的でステレオタイプ的に理解する方法は、劇場を比喩として用いることで、さらに詳しく説明することができる。オリエンタリズムを学問領域としてみる発想は、閉じられた空間を示唆するが、そのとき表象という観念は、劇場的なものとなる。つまりオリエントとは、東洋全体が閉じ込められている舞台なのである――

この舞台に登場するであろう人物たちの役割とは、彼らが後にしてきた広大な全体を代理《レプリゼント》＝表象することである。したがってオリエントとは、慣れ親しんだヨーロッパの彼方にある無限の広がりではなく、むしろ閉ざされた領域、つまりヨーロッパに付属させられた劇場の舞台であるかのようにみえてくる。（1978: 63〔『オリエンタリズム』上・一四九〕）

このように、ある種のイメージだけが、本来なら拡散してとらえどころのないものを代理《レプリゼント》＝表象することになる（1978: 68〔同、上・一五五〕）。イメージとはまた、ある種の典型的な特徴に合致した〈登場人物《キャラクター》〉でもある。したがってオリエンタリズムは、

魔術や神話と同様に、自己充足的で自己補強する閉じられたシステムであり、このなかで事物は、いまあるがままのかたちで、それも、いったんそうなってしまったからには永久にそうであるよ

うなかたちで、またいかなる経験的材料をもってしても除去したり変更することができない存在的理由によって、存在するのである。　（1978: 70〔『オリエンタリズム』上・一六四〕）

想像的地理が、オリエント理解に固有の語彙なり表象を正当化する。しかもそのような限定された理解が、オリエントの理解のされかたそのものとして定着する。かくしてオリエンタリズムは、「ラディカルなリアリズム」になる。どういうことかといえば、オリエントのある側面だけが単語なり語句によって固定されたあげく、それらが「現実性を獲得したか、あるいはもっと単純に現実そのものになったとみなされてしまうのだ」（1978: 72〔同、上・一六八〕）。

サイードの分析が焦点をしぼる現象とは、十九世紀におけるオリエンタリズムの急激な盛り上がりとヨーロッパの帝国支配の興隆との緊密なつながりとみなせる現象である。その分析の政治的方向性は、サイードが一七九八年のナポレオンによるエジプト侵略を重視していることからうかがい知ることができる。ナポレオンの計略は、十九世紀初頭にヨーロッパを席巻したオリエンタリズムの始まりではないものの、アカデミックな知と政治的野望とのきわめて意図的な結婚を実現している。たしかに、一七七〇年代のインドで総督職にあったウォレン・ヘイスティングズが、インドの宮廷システムをサンスクリットの法典に準拠して整備すると決断を下したことで、サンスクリットの翻訳を援助したウィリアム・ジョーンズによるさまざまな発見の地ならしはできたといえるだろう。これは、いかなる種類の知といえども、つねに政治的現実によって位置づけられ、また力をあたえられていることの証左である。いっぽうナポレオンの戦術――エジプトの住民に、自分はイスラムに敵対するのではなく、イスラムになりかわって戦っているのだと説得する際に――は、コーランやイスラム社会に関してフランスの学者が収集したありったけの知を活用したのだが、それはまさに知ることの戦略的かつ戦術的な力をあますところなく立証するものであった。

ナポレオンはエジプトを去るとき、駐屯軍総司令官クレブルに対し、エジプトの統治は、オリエンタリストたち、ならびに味方に引き入れたイスラムの宗教的指導者たちと連携しておこなうようにと指示していた（1978: 82〔同、上・一九四〕）。サイードによれば、ナポレオンのエジプト遠征の成果は甚大であった。「占領は、近代のオリエント体験をあますところなく、まったく文字どおりに、生み出したが、そのときオリエントは、ナポレオンによってエジプトに築かれた言説宇宙の内部から解釈されたのである」（1978: 87〔同、上・二〇四〕）。ナポレオン以後、サイードによれば、オリエンタリズムの言語そのものが根本から変化する。「その記述的なリアリズムは格上げされ、たんなる表象スタイルではなく、創造の言語に、まさにその手段になった」（1978: 87〔同、上・二〇四〕）。その象徴が、スエズ運河建設という途方もなく野心的な計画であった。まさにこのような主張を読むにつけても、サイードの議論が、なぜかくも人をひきつけるのか、なぜ一九七〇年代の批評家たちの想像力をつかんだのかが、よくわかる。仔細に検討すれば、オリエンタリズムの学術研究の多くは、植民地をほとんどもっていなかったドイツのような国々でさかんであったことがわかる。また巨視的な立場から分析すると、オリエンタリズム内部においても、実に多様な表象スタイルが生まれていたこともわかるかもしれない。しかし、ナポレオンの遠征こそが、オリエンタリストたちの仕事に紛うことなき指針をあたえたのであり、やがてその指針は、ヨーロッパ史や中東史の分野のみならず、世界史の分野においても、受け継がれ遺産となったのである。

つまるところ、オリエンタリズムの力とその比類なき生産能力を生みだしたのは、それがテクスト性（本書39頁参照）を重視し、先行テクストから得られた知の枠組みのなかで現実を処理せんとしたからである。オリエンタリズムは著述としてみれば、題材と真正面から向き合おうとしながら、実際には、すでに書かれたものに応答し、それをもとに築き上げられた著述でしかなく、それは濃密な重ね書き《パリンプセスト》そのものであった。このテクスト的姿勢は、今日まで及んでいる――

もしアラブ系パレスチナ人がイスラエルの入植や占領に反対すれば、それは「イスラム回帰」にすぎないとか、あるいは現代の著名なオリエンタリストが定義するように、非イスラム民族に対するイスラムの反撥であり、七世紀から崇め奉られているイスラムの原理であるといわれてしまうのだ。

（1978: 107〔『オリエンタリズム』上・二五三〕）

オリエンタリズムの言説

オリエンタリズムは、フーコーのいう言説として見るのがもっともよい見方であろう。オリエンタリズムとは、権力／知の顕在例なのだ。サイードによれば、オリエンタリズムを言説として調べることなくして、「ヨーロッパ文化が、ポスト啓蒙主義の時代に、政治的に、社会学的に、軍事的に、イデオロギー的に、科学的に、想像的に、オリエントを管理できた――さらには生産もできた――とき、頼りにした、巨大な体系的な学問領域を理解することはできない」（1978: 22〔同、上・二二〕）。

すでにみてきた言説概念（本書32頁）から、さらに敷衍すれば、植民地言説とは、植民地ならびに植民地民族について、植民地化する列強について、また被植民地と植民地宗主国との関係についてなされる陳述の体系である。それは植民地活動が発生した世界に関する知と信念の体系である。植民地言説は、たとえ植民者の社会や文化の側で生み出されようとも、それは、植民地化された人びとが、みずからについて理解するときの枠組み的な言説となる（たとえば、アフリカ人を「本能的」で「情緒的」とみる帝国の観点を、アフリカ人自身が採用し、「合理的」で「非情緒的」なヨーロッパ人と、自分たちとの違いを主張するようなときに）。またすくなくとも、それは世界についての別の知と衝突するため、植民地化された人びとの意識のなかに深い葛藤をつくりあげてしまう。

言説としてのオリエンタリズムには、大学、制度、政府機関などの権威が付属している。そしてそのような権威は、言説を、重要かつ特権的なレヴェルに引き上げ、言説と「真実」との一体化を実現する。やがて、学問としてのオリエンタリズムが創造した知と現実とが、ある言説を生み出すが、その言説の「物質的存在あるいは重みが、特定の作者の独創性以上に、その言説から生み出されるテクスト群に対して責任を負うことになる」（1978: 94〔同、上・二二四〕）。この言説を手段にして、サイードの議論によれば、西洋の文化制度は、「他者」すなわちオリエント人の創造に責任を負うが、西洋《オクシデント》人とは異なるこの「他者」の存在が、ヨーロッパ自体のアイデンティティを確立するための二項対立たち上げに貢献する。西洋と西洋ならざるものとの区分を支えるのは、オリエントとオクシデントとの境界線だが、それは「自然の事実というよりも、人間が生産した事実である」(1985: 2)。「オリエント」のような実体を構築する際には、地理的想像力が密接にかかわってくる。この地理的想像力は、オクシデントとオリエントとを差異化すべく、両者の厳密な境界が維持されることを求める。そのうえで、このプロセスをとおして、彼らは地域を「オリエンタル化」できる。

もちろんオリエンタリズムの実質を形成するのは、オクシデントとオリエントとの間の権力関係であり、この関係のなかで秤は極端にオクシデントのほうに傾いている。またこの権力は、オリエントに関する知の構築と密接にむすびついている。「従属人種」あるいは「オリエント人」に関する知によって、植民地経営が容易になり収益もあがるがゆえに権力が発生する――「知が権力をあたえる。より多くの権力は、より多くの知をもとめる。かくして情報と管理との、ますます収益のあがる弁証法が展開する」(1978: 36〔『オリエンタリズム』上・九二〕)。

オリエンタリズムの言説によって創造され、またその言説内に埋め込まれる知は、オリエントならびにオリエント人を従順でオクシデントによる支配に屈する存在としてイメージ化することに成功する。オリエントの知は、サイードによれば、力関係から生まれてきたがゆえに、ある意味で、オリエントを、オリエント人と彼らの世界を、創造する。

> クローマーやバルフォアの言語のなかで、オリエント人は、（裁判において）裁かれるもの、（授業科目のなかで）学ばれ記述されるもの、（学校や監獄において）規律＝訓練をうけるもの、（動物図鑑のように）図解されるものとして描かれる。要は、どの場合でも、オリエント人は、支配という枠組みによって封じ込められ代理＝表象されるのだ。（1978: 40〔同、上・一〇〇〕）

「他者」としてのオリエントの創造が必要なのは、オクシデントが、そのような対比のなかで、みずからを定義し、みずからのアイデンティティを強化できるからである。

オリエンタリストによる代理＝表象《レプリゼンテーション》は、アカデミックな学問、たとえば人類学とか歴史学とか言語学によって強化されただけでなく、「適者生存というダーウィン的命題」（1978: 227〔同、下・六五〕）によっても強化された。かくして、オリエンタリズムの支配下で、オリエント研究は、つねに、オクシデントあるいは西洋の視点からおこなわれる。サイードによれば西洋人にとって、

> オリエント人はつねに西洋のなんらかの面と似ていた。たとえばドイツ・ロマン派にとって、インドの宗教は、つまるところ、ゲルマン・キリスト教的汎神論のオリエント版にすぎなかった。しかもオリエンタリストは、オリエントを、あるものから、常にべつのものへと変換することを自分の仕事としている。オリエンタリストはこの仕事を、自分自身のために、自分の文化のため

におこなうのである。（1978: 67〔『オリエンタリズム』上・一五八〕）

オリエントを西洋と比較し、西洋の視点から解読することは、最終的に、オリエントの文化や物の見方を派生的、倒錯的なものとして眺め、そのあげく、それらに劣等的な地位をあたえるにいたるのである。

オリエンタリズム言説の本質的な特徴は、オリエントならびにオリエント人の双方を客体化することである。どちらも精査され理解できる物としてあつかわれる。この客体化は、「オリエント」という用語の存在そのものによっても確かめられる。なにしろこの用語は、ヨーロッパよりも何倍も広い地理上の領域、ならびにヨーロッパよりも何倍も多様な住民たちのことを、たった一言でまとめあげようとするからだ。このような客体化を支えているのは、オリエントの本質が一枚岩的であり、その歴史が不変なのに対しオクシデントは、ダイナミックで、その歴史が活気にあふれているという前提である。さらにつけくわえれば、オリエントならびにオリエント人は、受動的で、研究に口をさしはさむことのない従順な対象とみられている。

しかしながら、このようなオリエント構築には、もろに政治的な次元が存在し、西洋の知が必然的に政治的意義を有してしまう。このことがもっともよくわかる典型例として、オリエント研究の誕生と、西洋帝国主義の勃興をあげることができる。インドやエジプトのイギリス人たちは、英国植民地としての地位のうえに築かれた国々、つまりインドやエジプトに興味をもった。サイードの示唆によれば、このように語ることと「インドやエジプトに関するアカデミックな知が、むきだしの政治性によってどこか汚染され、圧迫され、犯されていると語ることとは、まるっきり異なることのように聞こえるかもしれない――だが、このオリエンタリズム研究では、それこそが、わたしが言わんとしていることである」（1978: 11〔同、上・三八〕）。サイードがここまで言い切れる理由は、言説の世俗世界性へのゆるがぬ確信があるからである――「人間科学におけるいかなる知の生産も、その著者が人間主体としておのが環境との関係性のなかにあることを、無視もできなければ軽蔑もできないのである」（1978: 11〔同、上・三八〕）。アカデミックな知が、政治的・軍事的な力に「汚染され」、「圧迫され」、「犯される」という考え方は、デニス・ポーターが示唆するような（Porter 1983）、オリエンタリズム言説のヘゲモニー的効果が、「同意」によって機能するという方向には進まない。そうではなくてそれが示唆するのはむしろ、知を、みたところ道徳的に中立的な立場から追求することも、植民地主義のコンテクストでは、帝国主義のイデオロギー的諸前提に深く影響されてしまうということなのだ。「知」は、つねに代理＝表象《レプリゼンテーション》の問題であり、代理＝表象《レプリゼンテーション》はイデオロギー的概念に具体的な形態を付与するプロセスであり、またある種のシニフィアンをシニフィエの代理にするプロセスである。こうした代理＝表象《レプリゼンテーション》によって支えられる権力は、政治的諸力の作用から切り離して考えることはできない。たとえ、それが政治的な権力とは異なる種類であっても、また政治的権力よりも精密で、浸透性が高く可視的でないとしても。

それゆえ、権力不均衡は、帝国主義のもっとも顕著な特徴、その「冷酷な政治的・経済的・軍事的諸原則」（1978: 12〔同、上・三九〕）のなかのみならず、きわめてヘゲモニー的に、文化言説のなかにも存在する。オリエンタリズム研究の支配的ヘゲモニー達成計画、すなわち帝国主義の諸目的のプロパガンダのために使われる計画が、みてとれるのは、ほかでもない文化的領域なのである。それゆえサイードの方法が探りを入れるのは、彼が「テクスチャリズム」と呼ぶものであり、これによって、オリエントをテクストによる創造物としてみることが可能になる。オリエンタリズム言説では、テクストの連携関係《アフィリエーション》によって、どうしても、西洋は、権力の場、他者とは一線を画す中心として生みだされ、他者は知の対象として必然的に従属化の対象として析出されてしまう。オリエンタリズムのテクストのこの隠れた政治的機能は、その世俗世界性の特徴であり、サイードの計画は、テクスト構築体としてオリエントが立ち上げられることに焦点を絞る。サイードはオリエンタリズムのテクストのなかに潜むものに興味はない。彼が興味を寄せるのは、オリエンタリストがいかにして「オリエントに語らせ、オリエントを記述し、その神秘を、西洋のために、西洋にむけて、平易なものにするか」（1978: 20-1〔同、上・五八〕）ということなのだ。

知が構築される諸言説を理解する鍵は、表象の問題である。なぜならサイードいわく、真の表象が可能かどうかは、わからないからである（1978: 272〔同、下・一六五〕）。もしすべての表象が、表象を作る者の言語や文化や諸制度のなかにからめとられていれば、「わたしたちは次の事実を受け入れる覚悟をしなければならない。すなわち表象は、それ自体によって、「真実」以外にも、実に多くのものに含みこまれ、絡めとられ、埋めこまれ、織りこまれているという事実、そして「真実」もまた表象であるという事実、を」(1978: 272〔同、下・一六五〕)。わたしたちが書物のなかに見出す表象が、現実の世界に対応していると信ずることによって、サイードが「テクスト万能姿勢」と呼ぶものが生まれる。サイードが示唆するのは、フランスの哲学者ヴォルテール(一六九四—一七七八)が『キャンディード』で、またスペインの小説家セルバンテス(一五四七—一六一六)が『ドン・キホーテ』で諷刺したものこそ、「人間が生活している錯綜とし予測不可能で問題ぶくみの混沌は、書物——すなわちテクスト——が語っていることを基盤にすれば理解できるという前提なのである」(1978: 93〔同、上・二二〇〕)。これこそ、オリエンタリズムのテクストが真実を意味し表象しているとみなされるときに起こることだ。その一方でオリエントは沈黙状態におかれ、オリエントの現実を解明する役割はオリエンタリストに委ねられる。オリエンタリズムのテクストは、遠いエキゾチックな現実をなじみやすく、さらには親近感まで覚えるものとして提供するので、テクストそのものにきわめて重要な地位がわりふられ、記述しようとする対象よりもテクストそのものが大きな意義を帯びるようになる。サイードはこう述べている——「そのようなテクストは知だけでなくそれが記述しているようにみえる現実をも創造できる」(1978: 94〔同、上・二二三—二二四〕)と。もしオリエント人が話すことを禁じられているのなら、オリエントという現実を創造し記述しているのは、テクストそのものということになる。

世界の舞台で、フランスとイギリスが、合衆国によって駆逐されたことによって、オリエンタリズムは、最新段階を迎える。権力中枢がシフトし、その結果、オリエンタリズム化の戦略も変更を余儀なくされたのだが、オリエンタリズムの言説は、その三つの一般的様式においていまも健在である。

この段階のオリエンタリズムになると、アラブ人ムスリムが、社会科学のなかだけでなく、アメリカ人の大衆的イメージのなかでも中心的存在となる。サイードの議論によれば、これをかなりの程度まで可能にしたのは、「大衆的な反セム的憎悪が、ユダヤ人からアラブ人へと標的を変更したことだが……両者の人物像は本質的に同じものとしてみられてきたからである」(1978: 286〔同、下・一九八〕)。第二次世界大戦後に社会科学が支配的になったことは、オリエンタリズムが帯びていた権威が社会科学へと移行したことを意味していた。社会科学者たちの登場により、オリエンタリズムの領域が「姿勢」や「潮流」や「統計」といった概念に骨抜きにされ、還元されること、オリエンタリズムの領域の脱人間化」(1978: 291〔同、下・二〇八〕)が、いよいよ本格化する。それ以後、オリエンタリズムは、さまざまな段階において、ヨーロッパ中心的言説となり、何世代にもわたる学者や文筆家が、その「優秀な」英知の力にしっかりと支えられて蓄積した知の助けを借り、「オリエント」を構築するのである。

オリエンタリズムのゆきすぎを記録することだけがサイードの意図ではない(たとえサイードがその試みをいくら成功裡に終えているとしても)。その意図には、べつの選択肢、よりよい学術研究の必要性を強調することもふくまれていた。重要な知を生みだすことに従事している多くの研究者が存在することをサイードは認めている。けれども彼はまた、ほとんどの学者たちを疲弊させる、オリエンタリズムの「ギルド的伝統」を危惧している。オリエンタリズム支配との戦いで油断してはならないと彼は力説する。サイードにとっての解決法は、「表象において、〈他者〉研究において、人種差別的思考において、権威なり権威主義的思想を無思慮に無批判に容認することにおいて、知識人の社会的政治的役割において、懐疑的批評意識に対する評価において、そこに関与しているものに鋭敏になること」（1978: 327〔同、下・二八五〕）である。ここにおいて知識人の最大の課題は、オリエンタリズムの言説伝統にふくまれている「神学的」主張の魅力に屈することなく抵抗する姿勢、そして権力に対して真実を語り、疑問を呈し、反論するという「世俗的な」欲望を力説してゆくことである。

サイード、フーコー、抵抗問題

サイードが西洋の言説に対し、異議申し立てをするかたちで分析をおこなったにもかかわらず、抵抗の理論を示さなかったという非難（Young 1990; Ahmad 1992）は、サイードがフーコーを流用しそこねたという観点と連動している。明らかにサイードはフーコーに負うところが大きいが、重要な点で袂を分かっている。サイードがフーコーに対して反撥するのは、フーコーの著作ならびにポスト構造主義の言説一般に政治参加意識が欠けているとサイードがみるからである。とりわけフーコーは、サイードによれば「権力の使用法というよりも、いかにして、またなぜ、権力が獲得され行使され維持されるのかについて、奇妙に受動的な不毛な見方をしている」（1983: 221〔『世界・テキスト・批評家』三六二〕）。権力は「無媒介的な直接支配」であるという粗雑な概念を回避する一方で、フーコーは、サイードによれば、「いまなお現代社会の底流にある対抗的な諸力がおりなす重要な弁証法を、多かれ少なかれ消去している」(1983: 221〔同三六一—三六二〕)。権力とは、社会のあらゆるレヴェルで機能するものだという、フーコーの権力概念は、抵抗の余地を残していない。サイードは、これを「みずからの周囲に円を描き、ユニークな縄張りをつくる概念」と特徴づけている——「この縄張りのなかにフーコーは、自分自身だけでなく、他の者たちも閉じ込めた」(1983: 245〔同三九九〕)。これとは逆にサイードの意図は、絡めとられることではなく、抵抗し再創造する潜在的可能性がなにかを明確にすることである。これは実はオリエンタリズムのなかに折り込まれている。オリエンタリズムが重視するのは権力と知との関係なのである。

サイードにとって、オリエンタリストの権力は、オリエントを「知る」ことのなかに存在していた。この知は、それ自体で権力を構成し、しかもまた、権力の行使でもあった。したがってサイードにとって、抵抗は二段構えである。オリエンタリズムの言説の外側にあるオリエントを知ること、そしてこの知をオリエンタリストたちにむけて表象し提示すること——オリエンタリストたちへの逆襲である。このようなことをする理由は、サイードが論ずるオリエンタリストたちの誰もが自分たちの読者のなかに「オリエント人」を想定していないからだ。「オリエンタリズムの言説、その内的一貫性、そして宗教的手続き、こうしたものすべてが、もっぱら宗主国である西洋諸国の読者や消費者にむけて発信されていた」(1995 : 336)。そこからサイードは、オリエンタリストたちの宣言に耳を傾け、さらに、オリエンタリストたちの議論に歓迎されざる介入をおこなうことに、独自の喜びを見出すのである(1995: 336)。

しかしながらサイードがその文筆の逆襲で目指しているのは、オリエントに関する「真正の」物語を提示することではない。つまりオリエントについては、オリエント人だけが、語る能力をもっていると主張しているのではなく、そのような真正さの考え方は、誤りであると暴露しているのである。なぜなら「真実の」オリエントなど存在しない、

「オリエント」そのものが、構成された実体にすぎないのであり、地理空間が存在し、そこに土

MICHEL FOUCAULT

ミシェル・フーコー（一九二六―八四）

フランスのポワティエに生まれた哲学者。フランスでいくつかの大学で教えた後、コレージュ・ド・フランスの思想体系史教授という特権的地位にまで登りつめた（一九七〇）。フーコーが立証したのは、基本概念、それも通常、人間とか社会についての永遠の真理とみなされているものが、歴史の進展のなかでさまざまに変化することである。みずからの実践を「考古学」と命名した彼が示したのは、〈認識系《エピステーメー》〉つまり言説編成体が、特定の時代における世界の経験を規定するかということだった。彼はまた社会における権力の移行パターン、ならびに、いかにして権力が人間の自己と関係づけられるかを探求した。フーコーによれば権力は、あらゆるレヴェルにおいて作用する戦略のなかに位置づけられる。つまり権力は、たとえば国家とか支配階級の権力というかたちに還元できない。権力は、ただたんに強制するのではなく、生産的に機能する、それもとりわけ知を生産する。また権力は支配者とか支配的制度によってただ行使されるというよりも社会全体に散種される。

着の根本的に「異なる」住民が付随し、彼らはその地理空間に固有の宗教や文化や人種的本質に基づいて規定されるという概念そのものも、同様に、論議を呼ぶのが必至の考え方であるからだ。(1978: 322〔『オリエンタリズム』下・二七三—二七四〕)

ここで留意すべきは、サイードのいう非強制的な知が、『オリエンタリズム』における言説分析の使用法とまっこうから対立することだ。方法論的にいえば明らかにフーコーに負うところが大きいにも関わらず、サイードは、そこから距離をおき、作者が創造性を発揮できる余地を残そうとしている。したがって、フーコーの誤用を批判されても(Young 1990; Clifford 1988〔『文化の窮状』〕; Ahmad 1992)、サイードはくじけることはなく、むしろ『オリエンタリズム』の首尾一貫性のなさは、最初から意図されたものだとまで言ってのける——「わたしはフーコーの手法や誰か他の人の手法を使うことで、自分の主張が霞んでしまうことを望みませんでした」(Salusinsky 1987: 137)。しかし、これよりさらに明白なのは、彼が非強制的な知という概念に、『オリエンタリズム』の最後でたどり着くことである——「その本は反・フーコーを意図したものでした」(Salusinsky 1987: 137)。

こうしたサイード的抵抗戦略が拠ってたつ前提とは、知識人たる者、ただたんに帝国主義的言説を却下するためだけではなく、「知を可能にする内的条件の内部まで」(1983: 182〔『世界・テキスト・批評家』二九八〕)批判的に介入すべく、批評意識を行使しなければならないということである。サイードにとって、批評意識の場とは、「体系的方法の支配君臨」(1978a: 673)への抵抗行為のみならず、支配的文化のヘゲモニー的性格に対しての抵抗行為なのだ。サイードの議論によれば、このようなパースペクティヴをとることで、批評家はテクストと二重にわたりあう——それは、テクストのなかに書かれていることだけなく、テクストにおける不可視の部分をも記述することになる。現代的批評意識に関するサイードのスタンスは、主体的活動の余地を主張するものといえる。なぜなら、そのような批評意識は、支配的文化とは一線を画し、責任ある敵対者の立場をとり、そうして「テクスト内にある陳述の力を説明し、それを合理的に発見し認識するからである」(1978a:713)。こうした批評意識の発展こそ、サイードの抵抗戦略の中核に存在するものだった。

『オリエンタリズム』批判

『オリエンタリズム』を一個の言説としてみることは、それが扱う領域の欠落部分に焦点を絞ることを意味する。オリエンタリズムの始まりを、十八世紀におけるインド・ヨーロッパ語族への関心の高まりにみるのではなく、ナポレオンのエジプト遠征にみることは、言説におけるヨーロッパの権力を立証せんとするサイードにはふさわしいことだった。サイードがおおむね無視しているのは、オリエンタリズムのドイツ学派とその大きな影響力であった。当時のドイツは東洋に地歩を築く重要な植民地大国でなかったとしても。またオリエンタリストと呼ばれる研究者の多くが抱いていた、たとえば東洋文化のほうが、いくつかの点で、西洋文化よりも優れているという強い感情、あるいはオリエンタリストの学術研究が東洋と西洋とのあいだの境界を実際に取り払うのではないかという広い範囲にわたって共有された感情について、サイードは言及していない。さらにサイードによる言説概念の使い方は、サイード自身、偏ったものであることをすすんで認めているのだが、支配や権力だけが重視され、文化的相互作用のほうはなおざりにされている。

こうしたほかにも、多くの理由によって『オリエンタリズム』は、刊行されるとすぐに、いくつかの分野から、軽いものから激しいものにいたるまで、さまざまな程度の敵対的な反応を招き、いまなおそれは終わっていない。批判の厳しさと範囲の広さを考慮すると、その本の影響力がいかに大きなものであったかがよくわかる。しかも、そうした批判は、その性格を考慮すれば、アカデミックな世界における規制の多い知的作業に対して向けられたサイードの主張の正しさを一様に裏付けることになった。つまりそうした批判は、アカデミックな学問は、「神学的」で排他的な専門分化を重視し、学問上の規制に強く拘束され、大胆さを嫌い、扱う題材の人間的現実を回避する傾向にあったのだ。『オリエンタリズム』は、扱う範囲は広大だけれども、「アマチュアの」著作である。それはサイードが高く評価する知的営みをみずから実践している。それをアマチュアの著作と呼ぶのは、矛盾めいて見下しているように思われるかもしれないが、そう語ることで見えてくるのは、アカデミックな専門分化と「真実」との構築されたつながりが、いかに強く、またそれによってアマチュアの作業がいかに圧迫されるかということである。

不正義をあばくという、その本がおびる切実さと、学問境界に対して示す無頓着ぶりは、多くの批判を招くことになったが、そうした批判は、サイードのいう「世俗分析」形式がいかに受け入れがたいか、いかに周辺的でとるにたらぬものと見られているかを裏付けるものだった。歴史家にとって彼は非歴史的であった。社会科学者にとって彼は諸理論を混淆しすぎた。学者にとって彼は学者的でなかった。文学理論家にとって彼は内省的でなく見境がなかった。フーコー主義者にとって彼はフーコーを誤用した。マルクス主義的専門家にとって彼は反革命的であった。保守的専門家にとって彼はテロリストであった。『オリエンタリズム』対する二十年におよぶ反応は、「アマチュアの」公的知識人に何が待ち受けているかを露呈するものであった。けれども、それぞれの専門分野からの批判は、その分野におけるみずからの認識論的基盤の権威を誇示するもので、そこから、ゆくりなくも、真実と権力との相互作用のいまひとつの実例が提供されることになった。すなわち「真実」は、それを構築したものの権威——その制度的基盤となるものの権威——が立証されるまでは、「真実」として表明できないということである。

批判はまた、サイードのアイデンティティの逆説的性格や、そこから代理＝表象そのものの性格もとりあげた。そうした批判の、ほとんどではないにしても、多くは、一理あるもので教えられるところも多く、それなりに価値があった。しかし、そのどれひとつとして、その著作をぐらつかせるだけの絶対的権威を主張できなかった。この理由の一端は、こうした批判の多くが拠って立つ学問的権威そのものに、『オリエンタリズム』のテクストが逆襲しているからである。著者が「オリエント人」であり、「オリエント人の」経験の論議の余地なき現実と、その世俗世界性はゆるがざるものなので、批評家たちの学術的・認識論的前提などたえず一笑に付すことができた。最終的には『オリエンタリズム』の世俗世界性——オリエンタリストたちのテクスト群そのものの連携関係《アフィリエーション》や世俗世界性を暴くことに傾注するテクストのありかた——が、その知的・批評的エネルギー源となっていることがあげられる。そのテクストは、抽象的な理論的立場からではなく、「オリエント化された」経験の、いまなお継続する現実に立脚して、読者に語りかけている。この事実に支えられることで、『オリエンタリズム』は、いかなる批判と攻撃にさらされようとも、ひるまず活力を失わないのである。

「テロ教授」

右翼雑誌『コメンタリー』誌にエドワード・アレグザンダーが書いたのは、『オリエンタリズム』にもっとも敵対的な反応の実例であり、それがほのめかすのはジョウゼフ・コンラッドの専門家であり、もっぱらコンラッドの小説について書いてきたサイードの「現代の政治生活に関する偉大なる洞察は、奇しくも、テロへと強く引かれる知識人のありようと関わることになった」(Alexander 1989: 49)というものだった。アレグザンダーは、サイードを、コンラッドの小説『密偵』(一九〇六)のなかの一人物になぞらえる。その小説は、「破滅と破壊のイメージにとらわれた」一教授の「衒学的な狂信性」を描いている、と。そしてアレグザンダーはまた、その小説の人物で、べつの(定職のない)知識人が抱く野望について分析し、それは、「手段の選択に際しては、あらゆる雑事を無視する絶対的決意を固めた一団をつくる」野望であり、そのなかで最優先されるのは「死であり、死が人類に奉仕する」（1989: 49-50）と。アレグザンダーの議論は、おおむね誤認にもとづいているのだが、サイードの立場に対する辛辣な批判というよりも、サイードとその批判者との応答において生ずる、敵対性のレヴェルのようなものがわかって興味ぶかい。

『オリエンタリズム』に関するこうした揶揄的批判は、アメリカ社会におけるサイード自身にむけられる攻撃の敵対性を代表していて、その極端で剝き出しのヒステリックな反応ゆえに興味はつきない。そうした攻撃は、現代のオリエンタリズムについてサイードが主張したことを、まさにそのまま再現している観がある。つまりアラブ人は、合衆国の人種的・政治的外国人嫌悪の対象であり、ありとあらゆる悪魔的恐怖の権化として立ち上げられるのだ。さらに興味ぶかいのは、こうしたステレオタイプが一般的には公的な論争のなかに、個別的にはアカデミックな言説のなかに巧妙にはいりこむことである。アレグザンダーの攻撃は、その本そのものに対する姿勢一般を代表しているのではないとしても、「自己」と「他者」のステレオタイプが文化言説のなかでいかに二極化するかについて、啓発的に垣間見せてくれる。

地域研究

中心から寄せられた批判、主に、オリエンタリズムと地域研究の領域から寄せられた批判は、たくさんのコメントをひきだした。その多くは実証的かつ啓発的であり、かなりの量が敵対的であり、なかには侮辱的なものもあった（1985: 1［「オリエンタリズム再考」、『オリエンタリズム』下・二九五］）。サイードが敵対的として触れている批判の典型例は、デニス・ポーターとバーナード・ルイスの著述である。ポーターはサイードの命題を、非歴史的であり首尾一貫しない物語であるとの見地から否定した（Porter 1983）。いっぽうルイスは、サイードに対するもっとも悪辣な攻撃のひとつをおこなった。これはおそらく驚くべきことではないかもしれない。なにしろサイードは、イスラムに関するルイスの著作を、現代のオリエンタリズムの明白な実例として批判していたのだから。それは、攻撃的イデオロギー的で、洗練と諧謔をさまざまに試みようとしながらも、「薄っぺらな都会的な洒脱の下に、ルイス自身が信奉しているという「科学」や学識とは、いささかなりとも共通性のない、狂信的姿勢があり、これがすべてを支えている」（1985: 6〔同三〇九〕）と。オリエンタリズムの歴史に詳しい者にとって、これは驚くにあたらないとサイードはいう。専門家のオリエンタリストたちの批評のほとんどが、「ルイスのそれのように、縄張りを侵した不躾な侵入者をめぐる陳腐な記述にすぎないとわかるのだから」（1995: 346）、と。

これに対しルイスのほうは『オリエンタリズム』を「不条理」の一歩手前の「偽りの」テーゼであると記述した。ルイスはさらに、『オリエンタリズム』は、「学者たちがしていること、学術研究がめざすものに関する、いらだたしいほどの無知」を露呈しているという（1982, 1982a）。ルイスはサイードの専門家としての資格（保有している学位に関し）、イスラムについて語れる能力、アラブ史とオリエンタリストによる学術研究の歴史知識について、疑問を呈していた。アカデミックな「専門的」学術研究の代表者たるルイスにとって、サイードの「アマチュアリズム」は、解放をもたらす力というよりも、許しがたい失敗であった。批評的見地からみれば、サイードがオリエンタリストの実践に対して投げかけた固有の批判をルイスは実質的にすべて無視したのである。

サイードによれば、ルイスやダニエル・パイプスのような学者オリエンタリストたちは、彼らのサイード批判にみられるような表象を十年一日のごとくくり返している。なにしろ、「十九世紀的精神の持ち主にとっては、オリエント人がオリエンタリズムの主張に対して文句をつけるなどという荒唐無稽な状況」にどう対処してよいかわからないからだ。ルイスのような現代のオリエンタリストに対する最大の軽蔑をサイードは用意している――「自意識的な批評によって一歩立ち止まることができず、また反知性的姿勢を抑制できないという点では、いかなる者といえども、バーナード・ルイスの崇高なる自信に到達することはできない」(1985: 6〔同三〇八〕)と。こう語ったうえで、サイードは、いまいちど、オリエンタリズムの永続的遺産を、またその現代における顕在型を、その論争的・政治的介入姿勢を、解き明かそうとするのだ。ただしアカデミックなオリエント研究が、オリエンタリズムのすべてではないことは、力説しておく必要がある。主にアカデミックな場からの批判と、それに対するサイードの反論は、ともに論争の場を不必要なまでに狭めてしまう傾向がある。

フーコー・コネクション――方法論的批評

サイードによるフーコーの使用法にかかわる問題は、『オリエンタリズム』に寄せられるさまざまな、きわめて批判的な批評のなかで、焦点となってきた。たとえばデニス・ポーターの議論によれば、言説概念の使用は、方法論に関して、とりわけ真実とイデオロギー問題に対するサイードの扱い方に関して、重大な問題を提起する。サイードは、あらゆる知は汚染されている、なぜならオリエントは結局、構築体にすぎないのだからと論じている。しかしポーターによれば、サイードは、知ることができる真のオリエントが存在し、それに対応した真実も存在し、それは達成できると示唆している。ポーターにとって、このような知とイデオロギーの二律背反は、サイードの著作のなかで解決されていない。解決されていないどころか、ここで暗示される「真の」オリエントという前提こそ、サイードがいくらそれを否認しても、『オリエンタリズム』に対してもっとも頻繁にむけられる批判のなかで問題にされてきたのである。

もし知られうるオリエントなど存在しないというサイードの主張が正しければ、ポーターの論ずるところでは、「手を変え品を変えオリエンタリズムが登場し、それがすべてであるだけでなく、それで終わりになってしまう」(Porter 1983: 151)。『オリエンタリズム』における理論的な緊張状態の源をポーターはサイードが、グラムシとフーコーの、ふたつの理論的立場を融合しようとしたところに見出す。サイードによるフーコーの意図的誤用の最たるものは、アレクサンドロス大王やカール・マルクスやジミー・カーターを単一の言説のなかに収容せんとするサイードの無謀さに見出せる。このような冒険的主張は「帝国の権力／知を参照しながら、歴史を喚起すると同時に、歴史を無意味なものにするものだ」(Porter 1983: 152)。いっぽうフーコーはそのような無茶はしなかった。フーコーにとって言説は、さまざまな時代区分を成立させる認識論的断絶をともない、歴史的に根拠づけられるものであった。

サイード的意味でいうオリエンタリズム言説は、それゆえ過去のオリエンタリズムに対するべつの選択肢を提示できないでいた。このことは、グラムシのヘゲモニー概念（本書83頁参照）とむすびつけられると、対抗ヘゲモニーの可能性を摘んでしまうものともいえる。オリエンタリズム言説そのものの内部で抵抗できる能力が無効化され、ポーターが不満に思うのも、この点である。ポーターの議論によれば、サイードが、個々の学者たちを、オリエンタリズムの罠に陥らなかったという理由で褒めても、「彼は、所与の支配的ヘゲモニー編成体のなかで、そのようなべつの選択肢となる言説が誕生することを立証していない」(Porter 1983: 153)。

この矛盾のために、またサイードが、ヘゲモニーを強制ではなく合意によって誕生するプロセスとしてみることができなかったために、ポーターは、サイードの構築したオリエンタリズム言説に対する、三つの選択肢を提示することになる。最初の選択肢、それは、オリエンタリストのテクスト群を、同質的なものではなく、異種混淆的なものとみること。二番目の選択肢、西洋の伝統のなかにもべつの選択肢となりうる著述が存在するのを認めること。三番目の選択肢、知と権力関係を介在させないオクシデントとオリエント間のテクスト上の対話を構想できること。ポーターは旅行文学の例をひいて、オリエンタリズムのなかにも、さまざまな歴史的結節点で、さまざまなかたちで自己表現する対抗ヘゲモニーの声は存在していることを示す。彼がそのテーゼを証明するために利用するふたつの作品は、マルコ・ポーロの『東方見聞録』とT・E・ロレンス（アラビアのロレンス）の『知恵の七柱』

である。このふたりの著者を通して、サイードの主張、つまりオリエンタリズム言説には統一された西洋の伝統が存在しているという主張が、問題ぶくみのものになるとポーターは論ずる。彼はサイードに対する反論をつぎのようにまとめている――

結局のところ、オリエンタリズムの言説に対するべつの選択肢を示唆することは、むつかしくないし説明しがたいことではない。第一に、サイードは言説理論とグラムシ的ヘゲモニーとの潜在的矛盾を無視しているために、みずから引用し要約するテクスト群を適切なかたちで歴史化しそこねている。……第二に、サイードは、イデオロギー性が明白なテクスト形式と、文学的事例とを区別しないため、美的構築物の準自律性や多層決定されている性質を認知できないでいる。第三に、文学テクストというものが、効果的たらんとして、みずから再生産しているかにみえるイデオロギーから、距離をおきがちであることについて、サイードは何も示していない。

(Porter 1983: 169)

ポーターの批判は、サイードの知識人観の前提に対する無理解ゆえに、かえって可能になったところがある。サイードが考える知識人の機能とは、反論することであった。反対の声をあげ、批判を展開すること(オリエンタリズムに対して、あるいはその他のヘゲモニー的言説に対して)。それをおこなうために、批判を効果的で価値のあるものにするために、わざわざべつの選択肢を提示する必要はない。サイードによって提供される「べつの選択肢」は知識人の役割に関する彼の関心、ならびに知識人による抵抗戦略をめぐる彼の議論のなかにつねに含意されている。たしかにサイードの議論を説得力あるものにしているのは、偏見とステレオタイプ化が、オリエンタリストのテクストに、それも学術的で歴史的で経験的であることをめざすオリエンタリストのテクストに入りこんでいることを、何度も繰り返し実例をあげて説明した点にある。あらゆる表象は、媒介されているものかもしれないが、それでも『オリエンタリズム』の簡潔な主張は、消えずに残る——すなわち権力は、どの表象が「真実」として受け入れられるかを決定し、オリエンタリストたちのテクスト群は、言説のなかでは対象とする領域に対する疑わしい「忠実度」を保有し、この状況は、地球規模の構造をもつ帝国支配のなかから出現し、また帝国支配を確認することになるのである。ヘゲモニーは一枚岩的である必要はない。インドにおける英文学科目が社会的政治的統制の言説として使用されたことをめぐるガウリ・ヴィスワナタンの分析は、ヘゲモニー言説と、公的な社会抵抗をめざす行為や言説は同じ領域において作用し効果を上げていることを、きわめて明確に立証している（Viswanathan 1987）。

サイードによるフーコー的観点の疑わしい採用に対して、もっとも厳しい批判のひとつは、最近では、アイジャズ・アフマドの『理論において——階級、民族、文学』（一九九二）のなかに見出すことができる。アフマドが『オリエンタリズム』を置こうとする文脈とは、地球規模の右翼攻勢に反応して左翼が撤退をよぎなくされた時代である。彼はまた、オリエンタリズムが表象か誤表象かをめぐってサイードの意見が首尾一貫していないことを丁寧に証明する。またこうも議論する。サイードの立場は、「表象と誤表象とを分かつ境界線がいつもきわめて細いこと」をただ示唆するだけである、と。要は、サイードがフーコー経由でニーチェ的スタンスをとったこと、そのスタンスをとるかぎり、真実の陳述は不可能になるのであって、これは真実の陳述の可能性を受け入れるマルクス主義者の立場とはまっこうから対立するということらしい。サイードは、新種の歴史記述にみずからを所属させたことで非難される。新しい歴史記述は、「事実の事実性そのもの」を疑問に付しているからである。

あきらかにアフマド自身の問題は、その言説概念そのものにある。そもそも表象と誤表象を分かつ境界線はどこに存在するというのか。あらゆる表象は、ある意味で、誤表象でもある。いかなる「真実の」表象も、文化的政治的権威に裏付けられたものでしかない。このことは「事実の事実性」にもあてはまる。事実性のある事実とは、特定の言説内で事実としてカウントされた表象のことである。ただ奇妙なことに、アフマドは彼が考えているよりもサイードに近い。というのも言説に関するサイード自身がかかえる問題もまた、政治からの撤退という問題であったからだ。これは「真の」オリエントが、その表象の外部あるいは彼方のどこかに存在するということではなく、植民地経験の物質的な切実さというもの——あるいはべつの言い方をすれば、植民地化された人びとが、みずからの経験を表象すること——が考慮されねばならないと言いたいのである。経験の物質性と、アイデンティティの構築性との緊張関係が、あらゆる種類の政治的言説におけるのと同様に、サイードの著作のなかでもっとも重要な問題のひとつを形成する。サイードがポーターやその他の批判者から、真《リアル》のオリエントを暗示しているからという理由で批判されているとすれば、サイードはまた、アフマドによって、じゅうぶんに現実的《リアル》なオリエントを喚起しそこねているという理由で批判されるのである。

この失敗が、アフマドにとって、ゆるがせにできないのは、左翼の文化理論家たちのあいだで高く評価されている本のなかでのことだからだ。けれども『オリエンタリズム』に関して、彼に気がかりなのは、それが過激な形態の第三世界のナショナリズムにアピールしていることである。これは記憶を選別していることから生ずる問題である。その本のなかではオリエント人という主体による行為、たとえば印パ分割期における暴力行為が見過ごされていて、オリエント人を劣等民族にしたてあげたオリエンタリズムの権力という、より大きな悪だけが強調されているのだから。しかしサイードの本に関して、アフマドを当惑させ苛立たせるような解釈とか利用法があるからといって、サイードを非難するのは、すこし筋違いであろう。第三世界のナショナリズムは支援を得るために、『オリエンタリズム』という本を必要としているとは思えない。しかしこれ以上に、マルクス主義者としてのアフマドを震撼させるのは、マルクス主義そのものが、オリエンタリズムの産物で植民地主義の共犯者に還元されうることである。これは、マルクス主義が周辺地域で抵抗の拠点としてはたしてきた役割を否定されるに等しかった。

『オリエンタリズム』が「古典」の地位に祭り上げられたことと、アフマドによれば、「マイノリティ民族に出自をもつか、あるいはアカデミックな世界におけるマイノリティ民族とイデオロギー的につながっているか、そのどちらかの大学知識人層のあいだで」その書物が卓越した地位にのぼり詰めたこととは、不離不可分の関係にあった（Ahmad 1992: 166）。アフマドは、このようにして、植民地言説分析の価値を否定するだけでなく、ポストコロニアル理論（本書32頁）も一蹴してしまう。ポストコロニアル理論は、第三世界の国々で特権的階級出身の移民が、はじめたものにすぎないとアフマドは主張する。第三世界の移民たちにとって、マルクス主義に対するべつの選択肢は、オリエンタリズムであった。なぜなら結局のところオリエンタリズムではジェンダーや階級よりも人種問題が優位にたつからだ。ここからアフマドはつぎのように述べる――「植民地主義は、いまや、その過去における残虐行為に責任があるだけではなく、都合のよいことに、わたしたちの諸問題にとっても責任があるとみなされるようになる」（1992:167）。アフマドが苛立っているのは、要するに、サイードやスピヴァクやラシュディといった人物が西洋において占める特権的な位置づけであり、また彼らがそうした特権的な位置を利用して、彼らの周辺性を理論化することなのである。

ロバート・ヤングは『白い神話』（一九九〇）において、サイードの仕事にみられる方法論上の問題をとりあげる。『オリエンタリズム』に対する主要な反論が問題にするのは、その本が、オリエンタリズム現象を批判しながらも、それにとってかわるべつの選択肢を提示していないことである。ここにヤングは注目する。もちろん、サイードは、オリエントがいかに構築されたかを考察しているわけで、そうした反論に答える必要はない。それはヤングも認めている。ただ、べつの選択肢がないのならサイード自身の問題、つまり「みずから記述している知の強制的構造」（Young 1990: 127）から、自分を切り離せているかという問題は、うやむやなままである。これこそ、サイードが、みずから暴露せんとする罠に、みずからはまってしまった理由であるといえる。そのためヤングにとって「サイードの記述は、オリエンタリズムのありようを、正確に再現していない。ちょうどオリエンタリズムが現実のオリエンタリズムを再現していないのと同様に」(Young 1990: 128)。

サイードの不統一性を示すために、ヤングは、『オリエンタリズム』が二つの部分に分けられることに着目して議論をすすめる。前半は、オリエントの発明を、表象による構築であると証明し、後半は、オリエンタリズムという知の体系と表象形態が植民地権力に奉仕していることを証明しようとし

MARXISM

マルクス主義

マルクス主義は、さまざまな形態をとりうるが、その基盤にあるのは、社会における、あらゆる政治的・文化的・イデオロギー的実践と価値観は、社会・経済的生活諸条件の帰結であるという信念である。あらゆる重要な出来事すべての究極的原因と大きな原動力となるものは、社会の経済的発展のなかに、生産様式ならびに交換様式の変化のなかに、またその結果生ずる社会を階級によって区分することのなかに、そして諸階級がたがいに争いあうことのなかに存在する。社会の支配的イデオロギーは、独自の利害をかかえる支配階級によって永続化され、また労働者階級のなかに、経済的抑圧の真の状態についての「虚偽意識」を埋め込み、経済抑圧に対抗して労働者は闘争せねばならないと規定された。マルクスは、ヨーロッパの外部にある諸社会についてほとんどなにも語っていないが、レーニンは、帝国主義を、資本主義社会の経済停滞の産物として論じた。人種問題や文化問題や政治問題をすべて経済的なものへと還元するにもかかわらず、マルクス主義、とりわけその階級闘争概念は、世界各地において反植民地運動の明確な特徴となった。

ている。ヤングの指摘によれば、サイードは、このふたつの主張を和解させるべく、オリエンタリズムの二形式と呼ぶものをもちだす。一方の形式は、オリエントを構築する古典的学術研究を代表し、もう一方は旅行者や巡礼者や政治家によって分節されたオリエントとなる。両者は緊張関係にあるものの、植民地化という事実によってかろうじてひとつにまとまる。ここからヤングはこう論ずる――「サイードはオリエンタリズムがヘゲモニー的首尾一貫性をもつと論じたいのだが、そのいっぽうで彼自身のオリエンタリズムの表象は、ますます葛藤をはらむものとなる」(Young 1990: 130)。

ヤングの議論によれば、サイードの根底にあるテーゼは、オリエンタリズムの反ヒューマニズム的性格を指摘している。しかしながら、サイードをめぐる問題点は、彼がオクシデントによるオリエント表象に対抗すべく、西洋の人文主義《ヒューマニズム》の伝統から人間の観念を流用することである。ここからヤングはさらに、サイードの仕事が、危険なまでにオリエンタリストの立場に接近していると論じ、こう疑問を呈する――「知のいかなる形式も――オリエンタリズムもふくまれるが――、それがオリエンタリズムであるという批判から、逃れられるのか?」と。

ジェイムズ・クリフォードは、『オリエンタリズム』に関して二種類の問い、それも相互に補完する問いを提示する。第一の問いかけ。オリエントのような文化的に産出されたイメージにむけて批評は対抗物語《カウンター・ナラティヴ》を提供できるのか? 第二の問いかけ。オリエンタリズム批判は、いかにして「オクシデンタリズム」の罠に陥ることを回避できるのか? あらゆる知や表象が、集団なり社会の他者を扱うときにとる役割をクリフォードは指摘する。そのうえでクリフォードはこう問いかける。オリエンタリズムのやりかた、つまり他の文化を非人間化し誤表象し劣等化するやりかたを免れることができるか、と。サイードの著作には、オリエンタリズムに対するべつの選択肢は存在しないし、サイードによる攻撃は、「西洋の人類学的人間科学」から引き出された価値観内部に、その根拠を明確にもっていると、クリフォードは論ずる（Clifford 1988: 261〔『文化の窮状』三三〇〕）。サイードのスタンス、つまりヒューマニズムと対抗的批評のスタンスは、「全体化する西洋リベラリズムによって発明された特権」である（1988: 263〔同三三二〕）。ここでクリフォードはサイードの著作にとりついている矛盾をとりあげる。それは西洋の理論の伝統から生まれた道具を使って、西洋の理論の伝統を批判するということである。けれども、これは指摘してよいと思うのだが、支配的な形式なり文化的言説を流用するというこのプロセスは、ポストコロニアル的抵抗に共通にみられる特徴である。こうした戦略が、オリエントを代弁するオリエンタリズムの過程についてサイードが解き明かしていることを無効にするとは思われない。

クリフォードがいらだつのは、『オリエンタリズム』のなかに、成熟した文化理論が存在しないことである。サイードの仕事が文化をヘゲモニー的で学問的とみるとき念頭に置いているのは、ヨーロッパ的高級文化形式であるが、クリフォードによれば、そのような形式は「意味がない、なぜならそれらは個人的経験を全体に接続するローカルな文化コードを回避しているからである」（1988: 263〔同三三二〕）。クリフォードによればサイードはそのヒューマニズムによってフーコーを誤ったかたちで流用し、ひいてはそれが『オリエンタリズム』における主要な理論的不統一を意味することになる。

またサイードの多様なアイデンティティ、すなわち合衆国在住のパレスチナ人であり、みずから反駁せんとする文化から、文化批判の道具そのものを動員する、対抗的批評家として仕事をする人間というありようは、クリフォードにとって問題を提起しつづける。「現代の作者は、明確に区分されたいかなる文化資源の集合体から、自己の言説を構築するのか」（1988: 276〔同三四八〕）と彼は問う。「こうした言説は、いかなる世界的規模の聴衆にむかって（そしてまたいかなる言語で）、語りかけるのか？　すくなくとも知識人は、地球規模の言論界において、セゼールのように帰郷ノートを書くことで、故郷の地を構築しなければいけないのか？」（1988: 276〔同三四八〕）。ある意味でクリフォードの疑問は、サイードの著作の核心をついている。個人はいかなるかたちでみずからの文化的アイデンティティを構築するのか？　いかにして個人はみずからの故郷の地を構築するのか。これこそが、文化批評家としてのサイードをかくも魅力的にしていることなのだ。彼の立場の両義性、彼が横断的に接触する数々の逆説、彼自身の文化的アイデンティティのなかで創造される緊張関係、こうしたものが、現代のポストコロニアル世界におけるアイデンティティ構築過程が、いかに複雑であるかを見せつけるのである。

マイケル・ダットンとピーター・ウィリアムズは、『オリエンタリズム』におけるサイードの仕事の理論的基盤についてきわめて詳細な記述を提供してくれる。彼らの異議申し立てが集中するのは、サイードの理論的整合性のなさに対してである。サイードはフーコーを両義的なかたちで利用していること、またフーコーの方法に最後まで厳密に従っていないという、これまで何度もくり返された批判を彼らはおこなう。彼らの指摘によれば、サイードが特定の作家を特権的に扱ったり、文学的な著述や読書過程に価値をおくことは、フーコー的な言説観とあいいれない。その結果、「権力と知の不公正なかたよりに対する抵抗の範囲と規模」(Dutton and Williams 1993: 325)を狭めることになった。要するに、彼らにとって、サイードがフーコーにもっと忠実だったならば、サイードは、アフマドやヤングやクリフォードが指摘してきた陥穽を回避できたということになる。

モナ・アバザとゲオルク・スタウスが注意を喚起しているのは、古典的オリエンタリズムに対する批判は一九六〇年代や一九七〇年代にあったけれども、オリエンタリズムが文化間の研究調査のための主要な分野となったのはサイードの『オリエンタリズム』登場以後であるということだ。しかしながらと、彼らは論ずる——サイードの方法は「還元論的」(Abaza and Stauth 1990: 210)であり、言説を、強者から弱者への、ある種の一方通行路とあらかじめ決めてかかっている。これは、サイードが「生産的な文化交流の長い歴史」を否定したことを意味している。また、生産的文化交流という枠組みは、他者の複数の文化の本質と現実とを差異化するために社会学者や人類学者やフェミニストによって流用されている。これは彼らが「原住民になる」と命名する潮流であって、これはアル・アジム(al-Azim 1981)によって分節化された、逆オリエンタリズムのタイプによく似ているという。

アバザとスタウス自身にも還元論がみられ、それは、彼らがなんら考慮することなく、対抗的研究方法をすべてひとつにして、イスラム原理主義のたんなる擁護とみなす点によくあらわれている(Abaza and Stauth 1990)。同様の流れのなかで、エマヌエル・シヴァンによれば、サイードのイスラム擁護は、アラブ世界のリベラルな知識人たちからは、原理主義の計略を推し進める保守的な諸力と共犯関係にあるとみなされている。彼はさらにこう議論する――『オリエンタリズム』を書評したアラブの人びとが、サイードに非を鳴らすのは「彼が恥ずべき事実をすべて絨毯の下に掃き入れて隠し」、歴史的事実を大局的にとらえようとしない、もしくはまったく言及すらしないというやり方に対してである、と。

ジェンダー批判

ラタ・マニとルース・フランケンバーグの議論では、サイードの仕事は、もっと微妙な差異をつけるべきであり、オリエント内部におけるさまざまな差異を限定し分節化すべきであったということになる。サイードの一般論は、西アジアの事例にもとづいていると彼らは批判する。そこからサイードの全体化し本質を構築する姿勢への異議申し立てとなる (Mani and Frankenberg 1985: 174-92)。これは『オリエンタリズム』に対するもっとも頻繁にみられ、おそらくもっとも大きな打撃をあたえる批評であり、一九九五年の「後書」においても、サイードが応答せざるをえなかった批判であった。この種の批判の主たる論点は、オクシデントとオリエントが一枚岩的な実体として構築されていることに集中する。権力関係をオクシデントとオリエントという図式に集約するサイードの記述は、権力の言説的性格とか、オリエンタリズムの言説に明確にみられるもろもろの差異や矛盾、さらには対抗ヘゲモニー的主張そのものなどを考察しそこねていると示唆される。ザキア・パサク、サスワティ・セングプタ、シャルミアミ・プルカヤスハが指摘しているのは、オリエンタリズムにおけるジェンダー問題のサイード流の扱い方である。しかしながら、彼らの関心は、サイードの仕事が第一義的に西洋の読者に差し向けられている点を立証することにある。サイードの怒りや憤りは、故国喪失者《エグザイル》ならではのものとしてみられるべきである。彼らは、「このようなこだわりが、第一世界のどこかで発生しうるかどうか、疑わしい」(Pathak, Sengupta, and Purkayastha 1991: 216)と論ずるのだ。

レイナ・ルイスは、彼女の比較的最近の著作『オリエンタリズムをジェンダー化する』(一九九五)のなかで、同質的なオクシデントという「虚構」をゆさぶろうとしている。これはまたジョーン・ミラーがとっている立場でもある。彼女の指摘によれば、サイードは、女性が、帝国の権力関係に積極的に参加したことを見逃している(Miller 1990)。ルイスが証明するのは女性主体、それもその眼差しが「サイードの『オリエンタリズム』のなかで概略を示された潜在的に統一された主体を、規範的にみて男性的植民地主体を、ゆるがすような眼差しであった」(Lewis 1995: 3)。ルイスが論ずるところでは、女性の差異的なジェンダー・ポジションは、そこからサイードの性格付けほど絶対的に強固でない眼差しを生み出していた。またこうも指摘される、サイードが言及するのは、ガートルード・ベルというたったひとりの女性作家だけであり、その女性作家のテクストにおけるジェンダー・ポジションには注意を払っていない、とも。ルイスは次のように主張する。サイードは「オリエンタリストの言説の生産者としての、あるいは植民地権力内における行為者としての女性像が、みかけたところ不在だが、ほんとうにそうなのかと問おうとしない。これは植民地の膨張に女性は関与しないという伝統的な観点を反映している」(Lewis 1995:18)。彼女たちの議論によれば、女性を省略することで、サイードは、オリエンタリズムの中心的問題とサイードがみるステレオタイプ化の罠に、みずからはまっているのである。

『オリエンタリズム』を拡張する

第三世界の批評家ならびに同じ考え方の理論家が『オリエンタリズム』に寄せた数多くの反応の焦点は、帝国的表象の規模と力を理解するのに、その著書をどのように応用して使えるかということだった。サイードのこの先駆的著作を、植民地言説分析にどう応用して使うかを考えようとして、ホミ・バーバもまたフーコーの問題に集中する。バーバはフーコーの重要性を認めるが、他の批評家と同様に、サイードによるフーコーの言説概念の使用が、あまりに「道具主義的」だと批判する(Bhabha 1994: 72〔『文化の場所』一二七〕)。しかしながらバーバの目的は、サイードの理論上の問題を露呈させることではなく、サイードの分析を敷衍する方法を示唆することである。バーバはサイード的分析を植民地言説分析の中心に位置するものとみている。サイードの分析を敷衍するために、バーバが試みるのは、言説分析の理論的道具によってサイードのもくろみを検証することであり、あわせてオリエンタリズムがどのようにして植民地権力と行政の道具となるかを突き詰める。この作業をとおして、オリエンタリズム言説そのものに両面価値があることが指摘される。バーバにとってサイードは植民地言説分析において重要人物である。なぜならサイードの仕事は、「西洋史の薄明かりを、西洋の植民地テクスト群の攪乱的記憶によって、活性化せねばならない点に的を絞っていたからであり、植民地テクストは、帝国の勝利に付随するトラウマの証言でもあったからである」(Bhabha 1986: 149)。

一九九四年の『レスプリ・クレアトゥール』特別号は「『オリエンタリズム』以後のオリエンタリズム」特集を組み、サイードの仕事における理論的限界とみなされるものの乗り越えを試みると同時に、植民地言説分析におけるその先導的地位を確認している。クリフォードと同様に、アリ・ベフダドの議論も、サイードの試みがオリエンタリズムを首尾一貫した統一的な知の体系として性格づけることで、批判の対象とした認識論そのものの、統一化する眼差しを受け継いでしまったことを取り上げる。サイードのオリエンタリズム像は、オクシデントとオリエントのあいだに抑圧的な関係を創造すべく機能する表象様式のなかに、差異を認める余地を残していない。ベフダドの議論によれば、サイードは権力関係を「抑圧仮説の観点から否定的に」構築し、「実際にはその形成過程が不連続で複数的な現象を説明する際に、全体化する解釈枠を構築している」(Behdad 1994: 3)。サイードの本質主義に対抗し、またオリエンタリズムの両面価値を認識するために、サイードの仕事をさらに練りあげるため全体化しないローカル批評のシステムが提案される。

マハムト・ムトマンもまた、サイードによる分析を敷衍し、オリエンタリズムに関する論争そのものが、サイードの著作によって可能になったことを追認している。そのうえでムトマンは、サイードと批評的対話を試みる。ムトマンは、オリエンタリズムに対する、よりよい別の選択肢を提示するつもりはなく、ただ、オリエンタリストたちによって構築されたイスラム像に光をあて、それをグローバルな視野のなかにコンテクスト化することを提案する。ムトマンにとって、オリエンタリズムの錯綜性やその狡知を理解するとき必要なのは、サイードの記述のなかに吸収されてしまったローカルなコンテクストを回復することである（Mutman 1993）。

『オリエンタリズム』に関する興味ぶかい書評において、アマル・ラサムは、マグレブ〔モロッコ、アルジェリア、チュニジア、時にはリビアを含む北西アフリカ地域〕の分析を含めることでサイードの仕事を実りあるかたちで敷衍できることを指摘する。とりわけモロッコの苦難に関係したフランスのオリエンタリズムは、モロッコ人を「研究し、解釈し、コントロールする」ために動員されたものであった（Rassam 1980: 506）。ただしラサムは、サイードがふたつの重要な問題を扱っていないと論ずる。ひとつは、いかにしてべつの文化を、自文化の観点を押し付けるのではなく、そのべつの文化の観点から知ることができるようになるのか？、そしていまひとつは、オリエンタリズムに対するべつの選択肢はなにか？　このような関心は、ロス・チェインバーズも共有している。研究の対象となる人びとに対して支配的役割を演ずることのない人文学的知をもつことなどできるのかとチェインバーズは疑問視する。沈黙する者が、声を獲得すること、みずからを表象することができるのか、と（Chambers 1980: 512）。

要約

サイードが一九七八年に出版した『オリエンタリズム』にみられる分析は、西洋とその他者との関係の研究において古典的地位を占めるようになった。オリエンタリズムを、その多様な現象例をふまえて、サイードが「言説」として記述したことは、理論上ならびに方法論上の論争の嵐を呼んだ。しかしそれは、ヨーロッパが、オリエントの他者に関する知を獲得するときの複雑な活動範囲に、これまでにない光をあて、そこに明白な政治性を付与したことは否定できない。『オリエンタリズム』は、知識人の仕事における「アマチュアリズム」の底力を示す完璧な実例である。なぜなら、それはさまざまな批評にみずからを開きつつ、その独創性、その規模、その揺るがざる確信によって、グローバルな文化関係を考えるときのわたしたちの方法を大きく変えたからである。サイードの議論の核にあるのは、なにかを知ることとは、そのなにかに対して権力をもつことであり、逆に、権力をもつとは、自分自身の観点で世界を知ることができるということである。この「なにか」が、世界の一地域全体であり、そのなかにある何十という民族や国籍や言語が、「オリエント」といういかがわしいカテゴリーのなかでいっしょにされるとき、知と、その知が確たるものにする権力とのつながりは、ゆるがせにできぬほど重要なものになる。オリエンタリズムの言説は、西洋がオリエントを知るときの枠組みとなりおおせ、今日にいたっても、中東に関するアカデミックな、また一般大衆の表象を規定している。

第四章　文化としての帝国主義

イギリスの詩人ウィリアム・ブレイク（一七五七―一八二七）は、かつてこう書いたことがある――「帝国の基盤は、芸術と科学である。それらを取り除くか、おとしめるがいい、そうすれば帝国はもはやない。帝国は芸術につき従い、そしてその逆はない。イギリス人が考えているようにはいかない」と（Said 1994a: 65〔『ペンと剣』一〇二。なおこれは『文化と帝国主義』1・四六にも引用されている〕）。帝国主義を無傷のまま維持しつづけることにおいて文化がはたす役割は、どんなに評価しても評価しきれない。なにしろ、帝国列強が統治という「神聖なる権利」を強固かつ権威あるかたちで維持できるのは、なんといっても文化のおかげだからである。エドワード・サイードの『文化と帝国主義』は、つぎのような前提からはじめる。帝国主義の制度的・政治的・経済的なはたらきは、それを維持する文化の力なくして無に等しい、と。たとえばインドにおいてイギリスが、一〇万足らずの人数で、数億のインド人社会をどうして統治することができたのか？　イギリスのインド統治時代は、収奪と搾取の歴史であったにもかかわらず、インドのエリート層に、イギリスとの一体化願望を、ときにはイギリスに対する崇拝の念を引き出させたのは、イギリスの存在のいかなる面なのか？　エドワード・サイードの議論では、文化こそが（たとえ、ときとして文化が傲慢な前提をかかげるとしても）、道徳的な力の供給源であり、ある種の「イデオロギー的平和促進効果」（1994a: 67〔同一〇四〕）を達成するにいたったのである。

　統治を確立するための闘争は、フーコーが示したように、システマティックであると同時に隠れたものにもなりうる。統治支配を求め、他を蹴落とそうとして、階級、民族、権力中枢、地域がらみの終わりなき闘争が展開するが、闘争を手当たり次第の生死をかけた戦い以上のものにしているのは、そこに価値観の争いが加わるからだ（1976: 36）。近代ヨーロッパの諸帝国が、他の帝国、ローマ帝国やスペイン帝国、アラブ系の帝国と異なるのは、ヨーロッパ帝国のほうがシステマティックな事業であり、たえずモデルチェンジするからである。近代ヨーロッパの帝国は、特定の国を侵略し、そこで略奪の限りをつくし、立ち去って終わりではない。ヨーロッパの帝国を支えたのは、たんなる貪欲さでなく、「文明化の使命《シヴィライジング・ミッション》」という広範に支持され強化された概念であった。これは、帝国臣民には、「野蛮状態に低迷する」民族を支配下におく権利のみならず義務もあるという考え方である。イギリスの哲学者ジョン・スチュアート・ミル（一八〇六―七三）は、「インドがわれわれを欲しているからイギリス人がインドにいるのであり、われわれの支配を懇願する領域や民族が存在するのであり、……イギリス人がいなければインドは荒廃するだけである」（Said 1994a: 66〔同一〇二―一〇三〕）と述べたが、帝国主義者たちは、まさにミルと同様に、支配する権利と義務の感覚に突き動かされて行動したのである。こうした感覚の多くを宿し、また支えたのがヨーロッパ文化そのものであったが、ヨーロッパ文化はマシュー・アーノルドの言によれば「思考され語られた最良のもの」と、まさに同義であった。

ジョウゼフ・コンラッドは、この点で魅力的な作家である。なぜなら彼は反帝国主義者であったが、帝国主義は不可避であると考えていたために、帝国主義の全体化をめざす諸前提と共犯関係に陥った。コンラッドのいうアフリカ人は、彼自身の「現実の経験」にもとづくものではなく、アフリカニズムの伝統から生まれたものである（アフリカニズムとは、その手続きがオリエンタリズムときわめて類似した、アフリカに関する「知」の技法である）。また、そうした伝統にのっとったアフリカ人像のほとんど邪悪なまでの原始性ゆえに（と同時に、人類そのものの原始性にもかかわらず、あるいは、おそらくそれゆえにか）、帝国主義の使命が正当化される。帝国の過程を救済するのは、コンラッドによれば、「理念だけである。その背後にある理念。感傷的な気取りではなく、理念。おのれを滅却してその理念の存在を信ずること」（1993: 81〔『文化と帝国主義』1・一四二〕）である。もしわたしたちが、短期的な征服による破壊から免れても、サイードによれば、救済の理念が征服をさらにもう一歩進めるのである。なぜなら帝国主義者は、帝国主義の使命という理念を実現するという自己正当化の実践によって救済され、文明化の使命という後付けの理念を最初にあるかのごとく扱うからである。もともと文明化の使命は、植民地として征服された場所に統治権を樹立するために発案されたのだった（1993: 82〔同、1・一四二〕）。帝国主義のふたつの異なる、だが緊密にからみあった側面をコンラッドは把握している。すなわち領土を征服する力と機会を得たこと自体が、統治の権利をもたらすのである。そしてこの考え方を曖昧にするために、「自己尊大化し、自己に端を発する権威によって支えられる自己正当化体制を発展させ、その体制を、帝国主義の犠牲者とその推進者とのあいだに割り込ませる」（1993: 82〔同、1・一四三〕）のである。

まさにこの自己尊大化する権威のもつ深くまた普遍的な力が維持し育む信念によれば、特定の社会だけが、文明化されると同時にみずから文明化するという価値観、それも、世界がそれによって恩恵をこうむる価値観を、手に入れることができるのだ。ここでとりわけ興味ぶかいのは、帝国宗主国内においても、この帝国イデオロギーとレトリックは、社会改革運動によって、たとえば自由主義運動、労働者運動、女性解放運動のなかで、不問に付されたことだ。「彼らは多かれ少なかれひとしく帝国主義者だった」（1994a: 67〔『ペンと剣』一〇三〕）。サイードがいわんとするのは、帝国文化を築きあげる諸前提は、社会改革や社会的不正をめぐる議論にのぼるまでもないほど、深く浸透していたということである。こうしたことは、今日でもそうかもしれないが、また無知もしくは無関心から生まれるものかもしれないが、しかし、おおむね、十九世紀後半までに、ヨーロッパが築き上げた文化の体系は、みずからの帝国的諸前提、そのヨーロッパ中心的なありよう、文明化の使命との共犯関係、そうしたものへの問いかけを許さないほど、尊大かつ自信にあふれ権威的で自画自賛的だったのである。

『文化と帝国主義』を動かすのはふたつのテーマである。ひとつは帝国の樹立と搾取を正当化し支援すべく発達した「世界規模の帝国文化の全般的パターン」に対する分析。いまひとつは、これに対する抵抗、すなわち「帝国に対する抵抗の歴史的経験」(1993: xii〔『文化と帝国主義』1・二〕)である。帝国宗主国のヨーロッパ人たちは、あらたに力を得た原住民が、彼らの物語を聞いてもらおうと、唐突と思われるかたちで声をあげる不安にとらわれることがあった。しかし、そうした声は、突然であるどころか、長きにわたって存在していたのである。

西洋人と東洋人との重なりあう経験、文化領域の相互依存関係——このなかで植民者と被植民者は共存したし、また将来像の違いのみならず競合する地理や物語や歴史の違いをとおしても角突きあわせたりした——を、無視するか軽視することは、過去一世紀において、この世界で本質的なとみなされてきたことを見落とすことになる。(1993: xxii-xxiii〔『文化と帝国主義』1・一七〕)

ここにおいて、わたしたちがみるのは、植民地化の瞬間から、帝国列強とのさまざまな形態の抵抗が活発に起こりいまも継続していることである。ヨーロッパ文化における帝国主義の動きだけでなく、植民地化された社会における抵抗運動も検証するサイードの方法に特徴的なのは、帝国文化と、それに競合する抵抗の言説との重なりあいである。ここには抵抗の理論が、往々にして主張されるように、存在しないどころか、明白に存在しているし、この相互作用こそが、サイードの抵抗理論の中心に位置するものである。

サイードを常に魅了し、また困惑させたことは、高級文化の美的生産が、それをはぐくんだ社会における政治機関の暴力や不正にはまったく無頓着であることだ。たとえば歴史家にして随筆家で評論家のトマス・カーライル（一七九五—一八八一）や、芸術批評家にして建築批評家のジョン・ラスキン（一八一九—一九〇〇）、さらには小説家のチャールズ・ディケンズ（一八一二—七〇）やウィリアム・サッカレー（一八一一—六三）らによって支持された劣等人種（「黒ん坊」）に関する観念や植民地膨張に関する観念は、「そうした著述家たちが「真に」所属し、彼らが現実に重要な仕事をした高尚な活動領域たる文化とは、まったく異なる部門」（1993: xiv〔同、1・六〕）に押し込まれてしまうのである。あらゆる文化生産は、社会の政治的性格に深く関与している。なぜなら政治こそが、文化生産を突き動かし、それにエネルギーを注入するからだ。しかしこの関係は往々にして見えなくされ、それだけいっそうイデオロギー効果をたかめることになる。初期のインタヴューのなかでサイードはつぎのような見解を提示している——「文化は、つねに英雄たちや、過激派たちによって、もっぱら、あるいはおおむね作られているわけではなく、大きな匿名の運動によって作られている。この運動がものごとを突き動かしたり現状のまま維持するのである」（1976: 34）。文化編成の保守的かつ匿名的な性質によって、文化と政治的イデオロギーとの友好的で、また込み入った相互関係のなにがしかを説明できる。やがて「文化は、しばしば強引に、国民とか国家に結びつけられるようになり、その結果、ほとんどいつもいくぶんかの外国人嫌悪をにじませながら、「わたしたち」と「彼ら」を区別することになる」

（1993: xiii〔同、1・四〕）。悲しいかな、おそらく予想できなかったわけではないが、知らず知らずのうちに、国家とか帝国に関する支配的な文化・政治イデオロギーを正当化することが、伝統的知識人の機能になってしまう。オリエンタリストやオリエンタリズムの言説が、ヨーロッパの帝国主義支配を確固たるものにすべくはたらきかけるからくりも、まさにここにある。

文化は、アイデンティティの関数〔産物〕であると同時に源泉である。そしてこのことによって、ポストコロニアル社会にみられる文化的伝統形式への回帰――しばしば宗教形式あるいは民族的原理主義形式をとる――が説明できる。帝国文化は、植民地世界において、帝国ヘゲモニーのもっとも強力な伝播者となりうる（ヘゲモニーについては83頁参照）。すでに触れたことだが、ガウリ・ヴィスワナタンのよく知られたテーゼ、すなわち英文学研究という学問は「インドを文明化する」ために考案されたというテーゼは、このよい例である（Viswanathan 1987）。あるいはまた文化は、ポストコロニアル社会では、もっとも強力な抵抗主体《エージェント》のひとつとなる。この抵抗に関して、つねに問題になるのは、脱植民地化をめざす文化が、そのレトリックを駆使するなかで一元的になり、しばしば宗教的あるいは民族的原理主義と強く一体化し、帝国の文化のヘゲモニー機能を受け継いでしまいがちなことである。

「文化」という言葉でサイードはつぎのことを意味している――

・記述やコミュニケーションや表象の技法といった慣習実践で、経済的・社会的・政治的領域からは相対的に自律し、しばしば美的形式をとって存在し、その主たる目的のひとつが快楽であるような慣習実践のすべて。（1993: xii〔『文化と帝国主義』1・一二―一三〕）

・洗練と高尚という要素をふくむ概念で、マシュー・アーノルドが一八六〇年代に述べた言葉を使えば、これまでに知られ思考された最良のものの、それぞれの社会における保管庫である。（1993: xiii〔同、1・一四〕）

ここにみられるサイードの文化観は、レイモンド・ウィリアムズの文化の定義、すなわち「全般的生活様式」（Williams 1958〔『文化と社会』〕）とはいくぶん異なるように思われる。これでは、ある特定の共同体の文化を、その共同体の経済的・社会的・政治的慣習実践とどのように分離するのかが、わからない。なぜなら経済的・社会的・政治的慣習実践は、一丸となって、その世界を理解し構築する手段の形成に関与するからである。けれども、人間科学の研究対象は、文化的理念やシステムであって、そうであれば、たとえば自然科学とは、明らかに、ほとんど関係がない。

サイードの文化概念は、時おり、矛盾しているように思われる。なにしろ彼自身が、その嗜好によって、文学や芸術の正典からなる「高級」文化へと否応なくまた逆説的にひきよせられるからである。しかし高級文化は、おそらく、もっとも着目するにあたいする。なぜなら高級文化と政治的イデオロギーとの深いむすびつきは、高級文化がおこなう超越性の主張や「普遍的」人間性へのアピールによって、どうしても見えなくなってしまう。『文化と帝国主義』は、帝国文化のまったく個別的な社会的出自をあきらかにすることによって、帝国文化を「脱普遍化」する。最終的に、これはサイードによる〈帝国主義としての文化〉宣言の有効性のあかしとなる。なぜならそれまで慣習的に「文化」は、その提示法や、その批評伝統やそれをとりまくレトリックにおいて、政治を超越した領域に存在しているものと提示されてきたからである。

サイードはレイモンド・ウィリアムズに言及し、偉大な批評家だが、限界を露呈していたと指摘する。それはウィリアムズが英文学を、もっぱらイングランドに関するものだと考えていたことだ。ここからさらに、文学作品が自律的であるという考え方につながってゆくが、サイードは、テクストの世俗世界性の概念をとおしてみれば、つぎのことが証明できるという。すなわち文学そのものは、ヨーロッパの海外膨張にみずからが関与していることを絶えず言及し、それによって「帝国の実践を支援し精密化し強化する」ところの「感性の構造」（とウィリアムが呼ぶもの）を創造しているのである（1993: 14〔同、１・四八〕）。「文化も帝国主義も眠っているのではない。そのため両者の関係も、歴史的経験をかたちづくるなかで、ダイナミックかつ複雑になる」（1993: 15〔同、１・四九〕）。

もっとも一般的意味でいう帝国主義は帝国の形成を指すが、そのような帝国主義は、歴史の全期間において、ある国家が、ひとつもしくはいくつかの近隣国家にその支配を拡張した時期をいう。これに対してサイードによる帝国主義の定義は、とりわけ文化の積極的な効果に注意を喚起するものとなっている。彼にとって帝国主義は「遠隔の領土を支配する宗主国中枢における実践と理論と姿勢」（1993: 8〔同、１・四一〕）である。帝国主義の過程は、植民地主義とは異なる。植民地主義は「遠隔の領土に居住地を設立すること」である。帝国とは、ある一国が、べつの政治社会の実効的政治主権をコントロールする形式的もしくは非形式的な関係である。帝国主義は帝国そのものとは区別される。なぜなら領土を積極的に植民地化することによって帝国を築き上げることは終わったのだが、それでも、帝国主義は、「それがこれまであったところに消えずに残っている、つまり特定の政治的・イデオロギー的・経済的・社会的慣習実践のなかだけでなく、ある種の文化一般に関わる領域に残っている」（1993: 8〔同、1・四一〕）。帝国主義が文化に関わること、それ自体によって、帝国主義は地理的帝国を超えて存在する勢力となるが、これは、現代に置き換えて考えると、ガーナの初代大統領クワミ・エンクルマ（一九〇九―七二）が「新植民地主義」と呼んだものに対応している（Nkrumah 1965）。

帝国主義の理念と実践がいかにして永続的事業としての一貫性と強度を獲得するかについて熱心に解き明かそうとするサイードではあるが、サイード自身には体系的な帝国主義理論は存在しないし、その理論を敷衍して問題視することもない。なにしろサイードは伝統的な学者の著作に依拠し利用しているのだから。どちらかというと、彼の目的は、文化と帝国主義とのつながりを明らかにし、文化を帝国主義として露呈させることである。そのため植民地主義よりも帝国主義のほうが重きをおかれている。帝国言説がつねに流通させているのは、原住民を従属状態に置かれるべきものとし、古来より〈帝国〉《イムペリウム》にはそうすべき形而上的ともいえる権利があるという前提である（1993: 10〔同、1・四二―四三〕）。これは帝国の目的と国民文化全般のあいだに強いつながりがあることを暗示する。このことはイギリスのような帝国中枢では、文化の普遍性についての粘り強い広範なレトリックによって覆い隠されてしまうのである。

小説と帝国

コンラッドの『闇の奥』において、語り手のマーローが帝国主義の背後にある「理念」について考察し、その「理念」こそが、帝国主義を「救済する」のだと述べるような一節は、小説からそれだけを独立して「瓶のなかの手記」のように取り出せるものではないとサイードは主張する。コンラッドの所説は「彼が受け継ぎ実践した物語形式そのもののなかにまさに刷り込まれている」(1993: 82〔同、1・一四三〕)。帝国文化に関するサイードの分析において小説はこの上なく重要なのだが、サイードの見解によれば、帝国なくして「わたしたちが現在知っているかたちでのヨーロッパ小説は存在しない」し、ヨーロッパ小説を生み出した衝動を研究すれば、「わたしたちが見出すのは、かたや小説の構成要素となる物語的権威のパターン、かたや帝国主義へとむかう姿勢の背後にある錯綜としたイデオロギー的複合、その両者の偶然ではない収斂なのである」(1993: 82〔同、1・一四三〕)。小説が――あるいは広い意味でいう文化が――帝国主義の「原因となった」ということではなく、小説――すなわちブルジョワ社会の文化的産物としての小説――と帝国主義とは、たがいに相手なくしては考えられないということである(1993: 84〔同、1・一四五〕)。小説と帝国主義とのこのつながりは、きわめて英国中心的《アングロセントリック》であった。フランスが学問諸機関をイギリスよりも高度に発展させたのに対し、イギリスでは、十九世紀においてイギリス小説が発展し、ゆるがざる文化的支配を誇ることになった。かくしてイギリス帝国主義の長続きし絶えず強化支援される権力は、他のどこにもみられぬ方式で、小説のなかで練り上げられ分節されたのである（1993: 87〔同、1・一四九〕）。十九世紀全般を通じて、イギリスの帝国政策が継続した裏には、イギリスを帝国中枢として記述する小説の積極的なはたらきかけがあった。そのうえ小説の機能とは、帝国主義の「理念」を問うのではなく「帝国を多かれ少なかれ今のままの姿にとどめておくこと」（1993: 88〔同、1・一五一〕）だったのである。

文化における「感性の構造」というウィリアムズの用語を借りて、サイードはこれを「姿勢と言及の構造」と命名しなおす。この構造は小説と歩調をあわせて、徐々に立ち上げられる。ここから、すくなくとも四つの解釈が帰結する。第一は、帝国に対しては、正面きって関心を寄せることのない初期の物語群と、帝国について書いていることが明白な後期の物語群のあいだに、これまでに注目されたことのない有機的な連続性が存在すること（1993: 89〔同、1・一五一―一五二〕）。第二に、小説は、イングランドや世界に対する認識と姿勢に関与し、それらを強化するのに貢献し役立っていること。イギリス的価値観とその姿勢の中心性なりときには普遍性なりを前提とするような、海外領土の正当性に関するゆるがざる見解が存在していたのである（1993: 89〔同、1・一五三〕）。第三は、十九世紀半ばのイギリス小説のすべてが、海外に広範囲に展開するイギリスの権力を肯定する地球規模の観点を受け入れていたことである。小説家たちは、海外領土における権力と特権の保持を、故国におけるそれと同等の権力と特権の保持とみなしていた（1993: 90〔同、1・一五四〕）。第四として、小説をたがいに結びつけるこうした構造は、小説そのものの外側には存在しないこと。それはなんらかの形式的方法によって練り上げられる政策なりメタ言説ではなくて、特定の小説そのもののなかに具体例を見出せる姿勢と言及の構造なのである（1993: 91〔同、1・一五四〕）。このような権威の強化は、物語の経過のなかで、規範的で絶対的で自己正当的であるようにみせかけられる（1993: 92〔同、1・一五五〕）。小説は、国民を鼓舞して海外に出向かせ植民地事業に従事させるようなことはしなかったが、帝国化の過程が加速することにほとんど歯止めをかけなかった。帝国のメタ物語に訴えることなく機能する小説のこうしたありようは、テクストの世俗世界性ならびに広範な社会的・文化的現実とテクストとの連携関係《アフィリエーション》の優れた具体例である。世界-性《ワールド・リネス》的視野にたつと、小説がこのように位置づけられていることそのものが、帝国主義の遍在性の証明なのである。

対位法的読解

サイードが検討する「姿勢と言及の構造」という深層構造は、小説の外には存在しないので、小説は、この構造を解明するような特別な方法で読まれなければならない。ここから生まれたサイードの革新的方法は、ヨーロッパ文化と帝国事業との濃密な相互作用を特定することに大いに貢献した。それが「対位法的」とサイードが呼ぶ読解様式の確立である。この方法が小説を読むとき、きわめて適切なのは、この方法でなければ見えてこない独自の関係を小説は帝国のプロセスとの間に成立させているからである。しかし対位法的読解は、小説を読むときに限定されない。たとえば、わたしたちがあるテクストを対位法的に読む場合、「そのテクストの作者が、たとえば植民地の砂糖プランテーションを、イングランドにおける独自の生活様式を維持するプロセスにとって重要であると示しているとき、そこにどのようなものが関与しているかを念頭に置きながら、そのテクストを読む」（1993: 78〔同、1・一三七〕）のである。こうした対位法は、サイード自身のアイデンティティ――彼がたえず書きつづける自己というテクスト――の緊張関係と複雑さから生じている。なぜなら、彼自身の世俗世界性にみられるさまざまな、ときには矛盾しているようにみえる次元とのあいだの絶えざる対話もまた対位法につながる面があるからだ。

対位法的読解のアイデアは、カナダの名ピアニスト、グレン・グールドに対する畏敬の念からきている。グールドは個々の音楽的主題を精密に練り上げるときに発揮される「対位法的演奏の第一人者であった」（Robbins *et al.* 1994: 21）。対位法的読解とは、主題と変装からなるテクニックで、それによって帝国物語《イムペリアル・ナラティヴ》とポストコロニアル的視野との間に対位法が確立されるが、このとき、ポストコロニアル的パースペクティヴは、「対抗物語《カウンター・ナラティヴ》」となって、個々のテクストの表層の下にもぐりこみつづけ、正典文化における帝国主義の遍在を精密に解明する。サイードが指摘するように、

西洋のクラシック音楽における対位法では、さまざまな主題がたがいに張り合うのだが、個々の主題は、どのようなものであれ、ほんのつかの間、支配的な主題としての特権的扱いがなされるにすぎない。けれどもその結果生まれるポリフォニーには、調和と秩序が存在する。これ

は複数の主題がせめぎあう組織的な相互作用から生ずるものであり、作品の外にある厳密な旋律の規則や形式的原則にのっとって生ずるものではない。

(1993: 59-60〔『文化と帝国主義』1・一一一―一一二〕)

対位法的読解は、支配的な主題ではなく、このポリフォニーのふたつの次元(あるいはすべての次元)を考慮し、正典であるテクストの世俗世界性について、一元的な読解が隠しかねないものを、掘り起こすのである。

このような読解がとくに目標とするのは、こうしたテクストを構成する帝国主義の遍在的な力の解明である。なにしろ帝国は「十九世紀の大半を通して、ヨーロッパでは、小説のなかで、たとえかす

CONTRAPUNTIAL READING

対位法的読解

これは植民地化された者たちの視野から、「対抗的に読み返す」方式であり、帝国がいかにして、正典的テクスト群に、潜在的だが決定的に重要なものとして出現するかを示すものとなる。わたしたちが一義的なかたちではなく対位法的なかたちで読むとき、すなわち宗主国の歴史だけでなく、他民族の従属的かつ隠蔽された歴史――それを背景として支配的言説が機能する他者の歴史(1993:59〔『文化と帝国主義』1・一一一〕)――をも同時に意識しながら読むとき、テクストのなかで進行することについて、これまでとは異なるかたちの理解を得られるのである。

かに垣間見えることはあるにせよ、暗号化された存在として機能している」（1993: 75〔同、1・一三二〕）からである。対位法的読解の仕事は、この暗号を可視化することであり、それはまた正典を「ヨーロッパの膨張に対するポリフォニックな伴奏」（1993: 71〔同、1・一二七〕）として読み解くことである。帝国主義の構成的性格についてポリフォニーの観点から、このようにアプローチするとは、帝国主義と反帝国主義的抵抗の双方の展望を考慮することだ。これは宗主国とかつて植民地化された社会とのからまりあい重なりあう歴史を明らかにすることでもあって、これによって、「非難のレトリック」を回避できる（1993: 19〔同、1・五六〕）。ひとたび「独自の、だが、にもかかわらず重なりあいからまりあう経験――女性の、西洋人の、黒人の、国民国家や文化の経験――の歴史（1993: 36〔同、1・八〇〕）を見分けることができれば、わたしたちは社会生活のなかでも還元的で本質化をめざすカテゴリーを回避できるし、あわせて、還元的思考から生ずる非難のレトリックも回避できる。文化経験や文化形式は「根源的かつ本質的に異種混淆的である」とサイードは宣言する（1993: 68〔同、1・一二三〕）。そして美的・文化的領域を世俗的領域から分離するのが西洋哲学における慣習実践となっているが、「いまや一体化する時なのである」（1993: 68〔同、1・六八〕）とも宣言する。かくして複数の文化や複数の社会の内部における、またそれらを横断する、濃密な連携関係《アフィリエーション》のネットワークのなかで、テクストの世俗世界性は、おのずと明白になる。

対位法的パースペクティヴは、乖離した経験のあいだにつながりをつけることができる。たとえば「イングランドにおける戴冠式と十九世紀におけるインドの公式接見」（1993: 36〔同、1・八一〕）とのあいだに。こうした対位法的パースペクティヴの価値を示すきわめてすぐれた実例は、一方でイギリス小説の歴史的展開のなかに、また他方でインド独立運動の歴史的展開のなかに、キプリングの小説『少年キム』におけるインドのイメージが、矛盾した位置を占めるという点に見出せるのだ――「小説にせよ、インド独立運動にせよ、両者をたがいに他をぬきにして表象したり解釈しようものなら、両者の重大な乖離に現実の帝国の経験がかかわっていることを見失うかもしれない」(1993: 36〔同、1・八一〕)。こうして対位法的読解は、たんなる反駁や挑発の形式として存在しているのではなく、帝国社会や植民地社会の緊密な相互関係を解き明かす手法として存在するのである。

地理

対位法的読解に関するサイード自身の捉え方といえば、それは「地理の再考」(Robbins *et al.* 1994: 21)である。『オリエンタリズム』においても『文化と帝国主義』においてもサイードは地理をきわめて重要なものとみなしている(1993: 21〔同、1・五九〕)。たしかに地理に対する関心は、彼の著作を貫いているが、それは彼自身の故国喪失なり追放の運命のせいだけでなく、地域的現実という、いかなるテクストにおいても、その形成と位置づけにとって重要きわまりない要素を、あいまいにぼかすことが、帝国支配の普遍化プロセスのもっとも際立つ特徴でもあったからだ。『オリエンタリズム』は「想像的地理とその諸表象」の重要性を提示した(1978: 49〔『オリエンタリズム』上・一二〇〕)。オリエンタリズムのような学術研究に、その地理的基盤を明確にさせることで、オリエンタリズムの言説そのものについて、また世界が帝国的想像力のなかで、いかに地理的に分断されているかについて、多くを語ることができる。

対位法的読解は、テクスト読解のたんなる、いまひとつの様式ではなく、帝国主義の地理的現実と、地球の大部分に帝国主義がもたらした甚大な物質的効果を解明するものだ。一九九四年におけるインタヴューで、サイードは、やや楽観的にではあるが、次のように示唆していた。過去の歴史において西洋（とりわけ合衆国）は地理に対して無自覚であったが、これは改善されつつある、と——「一種のパラダイム・シフトが起こっているのです。興味と想像力をかきたてながら地理をめぐる闘争を眺めることが、新鮮で刺激的であることに、いまわたしたちは気づきはじめているのです」（Robbins *et al.* 1994: 21）。たしかにポストコロニアル言説において、ローカルな場所や文化や共同体は、ますます頻繁に登場するようになっている。しかしまた、アミエル・アルカリの『アラブ人とユダヤ人——レヴァント地域文化の再考』や、ポール・ギルロイ『ブラック・アトランティク』や、バーナード・スミスの『太平洋を想像する』のような著作は、人間の歴史を、ただたんに地理的にみるのではなく、地理をめぐる闘争という観点から構想する方法を代表している（1994:21）。場所の形成をめぐる闘争は、地図におけるメルカトル図法の発案以来、帝国主義内部における文化的諸関係の主要な特徴でもあった。

地理的真実を重視することがなぜ緊急に必要なのかは、一九七六年のサイードのインタヴューですでに答があたえられていた。このインタヴューでサイードは、いつものように、みずからの批評的立場の逆説的な「世俗世界性」を強調する。彼自身の出身地は「その近代史が植民地主義の結果としておおむね読み解けてしまい、またその現在の苦難が帝国主義のはたらきと切り離すことができない」（1976: 36）、と。植民地主義と帝国主義はサイードにとって抽象的観念ではない。「それらは、ほとんど耐え難いほどの具体性をともなった生のありようの、個々の経験と形式なのである」（1976: 36）。これは、ローカルな地理とその表象をめぐる闘争に重くのしかかる具体性であり、サイードがそこから追い出されて以来、サイードの著作において逆説的な存在となっているローカルな現実なのである。

ほとんどの文化史家や文学研究者は、サイードが信ずるところによれば、西洋の虚構作品や歴史記述や哲学的言説に登場する、海外領土の地理的記載法、理論的見取り図や地図形成について注目してこなかった。地理的記載法は、文化的優位の主張と、緊密に関係する。

最初に存在したのはヨーロッパ人観察者——旅行者、商人、学者、歴史家、小説家——の権威である。つぎに空間の階層秩序化がおこなわれ、植民地宗主国中枢、そして徐々に宗主国経済が、領土管理、経済搾取、社会・文化的ヴィジョンからなる海外領土システムに依存するとみられるようになる。こうした海外領土なくして「故国」の安定と繁栄は……ありえないということになる。（1993: 69〔『文化と帝国主義』1・一二四〕）

植民地化された海外領土へのこうした依存については、どれほど強調しても、したりないだろう。社会と文化の「空間」を支えるのは、「領土、土地、地理領域」といった、帝国獲得競争の「具体的地理区画」である。なぜなら地理的土地獲得こそが、帝国のめざすことなのだから。「帝国主義と帝国主義に関係づけられる文化は、地理の第一義性とともに、領土支配についてのイデオロギーを肯定する」(1993: 93〔同、1・一五七―五八〕)。

小説のような文化的産物のなかに帝国が登場するすべての事例で「帝国という事実から連想されるのは継続的な植民地所有であり、遠隔の、ときには未知の空間であったり、奇怪な受け入れがたい人種であったり、ひとはたあげる夢を追う活動、たとえば移民とか蓄財とか性的冒険である」(1993: 75〔同、1・一三三〕)。こうした遠隔の地の住人たちに関する展望、いやそもそも原住民たち自身の存在そのものが、(彼らが「原始人」だの「食人種」だのと卑しめられていない場合でも)、ヨーロッパ人の意識の端っこに、おぼろげな不在の影として存在している。対位法的読解は、この不在に、存在をあたえるべく機能する。

オースティンの『マンスフィールド・パーク』

サイードによる対位法的分析のなかで、もっともよく知られているのは、ジェイン・オースティンの小説『マンスフィールド・パーク』の読解である。この小説のなかで、サー・トマス・バートラムは、アンティグア〔カリブ海小アンティル諸島北部にある島、十七世紀前半よりイギリスの植民地、一九八一年独立〕に所有しているプランテーション管理のため、マンスフィールド・パークを不在にするのだが、留守を預かるレディ・バートラムとノリス夫人の不適切な監督のもとにゆだねられた若い世代の間に、貴族的節度を越えることはないものの気がかりな放蕩行為が発生する。奔放な自由と無法状態を満喫する感覚が強まり、やがてそれが戯曲『恋の誓い』の屋敷内上演へといたるのだが、上演直前に、サー・トマスが帰国し、無法状態を整然と解消する――ちょうど「物事を几帳面に秩序づけるロビンソン・クルーソー的人物」のように、あるいは「軽薄なふるまいの痕跡すべてを消し去ろうとする初期ピューリタンのように」（1993: 104〔同、1・一七二〕）。対位法的読解が着目するのは、こうした事件に影を落とすアンティグアの現実である。つまりサー・トマスは、マンスフィールド・パークでおこなうのと同じことを、アンティグアのプランテーションでもおこない、みずからのゆるがざる権威によって、その植民地領地の管理を、秩序立て、また目的をもって維持するのだ――

> オースティンは、彼女が書いたどの小説よりも明確に、家庭《ドメスティック》〔＝国内〕での権威と、国際的権威とをシンクロさせ、つぎのことをはっきりさせたのだ、すなわち、階層秩序や法や礼節といった高次のことがらと結びつけられる価値は、現実における領土支配と領土所有にしっかりと根づいていなければならない、と。オースティンは、マンスフィールド・パークを保持し支配することと、帝国地所を保持し支配することとは、不可避とまではいわなくとも、緊密な結びつきがあると見抜いている。家庭〔＝国内〕の安定とその魅力的な調和を保証するものは、海外領

土の生産力とその規律ある管理なのである。　（1993: 104〔『文化と帝国主義』1・一七二〕）

マンスフィールド・パークそのものは、サー・トマスの植民地地所の隠喩《メタファー》でもあり換喩《メトニミー》でもあり、海外資産なくして、マンスフィールド・パークの秩序だった生活は維持できないのである。

ファニー・プライスは、サー・トマスの貧しい姪で、孤児となりマンスフィールド・パークにひきとられ、家族の一員として暮らすようになるのだが、彼女は、誠実な人となりによってサー・トマスに可愛がられ、彼女よりも恵まれた親戚よりも高い地位を獲得するにいたる。しかし彼女がポーツマスの実家に戻されるとき、わたしたちは、そこに、帝国との、いまひとつのつながりを見出すことになる。彼女が貧しい実家に帰って発見するのは、貧困に付随する限界のある拘束的で低俗な状況や精神なのである。メッセージは、帝国主義的なそれである。すなわち「マンスフィールド・パークの権利を獲得するには、最初に……故国〔家庭〕を去らねばならない。ちょうど輸出製品のごとく。しかしそうすることで将来の資産は約束される」（1993: 106〔同、1・一七五〕）。ファニーの移動は、サー・トマスの大規模な移動の小規模版なのであり、サー・バートラムの地所を最後に受け継ぐのは彼女である。

しかしながらこの小説の読解においては、植民地に保有する財産への言及のなかに関連性を探る試みも同時になされている。アンティグアに関する言及によって、イギリス国内の資産が海外に保有する財産に依存しているという隠れた次元があらわになるとしても、また一方で、サイードによれば、なぜオースティンがアンティグアにあれほど重要性をあたえたのか、その理由を理解する試みも必要となる。イギリスならびに、程度こそ少ないがフランスは、その帝国を、長期にわたり収益のあがる継続事業にすることを望んでいたが、両国はこうした事業においてライヴァル関係にあった。かくしてジェイン・オースティンの時代においてイギリスの植民地領土は、イギリス・フランスの競争関係にからむ重要な葛藤の場となる。なぜなら両帝国は、砂糖産業の支配をもくろんで闘争状態にあったからだ（1993: 107〔同、1・一七七〕）。

オースティンにとってアンティグアは、マンスフィールド・パークの家庭事情の改善の延長線上にあることを示す、もしくは「国内における資産の源泉として海外領土を獲得するという冒険的商業主義」への言及であることを示す、一方法というにとどまらない。それはまた、「思想闘争、ナポレオン傘下のフランスとの闘争、世界史において革命期として分類される時代の激動する経済的・社会的変革に対する敏感な反応」（1993: 112〔同、1・一八四〕）を意味するものでもあった。またさらに、アンティグアはオースティンの道徳地図のなかに確固たる場所をもっている。なぜならバートラム家の人びとは、奴隷貿易、砂糖、植民地プランテーション階級の存在と切り離すことはできないからである。

対位法的読解の帰結とは、その小説を、「最高の文学的傑作」という正典に復帰させるのがむずかしくなったことだ。対位法的読解は、たとえあくまでも一例にすぎないとしても、小説の読まれ方の根本的な変革をめざしている。『マンスフィールド・パーク』は、「イギリス国内における帝国主義文化、まさにこれなくしてその後のイギリスの領土獲得はありえなかっただろうと思えるほどの、帝国主義文化の大きな膨張を、たとえ控えめながらも着実に開示することになる」(1993: 114〔同、1・一八六〕)。ただし小説を支える、姿勢と言及の構造は、あくまでも小説を注意深く読み進まないかぎり発見できない。小説を読解するなかで、

わたしたちは、従属人種や領土に関する理念を支えるのが外務省の高級官僚や植民地官僚や軍事戦略家だけでなく、小説の知的読者、それも道徳的価値観とか文学的なバランスとか文体の完成度といった細かな点にまで目が利く読者であるとわかるのである。(1993: 114〔『文化と帝国主義』1・一八七〕)

帝国の文化的統合

対位法的読解によって、わたしたちは個々のテクストにおける帝国主義のはたらきをつぶさに観察できるだけでなく、グローバルな帝国主義において文化実践と政治実践とがほぼ全面的に相互依存関係にあることもあらたに発見するのである。この主題の魅力的な一面は、「帝国主義に関与した文化が、その役割を糾弾されずにすんでいるのはいかなるからくりか」(1993: 128〔同、1・二〇六〕)ということである。一八八〇年代以降、帝国主義そのものは、積極的に支持されるようになるが、この時期、

帝国の支援者や宣伝者たちが駆使する言語にみられる「成長とか豊饒とか膨張といったイメージ、財産やアイデンティティをめぐる目的論的構造、「わたしたち」と「彼ら」とのイデオロギー上の差別などは、すでにほかの場所――すなわち小説や政治科学や人種理論や旅行記において――熟成されたものであった」（1993: 128〔同、1・二〇六〕）。かくして、帝国主義の公式原則が確立するころには、植民地支配をめぐる、もっとも問題ぶくみのヒステリー的な主張ですら、ほぼ普遍的に合意を得ている真実であるかのごとく高らかに宣言された。この前提は、この頃までには、文化そのものをとおして、一般に浸透していたのである。

文化形式もしくは文化言説が全一性とか全体性をめざすとき、それがみずからの普遍性を前提とするとき、その文化的諸前提は、ふつう、政治権力によって、それも、きわめてあからさまに行使されている政治権力によって支えられている。文化と権力のこの独自の物質的つながりは、V・G・カーナンによるテニソンの長詩『王の牧歌』の分析によって、その概略を示されている。その分析は、イギリスの唖然とするほど広範囲にわたる海外軍事行動をリストアップし、そのすべてが、領土利権の基礎固めか利権獲得をともなうものであったことを解明している。こうした動きに対しテニソンは、「ときに目撃者であり、またときには直接結びついていた」（1993: 127〔同、1・二〇三〕）。ヴィクトリア時代の作者たちは、この時期、イギリスの未曾有の軍事権力行使の目撃者であり、「彼ら自身がなんらかのかたちでこの海外における権力と同一化したことは論理的帰結であり、またいともたやすいことであった」（1993: 127〔同、1・二〇四〕）。なぜなら彼らはすでに国内においてイギリスと同一化していたのだから。また帝国主義のテーマがカーライルのような人間によって、あけすけに語られたときには「その主題のまわりには、さまざまな連携関係《アフィリエーション》によって、数多くの賛同的主張が、しかも同時にもっと興味深い、その主張の文化ヴァージョンが、それぞれ独自の屈折と愉悦と形式的特性をそなえつつ、集うことになったのだ」(1993: 128〔同、1・二〇五〕)。この連携関係のネットワークは、イギリスとイギリスの権力に関する広範囲にわたる暗黙の前提の貯蔵庫となり、文化が帝国主義と明白に同一化していることを、みえにくくすることになった。

帝国権力が当然視されるさまざまな分野を、サイードは体系的にリストアップする。そのような分野では、多様な言説に蔓延している所説や信念の性格が、帝国権力との関係によって規定される——

1 地理と存在論(本書107頁参照)とのつながり。そこでは西洋とそれ以外の領域との存在論的区分が当然視される。

2 人種思想の学問世界における確立。

3 歴史研究が、西洋による世界の積極的支配というテーマを、主流の歴史学テーマとして受け入れるようになる。

4 西洋の支配が、強い影響力となって、大衆文化や、大衆小説や、歴史・哲学・地理のレトリックに組み入れられ、植民地化された国々の環境に対し、また植民地都市の行政と建設や、新たな帝国エリート・文化・サブカルチャーの台頭に対し、物質的な影響を行使した。

5　帝国支配のきわめて積極的創造的な次元に留意すると、オリエンタリズムやアフリカニズムやアメリカニズムの言説が、歴史記述や絵画や小説や大衆文化と交錯していることが見えてくる。

ヴェルディの『アイーダ』

小説とイギリス帝国主義との深いつながりはいうにおよばず、それ以外のところでも、この姿勢と言及の構造、つまり文化活動に浸透し、そこから帝国主義に対して暗黙の正当化をおこなうための、姿勢と言及の構造は、見出すことができる——たとえばヨーロッパの実に多様な文化形式のなかに。対位法的読解が介入するのは、「ジャンルや時代区分や国籍や様式にもとづいて構築された、みかけたところ安定し、なにものも寄せつけない諸カテゴリーである」(1993: 134〔同、1・二一三〕)。この種のカテゴリーは西洋文化が他の文化とはまったく独立して存在していること、それればかりか「権力や権威や特権や支配といった世俗世界的関心事」(1993: 134〔同、1・二一三〕)ともまったく独立していることを前提としている。十九世紀のヨーロッパ文化のどこをみても、わたしたちが見出すのは、帝国的過程ときわめて緊密につながる連携関係《アフィリエーション》なのである。

ヴェルディの歌劇『アイーダ』は、実質的に「正歌劇《グランド・オペラ》」と同義語である。大人気を博し、広く知られ、たとえば、ニューヨーク・メトロポリタン歌劇場での上演回数は、他のどの歌劇もしのいでいる。この『アイーダ』は、複雑な問題を提起する。「その作品と西洋における歴史的・文化的段階とを結びつけるものは何か」(1993: 135〔同、1・二一四〕)という問題。よく知られた名作群と同様に、このオペラは、偉大な芸術といういきわめて高尚な領域に所属し、その主題の性質について観客から異議を申し立てられることなどないように思われる。しかし『アイーダ』の特異なところ、すなわち「主題と設定、記念碑的荘厳さ、奇妙に心を打つ視覚的・音楽的な諸効果、過度に発達した音楽と規制の多い国内状況、ヴェルディの経歴において占める異例の地位」(1993: 137〔同、1・二一八〕)は、サイードによれば、対位法的読解を要請する。その読解によってはじめて、海外領土をめぐる文化史ならびにその経験における根源的な異種混淆性とその場所を見極めることができるのだ。「芸術的記憶の高度に特化された形態として、『アイーダ』は、十九世紀の歴史の一段階における、ヨーロッパ版エジプトの権威を、それが意図されたとおりに、体現している」(1993: 151〔同、1・二三五—二三六〕)。対位法的把握によってあきらかになるもの、それは、この作品の「言及と姿勢の構造」であり、「連携関係、コネ、決定事項、共同作業からなる網状組織であり、それは、このオペラの視覚的・音楽的テクストに、一連のかすかな痕跡を残しているものとして読み取れるのである」(1993: 151〔同、1・二三六〕)。

たとえばその物語——エチオピア軍を破った功績によって本来ならエジプトの若きヒーローとなる男が、裏切り者として告発され、死を宣告され、生きながら埋葬される——は、中東における帝国列強の競争関係を髣髴とさせる。当時イギリスは、エジプトの総督ケディヴ・イスマイルによるエチオピア戦略には懐疑的であったものの、ソマリアとエチオピアに進出するフランスとイタリアの野心をくじこうとして、イスマイルの戦略を支援していた。フランス的観点からすると『アイーダ』は、エチオピアに対するエジプトの武力侵略成功がもたらす危機を演劇化したものとなる。

またさらに、イスマイルの近代化政策は、カイロの二分化をもたらした。生活設備も整わぬ中世的「土着都市」と、ヨーロッパの大都市と張り合おうとする植民地都市のふたつに。こうしたふたつの都市の分水嶺的場所にオペラ座そのものは建てられ、『アイーダ』のエジプト的アイデンティティは、新都市のヨーロッパ的外見の一部であり、そこに旧カイロとの調和点はひとつもなかった。オペラ座のこけら落としとして依頼された『アイーダ』は、ごくわずかの観客、それもほとんどがヨーロッパ人の観客のために購入された高価な贅沢品であり、そうした観客を楽しませることは、本来の現実的目的にとっては実は二の次であり、イスマイルの開発プランにお墨付きをあたえるのが、それ本来の目的だったのだ。それゆえ、そのオペラが喚起するのは「明確な歴史的契機と年代を特定できる芸術形式であり、ほとんどがヨーロッパ人の観客を驚かせたり感銘をあたえるべく意図された帝国のスペクタクル」(1993: 157〔同、1・二四二—二四三〕)なのである。

「海外で」起こっていることの不快な側面を、いともたやすく忘れることができるとすれば、それは、忘れてしまえる者たちが、大国の文化に所属しているからである。これこそ、帝国過程におけるヨーロッパ文化の共犯性を証し立てる微妙な側面なのである。その普遍性イデオロギー、そのヨーロッパ中心性とヨーロッパ的価値に関する諸前提ゆえに、ヨーロッパ文化は、帝国権力の政治の忘却に積極的に加担した。帝国権力に支えてもらっていることを知らぬげに。なかでも『アイーダ』は、ヨーロッパの文化形式が、それを創造した世界との明白なつながりを消そうとするときのやり口を示す格好の実例である。ちょうどヨーロッパの文化形式がそうしたように、西洋芸術の古典作品に付随している超越性の神話を身にまとったのである。

キプリングの『少年キム』

対位法的読解が有益なのは、その解明する力にある。つまり、対位法的読解は、ふつうなら見過ごされてしまう手がかりを通して、いかにしてテクストが、帝国主義の政治構造や諸制度に依存し、またそこからお墨付きをもらっているかを解明できる。しかしながら、ラドヤード・キプリングの『少年キム』の場合、その種の読解を、これまでどおりの手順ですすめると、すこし勝手がちがうことに気づく。なにしろ、その作品において帝国の存在は、これみよがしに明白だからである。とはいえ対位法的視点によって、ふたつの根源的な洞察が得られる。ひとつは、キプリングは、ただたんに、植民地の〈白人〉の権威を振りかざす観点から書いているのではなく、「膨大な植民地システム、それもその経済と機能と歴史が、自然な事実であるという地位を獲得しているような植民地システム」(1993: 162〔同、1・二五二〕)を視野に入れて書いているということである。その二。『少年キム』は、歴史上の特定の時代、イギリスとインドとの関係が変化しつつある時代に書かれたということ。したがって対位法的読解は、小説の植民地コンテクストに深く分けいって、ただコンテクストを確定するだけでなく、小説のテーマ群なり構造が、いかにして特定の歴史状況から産声をあげ、またそれらが、いかにして歴史状況を反映するかを提示する。「わたしたちは『少年キム』を、世界の傑作文学に属する小説として読んでなんらさしつかえない」とサイードは語る、しかし「だからといって、作品のなかにあるさまざまなつながりを一面的に無視してよいわけではない」(1993: 175〔同、1・二六八〕)。

そのようなつながりの一例として、小説のなかの登場人物がほぼ男性によって占められていることがあげられる。十九世紀から二十世紀への世紀の転換期に書かれた本としては、これはさほど驚くべき特徴と思われないかもしれないが、『少年キム』においてはスポーツや競争といった男性的メタファーが、帝国にとって特異な重要性を帯びることを示唆するのである。『少年キム』におけるこの種のメタファーで支配的なものは、帝国の使命を実行する「グレート・ゲーム」、すなわちインドにおけるイギリス諜報部の活動である〔当時、南下してインドへの権益をねらったロシア帝国とイギリスとの諜報戦ならびに諜報組織を「グレート・ゲーム」と呼び、『少年キム』でも重要な役割をはたしている。ちなみに日本語訳では「闇戦争」と訳されている〕。「女たちのせいで、永遠に心乱れることは」とキムはいう、「〈グレート・ゲーム〉のさまたげになる。このゲームをうまくさばけるのは男だけだからだ」(1993: 165〔同、1・二五五〕)と。〈シークレット・サーヴィス〉の作戦と、スポーツのメタファーとのつながりは、インドにおける帝国の役割を考えるとき、とりわけ重要だとわかるのだが、同時に、キプリングの同時代人であったベイデン・パウエル〔一八五七―一九四一、英国の軍人。一九〇八年にボーイスカウトを創設〕のもくろみとも一致する。なぜならパウエルの「「帝国の壁を強化する」〈ボーイ・スカウト〉運動で頂点に達する帝国権威向上計画」(1993: 166〔同、1・二五六〕)は、男性的なスポーツ活動のイメージが帝国にとって重要であったこととの好個の例であった。

いまひとつの対位法的洞察があきらかにするのは、キプリングにとって、インドやインド人に対して彼がいだく共感の念と、イギリス統治の正当性と有効性に対する彼のゆるがざる信念とのあいだに葛藤がなかったことである。エドマンド・ウィルソンの示唆によれば、読者は、キムが早晩気づくようになると期待する、つまり「つねに自分の仲間と考えてきた人びとを、侵略者であるイギリス人に隷属させてきた」(1993: 175〔同、1・二六九〕)ということ、に。これに対しサイードは反論する。そのような葛藤はこの小説のなかで解決されているようにはみえない。なぜならそもそも最初から葛藤などありはしないのだから。キムにとって、イギリスに統治されることこそ、インドにとって最良の運命にほかならないからだ。「キプリングが抱く帝国主義的世界観に歯止めをかけると評価できるものがなにも存在しなかったのであり、ちょうどこれはコンラッドにとって、帝国主義の歯止めとなるものがなにもなかったことと同じであった」(1993: 176〔同、1・二七〇〕)。

かくしてキプリングの小説は、帝国という明白なテーマの存在にもかかわらず、「対位法的」アイロニーも露呈する。たとえば「インド大反乱」〔一八五七—五九、かつて「セポイの乱」と呼ばれた事件〕はイギリス行政府とインド人民との亀裂を永遠に固定した大事件であった。インド人が、イギリス側の報復に対し深い憤りを感じないとしたら、それは珍しいことだろう。しかるにキプリングはインド人の老兵を登場させ、キム一行に対しこう語らせるのだ、「狂気が軍隊をむしばみ」、「やつらはサーブの女房子供たちを殺すようになった。そこでサーブが海の向こうからやってきて、やつらに高いつけを支払わせた」（1993: 178〔同、1・二七二、なお引用中の「サーブ」Sahibはインドで公職にある白人男性に対して用いられていた尊称〕）、と。あきらかに、この極端なまでにイギリスよりの意見は、歴史に背をむけ、「帝国主義者の議論の世界に、つまり現地人は生まれながらにして堕落した存在で、白人は峻厳だが道徳的な判事にして親であるとみる、そうした世界」（1993: 178〔同、1・二七三〕）に入り込んでいるのだ。キプリングは、対立するふたつの世界をみせないだけでなく「ただひたすらわたしたちにひとつの世界だけを示し、対立葛藤が少しでも顔をのぞかせる可能性を摘み取ったのである」（1993: 179〔同、1・二七三〕）。同じようなことは、キプリングがクル〔インド北部の地名〕の老女につぎのような意見をいわせるときにも起きている。地域警視官が小走りにやってくるとき、老女は語る――「こうした連中こそ、正義を守るべき者たちじゃ。連中は、土地や、土地のならわしに通じておる」（1993: 179〔同、1・二七四〕）。これこそキプリング流の「誇示である。すなわち現地人は、植民地支配を、それが正義に根ざしているかぎり、受け入れるものというわけだ。歴史的にみると、ヨーロッパの帝国主義は、このようにして、自分で自分を納得させてきた」（1993: 180〔同、1・二七五〕）。

それゆえサイードは、こう示唆する。もしわたしたちが『少年キム』を通常読まれているように、少年の冒険物語あるいはインド生活の豊かで魅力的で精緻をきわめたパノラマとして読むなら、わたしたちは、キプリングが実際に書いたようなかたちでこの小説を読んでいないことになる（1993: 180〔同、1・二七五〕）。英国の統治者がみずからの永続性を神話化して樹立するとき用いた方法とは、原住民が賛成しているという幻影を創造することであった。それはまさに、みずから信じて疑わない文明化の使命を、原住民の側に投影することであった。フランシス・ハッチンズはこう述べている——「社会変革の要素も政治的脅威の要素もまったくふくまない想像のインドが創造された」（1993: 180〔同、1・二七六〕に引用されている）と。もちろん、だからといってキプリングが、インドに関するプロパガンダ的見解を意識的に捏造したということではない。むしろ、イギリス統治の意義に関する彼のゆるがざる信念と、物語の帝国主義的支配とがあいまって、ヨーロッパとインド双方にとっての、想像のインドづくりに貢献したのである。このように矛盾をはらんだ姿勢の延長線上に、オリエンタリストによるインドのステレオタイプ化を見出すことができる。というのもキプリングが「イギリス支配をのがれた歴史的流動のなかにあるインドを想像できなかったのとちょうど同じように、彼は、その時代に彼のみならず多くの人間が、西洋に固有の営為とみなしたものに、あろうことかインド人が精通し、それに真剣にとりくむなどとは想像もできなかったのだ」（1993: 185〔同、1・二八一〕）。

　しかし、同時に、この小説のエネルギーと楽観主義は同時代のヨーロッパの著述《エクリチュール》とは一線を画していた。なぜなら同時代のエクリチュールは、「同時代の生活の堕落を、また情熱と成功とエキゾチックな冒険といったあらゆる夢の消滅を、強調する傾向にあった」（1993: 192〔同、1・二九一〕）からだ。こうした傾向と対照的に『少年キム』が示すのは、ヨーロッパからの移住者たちが、ヨーロッパの悪弊を引きずったまま、インドで「生命力あふれる複雑さ」を享受しているさまであり、またこのような享楽をさまたげるものがないということも、帝国主義のヴィジョンをなぞるものである（1993: 192〔同、1・二九一〕）。同様に、この小説にみられる華やかな空間的拡大は「同時代のヨーロッパ小説にみられる仮借なきまで緊密な時間構造」と、いちじるしい対照をなす。『少年キム』において時間は白人にとって敵ではないようだ。なぜなら地理そのものが白人にとって開かれ、自由に移動できるように思われるからだ」(1993: 193〔同、1・二九二〕)。

この小説におけるあらゆる両面価値や矛盾は、小説が、イギリス統治の有効性を無批判に受け入れていることからきている。『少年キム』は単純な帝国主義の弁明でもなければ、華美に飾り付けられてはいるが、無邪気なまでに的はずれなインドのパノラマでもない。それは、

大きな累積的プロセスの実現なのである。このプロセスは、インド独立以前には、十九世紀末期に最終的に重要な局面に到達する。一方にはインドに対する監視と管理。いま一方にはインドの細部に対する愛と、とりつかれたような注視。(1993: 196〔『文化と帝国主義』1・二九五〕)

かくして、この小説は政治的宣伝文書ではなくて、キプリングが愛したが最後まで所有できなかったインドと積極的に関わろうとした記録そのものであった。これこそが、この小説の中心的な意味である。『少年キム』は、「芸術としても重要な偉大な記録」であり、またインド独立にいたる長い道のりの里程標でもあった。

カミュの『異邦人』

アルベール・カミュは、その作品が現代ヨーロッパ文学の正典《キャノン》に完全に組み込まれているため、フランスによるアルジェリアの植民地に関する事実、対位法的読解によってはじめて小説のなかに見出せる事実は、その書き物のなかに不在であるがゆえにかえって意味をもっている。彼の作品は、これまでアルジェリアなど存在しないかのように、もしくはその場所が問題ではないかのようにして読まれるのがふつうだった。しかし、『異邦人』を、たとえば、ナチス占領下のフランスに関するコメントとして読むことは、場所や地理に関する諸事実を隠匿するこの小説のやり方に加担することなのだ。ヨーロッパの批評は往々にして

ヨーロッパの危機がその大きな分岐点にさしかかろうというとき悲劇的な停滞を余儀なくされたフランス的意識を、カミュは表象していると信じがちだ。……彼の作品が明らかにアルジェリアに言及しているとき、カミュの全般的関心は、フランス＝アルジェリア関係の現況であって、その長期的展望に立った両者の歴史ではなかった。(1993: 211〔『文化と帝国主義』1・三一九〕)

ところが、アルジェリアという場所は、この小説が描こうとしている緊急の道徳的問題に対しては副次的なものにみえるし、彼の小説はいまもなお「人間の状況に関する寓話」(1993: 212〔同、1・三二〇〕)

として読まれている。ムルソーがアラブ人を殺すという事実、あるいは『ペスト』においてアラブ人たちが死ぬという事実――たしかにアラブ人は、小説のなかで名もなき存在としてではあれ存在している――は、副次的にみえる。しかし、まさにこの軽視が暗示するものを、対位法的読解が暴くのだ。すなわち一八三〇年に開始されカミュの時代にまで継続し、最終的にテクストそのものの成り立ちにまで入り込んできた、フランスの帝国征服のプロセスに関する詳細を、カミユの小説群は提供している(1993: 212〔同、1・三二〇〕)。彼の書いたものは、「フランスが体系的に構築したアルジェリアの政治地理のなかの一要素」(1993: 212〔同、1・三二一〕)である。ちょうどイギリスがインドを手放そうとしているまさにその時代のことである。わたしたちがその小説に見出すのは、「異常なほど遅れた」植民地的感性をこれみよがしに示し、とうに盛りをすぎた帝国主義を身をもって演じつづけるカミュの姿なのである。

カミュがアラブ人層や圧倒的にフランス人が支配する下部構造を、小説のなかに吸収する方法と、学校教科書がフランスの植民地主義を説明する方法とのあいだに照応関係があることは、注目にあたいする。彼の長編小説なり短編小説が、なんらかのかたちで物語っているのは、平定され弱体化したムスリム人口に対して勝利したあとの世界なのだ。「フランスの優越性を確認しそれを確固たるものにすることに加担した以上、カミュはアルジェリアのムスリムに対してフランスがおこなった百年以上もつづく統治権獲得運動について、論駁も反論もできない」(1993: 219〔同、1・三二九〕)。かくして彼の文章は「フランスによるアルジェリア強奪の伝統や用語や言説戦略を抽出したもの」(1993: 223

〔同、1・三三三〕となる。究極的には、カミュの物語は「力強いが否定的な役割しか演じていない。そのなかで植民地努力の悲劇的真摯さが、その最後の輝きを、脱植民地運動の破壊によってそれがかき消される前に放つことになった。カミュの物語は、わたしたちがまだ完全には理解していないし、また完全にそこから立ち直ってもいない、あの荒廃と悲哀を表現しているのである」（1993: 224〔同、1・三三五〕）。

抵抗理論をマッピングする

帝国列強の文学や音楽に現前する帝国主義の政治にサイードが関心を寄せてきたため、批評家のなかには混乱して、サイードのことを西洋文化に対して過度に関心を寄せる一方で、植民地化された社会の文化にはそれに見合うだけの関心を寄せていないと非難する者まで出てきた。こうした非難はサイードがしばしばくり返している次のような主張、たとえば『オリエンタリズム』において関心の対象は、あくまでも支配的文化の活動であるといった主張を、無視している。けれども『文化と帝国主義』は、帝国主義に抵抗する諸文化が、ヨーロッパの諸帝国に広がっていたにもかかわらず、『オリエンタリズム』で扱われなかったことを反省し是正しようとしている。そもそも対位法的読解の特筆すべき能力とは、帝国主義とそれに対する抵抗との重なりあいと交錯とを解明できることであった。これこそが対位法の価値である。対位法を念頭におくことで批評家は、植民地化された世界において活動する権力と抵抗との対位法的関係を暴くことができるからである。

『オリエンタリズム』の一九九五年版に付した「後書《あとがき》」で、サイードはつぎのような意味深い評言を記している。自分の著作のほとんどが、「その「残滓的」ヒューマニズム、その理論的不整合、その主体性に関する、不十分な、おそらくは感傷的ですらある扱い方」によって批判攻撃されてきた、と。そしてこう付け加えている――「そのような批判こそ、望むところだった」と。また『オリエンタリズム』が「パルチザン的書物であって、理論マシーンではない」(1995: 340) という事実に対して、サイードはいかなる弁解もしない。『オリエンタリズム』刊行から二十年を経ようかというときの、こうした発言は、サイードの抵抗戦略理解のためのよい足がかりになってくれるし、また『文化と帝国主義』の二番目の重要なテーマ――すなわち、帝国に対する抵抗の歴史的経験――を理解する鍵を提供してくれる。サイードが述べているように、これまでの著作は抵抗の事例を提供するという約束をはたしていないのではと示唆する非難を彼は重く受け止めたのである。約束をはたせなかった理由はもっぱら、これまでの彼なりの行為主体《エージェンシー》の捉え方のせいであった。

抵抗概念をめぐる中心的問題点は、抵 抗《レジスタンス》と対 決《オポジション》とをいっしょくたにする顕著な単純化にある。もしこの流儀で考えるなら、帝国言説と植民地化された人間の意識との、激しく緊張した遭遇において、抵抗のための唯一の手段は、拒絶しかなくなる。しかしポストコロニアル分析による解明によれば (Ashcroft *et al.* 1989〔『ポストコロニアルの文学』〕)、そのような対決姿勢は、支配文化を効果的に拒絶などできないどころか、植民地主体の政治意識を二項対立関係に封じ込めてしまう。その二項対立から、現実的な抵抗を立ちあげるのはむずかしい。これまでもっとも効果的だった抵抗の形式は、幅広い階層に訴えたものだった。つまり支配文化を把握し、帝国主義者の言説領域内部で文化的差異を確立するよう、支配文化を変容させたものだった。この抵抗は、作家たちが植民地主義者の言語や文学形式を自家薬籠中のものとして、「文学」の領域に侵入し、そのなかにおいて異なる文化的現実を構築するとき実現する。これこそ、サイードが関心を寄せる抵抗の形式である。文化的観点からすれば、これが、おそらくもっとも効果的な形式なのだ。対位法的読解が特定するのは、文化的抵抗の現実の領域において生ずるところの、永続的な重なりあいと相互交換、継続的な対位法形式と競合関係なのである。

この抵抗形式は、サイードの世俗主義《セキュラリズム》の考え方とも深い結びつきがある。彼のいう世俗主義は、「神学的」思弁に走る批評専門家の傾向の対極にあるだけでなく、ナショナリズムそのもののもつ、ほとんど神学的といってもいい諸原則にとっても、その対極にある。ジェニファー・ウィックとマイケル・スプリンカーとのインタヴューのなかで、サイードは、「潜行した、アイデンティティ感覚なり、部族的連帯感覚なり」「地理的な面と均質性のあるなしから定義された」コミュニティ感覚に対して「世俗的解釈と世俗的著述の理念」をぶつける。「世俗生活の濃密なありようは」とサイードは、こうつづける、「ナショナル・アイデンティティのもとに十把一絡げにされるようなものでもないし、「わたしたち」を「彼ら」と分かつ境界線などという、いんちきなパラノイア的考え方にからめとられることもない――「わたしたち」とは異なる「彼ら」を十把一絡げにするこの分離こそ、古くさいオリエンタリストのモデルの反復にほかならない」（Sprinker 1992: 233, Said 2001: 130-131）。世俗的解釈の政治は、ファノンがかつて「民族意識の陥穽」と呼んだものを回避する方法を示唆するものだ。ちなみに民族意識の陥穽のひとつに、サイードが社会変革への潜在的可能性を阻害するものとみていた「非難のレトリック」をあげることができる（1986c）。

抵抗は、サイードの初期の著作では明確になっていなかったが『文化と帝国主義』では中心的なテーマとなる。植民地主体と帝国との関与は、当初から弁証法的関係によって特徴づけられていたとサイードは論ずる。現に、帝国に対する抵抗が帝国主義支配圏の隅々に浸透したのは、白人の到来が、非ヨーロッパ世界全域になんらかの抵抗を引き起こしたからである（1993: xii〔『文化と帝国主義』1・二〕）。『オリエンタリズム』のなかで、西洋支配に対するこうした反応について論じなかったことでサイードは、植民地化された人びとの積極的な抵抗を否認するリスクを犯すことになった。帝国権力は「怠惰で活気のない非ヨーロッパ現地人」を組み伏せたことはなかった。つねに「なんらかの活発な抵抗がみられたし、圧倒的多数の事例において、抵抗は最終的に勝利したのである」（1993: xii〔同、1・二〕）。このサイードの主張は、フーコーの定理である「権力あるところ、抵抗あり」の例証と読むことはできるだろう。しかしサイードがフーコーと袂を分かちたいと望むのも、まさにこの点なのだ。サイードにとって、これはフーコーの遊戯的発言であって、政治参加性を欠いたものである。というのもし権力が抑圧し統御し操作するものなら、権力に抵抗するものすべては、権力に対し道徳的に優るのであって、それらは、権力に向けられた中立的な武器ではないのだ。同じく抵抗は、権力に敵対するもうひとつの選択肢にも、権力に依存するいまひとつの権力の変異体にもなりえない、たとえなんらかの形而上的で、究極的には取るにたらない意味でそう言えることがあるとしても。

（1983: 246〔『世界・テキスト・批評家』四〇〇〕）

サイードの抵抗戦略は、二重のプロセスを内包しているが、それらは『文化と帝国主義』で論じられる脱植民地化の二段階に対応させることができる。最初は「地理領域」の回復であり、二番目は「文化領域の改変」である（1993: 252〔『文化と帝国主義』2・三四〕）。かくして「外部からの侵略者と戦う」第一次抵抗のあとに、イデオロギー的文化再構成をともなう第二次抵抗がくる。したがって抵抗は「帝国主義の諸過程によって原住民の過去のなかに封印されてしまったものを再発見《リディスカヴァリ》し再帰《リパトリション》させる」（1993: 253〔同、2・三五〕）過程となる。ここでは接頭辞「再〔re〕」のもつ意義と重要性が「抵抗にまつわる部分的な悲劇となる。つまり抵抗は、帝国文化にすでに確立された形式、あるいはすくなくとも影響を受けるか浸潤された形式の再獲得《リカヴァリー》＝再利用をある程度余儀なくされるからである」（1993: 253〔同、2・三五〕）。

この抵抗文化を、サイードは、植民地化された人びとが、帝国にむけて「書くことで逆襲する」可能性という観点から考察する。それは自己と他者との関係を再構築する過程であり、また、コンラッドの『闇の奥』とかシェイクスピアの『テンペスト』といった正典的テクストを書き換えることを通して、あるいは「書いて逆襲する」ことを通して機能する過程である。サイードが並べて比べてみせるのは、『闇の奥』すなわちアフリカのジャングルの暗い心臓部にむけて川をさかのぼる旅をめぐるコンラッドの物語と、グギワ・ジオンゴの小説『川をはさみて』〔日本語訳タイトル〕や、スーダンの小説家タイーブ・サーレフの『北へ遷りゆく時』だが、このふたつの小説は、コンラッドの古典を、植民地化された人間たちの視点から書き換えている。こうした作家たちは、「彼らのなかに、彼らの過去を抱えこむ」。それもさまざまな方法で――「屈辱的な傷跡として、あるいは異なる実践を目指す刺激として、あるいは修正すれば、ポストコロニアルの未来へと向かう途上にあるものとして示すことができる過去のヴィジョンとして」。だが、もっとも効果的な方法としては「緊急に再解釈と再利用可能な経験として過去を抱えこむこと――ここにおいて、かつては沈黙していた原住民が、大きな抵抗運動の一部として植民者から奪回した領土において、言葉を発し、行動するのである」(1993: 256〔同、2・三九〕)。

このような正典の書き換えは、これと関連した読み換えなり書き換えの戦略を、文化抵抗過程に位置づけることになるし、そういった戦略は、一蹴したり沈黙させることができないがゆえに〔単純な拒絶では、一蹴されて終わりということにもなりかねないので〕、効果的な介入行為といえる。決定的に重要なのは、こうした介入行為が「政治運動の不可欠な一部となるだけでなく、多くの点において、政治運動を成功にみちびくイメージ・トレーニングともなる」ことだが、それによって立証されるのは「白人と非白人双方にとって共通の領域を再認し再考する思想的かつ修辞的エネルギー」の存在である（1993: 256〔同、2・三九〕）。『テンペスト』を再考する試みについて論ずるなかでサイードは、ポストコロニアル分析とは、その戯曲を、怪物キャリバン――プロスペロが奴隷として扱った人物――の視点から書き換えることであると述べ、こう問いかける、「帝国主義から独立をめざす文化は、いかにして、みずからの過去を想像するのか」（1993: 258〔同、2・四一〕）と。

この問題にサイードは、三つの選択肢を提示する。ひとつの選択は、みずからすすんで帝国主義の下僕となること、「原住民情報提供者《ネイティヴ・インフォーマント》」となることである。二番目は、未来の発展を妨げないかぎり、過去を知り、過去を受け入れること。三番目は、ネイティヴィズムに向かうものだが、それは植民地的自己を脱却し、本質的で植民地時代以前《プリコロニアル》の自己を取り戻そうとするものだ（1993: 258〔同、2・四二〕）。帝国臣民化された人びとと自己とが同一化するこうした星座的配置から出現する反帝国主義的ナショナリズムをサイードは祝福する一方で、ファノンの警告を反芻する――「ナショナリストの意識は、容易に、硬直した厳格さへと変化しうる」ため「愛国主義と外国人差別」（1993: 258〔同、2・四二〕）に陥る危険性は高い、と。これを避けるためには、三つの選択肢を融合するのがもっともよい。そうすればキャリバンも「自分自身の歴史を、被征服民族のすべての男女が共有する歴史の一部であることをみきわめ、自分自身が置かれた社会的・歴史的状況の複雑な真実を把握することになる」（1993: 258〔同、2・四二〕）。

このような文筆による逆襲は、サイードが述べているように、アシュクロフト、グリフィス、ティフィン共著の『書くことによる帝国への逆襲』〔日本語訳『ポストコロニアル文学』〕やサルマン・ラシュディの『真夜中の子供たち』のプロジェクトそのものである。しかしながら、書くことによる逆襲において肝要なのは、異なる文化間に存在する障壁を取り去ることである。「ヨーロッパと西洋の言説に分け入り、それとまざりあい、それを変容させ、これまで周辺に追いやられたり抑圧されたり忘れ去られたりした歴史を、それに認知させる」というこの意識的努力こそ、強力で効果的な変容をもたらす抵抗運動であり、サイードはこれを〈遡航〔voyage in〕〉と呼ぶ（1993: 261〔同、2・四六〕）。第三の話題、それは、分離主義的ナショナリズムから離れ、人間的コミュニティと人間の解放をめざす運動についてである。

こうした三つの話題の相互関係は、前進的プロジェクトとしてみるとき明確になる。まずコミュニティの回復があるが、これは文化的抵抗を主張するだろう。そしてこのプロセスにおいて帝国主義にとっての「他者」に力を付与することになる。この力を利用して、歴史をとらえなおすなかで、自己と他者との二項対立的分割は崩れ去る。そしてこのプロセスは最後に、自己と他者を合体させることで、人間の解放へと向かう運動を出現させ、その頂点に達する。こうした公式は、文化的異種混淆性や多様なアイデンティティの遍在を力説し、またそうした現実を受け入れる必要があると力説するサイードの主張ともつながる。単純な二項対立を超えるこの慎重な運動は「分離主義者や偏狭なナショナリストが掲げるスローガンにみられる短期的展望を拒否し、文化や民族や社会集団を横断する、より大きく、より寛容な人間的な現実性をおびるコミュニティを求めることになる（1993: 262〔同、2・

四八〕）。サイードにとって、このコミュニティは、帝国主義に対する抵抗運動が予告していた人間の真の解放と連動する（1993: 262〔同、2・四八〕）。これはナショナリズムを真っ向から否定するものではない。なぜならC・L・R・ジェイムズ（一九〇一―八九）、フランツ・ファノン（一九二五―六一）、そして革命家で政治的指導者であったアミカル・カブラル（一九二四―七三）の伝統において「帝国主義に対するナショナリストの抵抗は、つねに自己批判的であった」（1993: 264〔同、2・五〇〕）からである。サイードが拒絶しているのは、帝国主義に対するナショナリズムがネイティヴィズムに発展することである。たとえばネグリチュードのような場合。

ネグリチュードは、黒人性を、黒人であること、とりわけアフリカ文化とアフリカ的価値観を祝福するものであり、植民地化以前のアフリカの過去を神聖視し物象化せんとするものだった。このように、過去の栄光を基盤としてアフリカ文化を復活させねばならないという考え方をファノンは否定する。彼はこう書いていた――「アフリカ文化に属する者たちが直面する、みずからの主張を人種化し、民族文化よりもアフリカ文化についてより多くを語らねばならないという、この歴史的要請は、彼らを袋小路へと追い込むことになろう」（Fanon 1964: 172〔『地に呪われたる者』二〇七〕）。ファノンのこの批判は、ネグリチュードの主張が、文化的抑圧の問題圏を人種化することによって、過去ばかりに焦点を絞るため、真の解放の可能性遠のくという懸念から来ている。この懸念はショインカも共有している。ショインカによるネグリチュード批判は、ネグリチュードによって構成されるアフリカ人なるものが、つねにヨーロッパ人の後塵を拝する構築物である点を指摘する。こうした観点からおこなわれる黒人性祝福は、ショインカにとって、アフリカ人嫌悪と同様に、不快なものである。ネグリチュードの問題は、「たとえその声音は荒々しく、その構文は誇張的で、その戦略は攻撃的であっても」それが「自分自身にとらわれ」、本質的な防衛的役割にすぎないことである（1993: 277〔『文化と帝国主義』2・六八〕）。ショインカが指摘しているように、ネグリチュードはアフリカを差異化するヨーロッパの知的公式の圏域に留まっている。そのため逆説的なことに、アフリカの現実に関する表象を、二項対立のなかに閉じ込めてしまった（1993: 277〔同、2・六八〕）。

ファノンやショインカと同様、サイードも継承される人種化の問題に懸念を表明する。この懸念ゆえにサイードはネグリチュードを否定することになる。『文化と帝国主義』でサイードはネグリチュードをネイティヴィズム現象と記述し、それを他の反植民地的立場、たとえばアイルランドのコンテクストにおけるイェイツの立場につなげてみせる。支配者と被支配者という区分からみることは、たとえ弱い側あるいは従属した側を再評価するときでさえも、この区分の強化につながる」（1993: 275〔同、2・六七〕）。「〈ネグリチュード〉、アイルランド性、イスラム、カトリックといった本質の形而上学」を選択することは「人間をたがいに敵対関係に固定する力をもつ本質主義化を選択して歴史を捨象することである」（1993: 276〔同、2・六七〕）。他の多くの話題同様、これも、サイードにとっては世俗世界性の問題である。なぜなら「そのような本質主義化は、世俗世界の放棄でもある」からだし、それはまた大衆を基盤とした運動のなかではある種の千年王国待望運動にもなるし、堕落して「小規模の私的狂信に陥るか、さもなくば帝国主義そのものによって奨励されてきたステレオタイプや神話や怨念や伝統の無批判な容認」（1993: 276〔同、2・六七〕）へといたるだろう。サイードがこのようなネイティヴィズム的本質主義を、歴史の却下としてみていることは興味深い。なぜならたとえ歴史そのものは、強力な構成力を発揮するヨーロッパ中心主義的構築物であるとしても、ポストコロニアル的抵抗戦略においては、再考され再構築されるべき重要な言説になりおおせるからである。

　サイードにとって、人種あるいは民族的本質といった単純な公式化は、いっぽうではアイデンティティ形成の初期段階における役割を認識されつつ、乗り越えていかねばならないものだった。このことは「競合する本質のせめぎあいによって構築されたりはしない世界を発見すること」（1993: 277〔同、2・六八―六九〕）を通して達成できる。さらに、そのような乗り越えを可能にするのは、人間には、みずからのローカルなアイデンティティを超えて思考できる多様なアイデンティティがあると認めるときである。ネイティヴィズムに対してはべつの選択肢は存在するとサイードは主張する。たとえ「帝国主義がいまもなお継続しているとはいえ……それでも解放の機会は残っている」。重要なのは、ここでサイードがファノンに言及することだ――解放を「民族意識を超えた社会意識の変革」と定義したファノン（1993: 278〔同、2・七〇〕）に。

　けれどもサイードは、ファノンを新たな動向のなかで、グローバルな理論家と位置づける――つまりファノンは自己のアイデンティティを問題視した思想家としてみなせば、もっともよく理解できるというわけだ。アフリカ系アメリカ人のヘンリー・ルイス・ゲイツは、彼が「批評的ファノン主義」と呼ぶものについてこう批判していた。それは、ほぼあらゆる種類の政治的抵抗の寓意としてファノンをみようとする姿勢であったが、この源には——

植民地主義の問題圏と主体形成の問題圏の融合がある。文化に精神分析診断を加える者として、また地に呪われたる者たちの代弁者として、彼にはほとんど抗いがたい象徴性がある。対抗的でポストモダン的とみずからをみなす批評にとっては、なおさらのことである。(Gates 1991: 458)

このようなファノン読解のなかで、サイードが指摘するのは、つぎのようなことである。すなわちファノンの著作は、宗主国に、宗主国の歴史そのものを脱植民地化のプロセスに照らして再考するように迫るものであった。サイードいわく——

ファノンやセゼール、あるいは彼らのような人びとによって代弁された反帝国主義への挑戦がかりそめにも承認されたとは思わない。ましてや彼らのことが現代世界における人間の営みのモデルないし表象として真摯に受けとめられたこともない。実際に、ファノンやセゼールが真っ向から立ち向かった相手とは、アイデンティティ問題でありアイデンティティ重視問題であって、そうした問題は、「他者」ないし「差異」をめぐる現在の人類学的考察と密かに共通の前提を有していた。ファノンやセゼールが、彼ら自身の同志たちに、戦いの渦中にあっても、求めたのは、安定したアイデンティティとか文化的に権威づけられた定義をめぐる固定観念を捨てることであった。異なるものになれ、と彼らは主張したのだ。植民地化された民としてのあなたの運命が異なるものになるために。

(1989: 224-225)

したがって、焦点が絞られるのは、人種化した文化概念ではなく、人種が主要な要素となることのない脱植民地化した文化《ディコロナイズド・カルチャー》なのだ。この脱植民地化した文化において意識と意識的活動が解放される。それはファノンが『地に呪われたる者』のなかで、民族文化の創造という観点から論じていたプロジェクトでもあった。ファノンにとって、新しい民族文化の形成と、古き支配イデオロギーの駆逐は、ともに遂行されねばならない。サイードにとっては、支配的な物語に対抗し、別の選択肢としてある、非強制的な知こそが、最重要課題となる。この対抗物語の要請こそが、サイードを突き動かすものであり、『オリエンタリズム』によって提起された主要な知的課題なのである。「人間の現実を分割することは可能か?」とサイードは問うていた。実際それは、しばしば分割されているようにみえるのだが、それを「明確に異なる文化なり歴史なり伝統なり社会なり、さらには人種なりに分割して、それでもその帰結を人間らしく生き延びることができるのか?」と。「その帰結を人間らしく生き延びる」ということの戦略は、サイードの人間解放観の鍵となる側面となっている。彼にとって人間の解放とは、人間を「わたしたち」(西洋人)と「彼ら」(オリエント人)とに分割するという、ほとんど必然的に生ずる運動を回避するところに成立するものであった(1978: 45〔『オリエンタリズム』上・一一二〕)。

サイードの〈遡航〉は、抵抗可能な場を探すことからはじまる。支配的言説の普及的・ヘゲモニー的性格にもかかわらず、抵抗の余地はある。なぜなら「イデオロギーなり社会体制の支配がどれほど水も漏らさぬものにみえようとも、社会経験のなかには、イデオロギーや社会体制によってカヴァーもコントロールもできない部分が必ず出てくる」(1993: 289〔『文化と帝国主義』2・八五〕)からである。フーコー的な権力公式(サイードはなかばこれを支持するのだが)においては、そのような抵抗の可能性は、問題ぶくみのものである。けれども抵抗する力、みずからをポストコロニアル的・反帝国主義的主体へと作り直す力は、サイードにおいて中心に位置する。そして自己のこうした再創造は、彼が強く影響されたファノン的観点にそって、コンテクストをあたえなければならない。というのもアイデンティティをみずからの手で構築してこそ、自由といえるのだから。人類は、自らの手で自分自身をこしらえるものであり、たとえどれほど支配的言説に従属していようとも、それは可能なのだ。ファノンが述べているように、「自己の回復と、自己の検討という努力を通して、またその自由が絶えず緊張状態にあることを通してはじめて、人間は、人間世界にとっての理想的な存在条件を創造できるのである」(Fanon 1986: 231〔『黒い皮膚・白い仮面』二四九—二五〇〕)。

ムスタファ・マロウチはつぎの指摘をおこなっている——「サイードにとって、論理ならびにアイデンティティの論理は、あらゆる二項対立を始動させる内と外の対立に基づいている」(Marrouchi 1991: 70)と。わたしたち/彼ら、あるいは内/外といったペアをつくり、両ペアのあいだに相同性を前提とすることにサイードは反対する。けれども、同時に、サイードはアイデンティティが他者化のプロセスをとおして構築される問題から顔をそむけることはない。あらゆる文化なり社会は、アイデンティティを「自己と他者の弁証法」から構築する。それは「主体である「わたし」、それも純粋で本物で馴れ親しんだ「わたし」と、客体である「それ」あるいは「あなた」、それも外国産で、おそらく脅威的で、異なるもの、外部のもの」(1986: 40) との弁証法なのである。アイデンティティは、サイードにとっては欠かせない。なぜなら特定の人びとのアイデンティティが、そうした人びとの知の組織法を規定するからである。あらゆる人間は、自己の差異を、解釈にかかわる問題とみている。たとえば「十九世紀にはフランス人とかイギリス人に特徴的な姿勢が存在した」という想定は、「フランス人とかイギリス人に特徴的な現実の捉え方が存在した」ということを示唆している (1979: 143〔『パレスチナ問題』一九八〕)。サイードにとってアイデンティティ問題の処理こそ、そのプロジェクトの中心に位置している。彼にとってアイデンティティは静的なものではない。むしろそれは「個人や制度をまきこむ競争として生起する、歴史的、社会的、思想的そして政治的プロセス、そのプロセスを通して、それぞれの時代や社会が再‐創造する」(1995: 332) ものといえる。そのため、いかなる文化も、外部を参照しなくとも、それ自身の観点から説明できるという考え方ほど、サイードにとって忌まわしいものはない。インサイダーが特権的な地位を有し、その特権的地位からアイデンティティ問題に関与できるという考え方をサイードは却下するのである (1985: 15〔「オリエンタリズム再考」、『オリエンタリズム』下・三二九〕)。

アイデンティティに関する、このサイードの独自の洞察と公式によって証明されるもの、それは、植民地出身の知識人が、オリエンタリズムの言説による支配下にあるにもかかわらず、さまざまな横領援用の戦略をとおして、「書くことで逆襲できる」からくりである（Ashcroft *et al.* 1989〔『ポストコロニアルの文学』〕）。植民地出身の知識人にとって〈遡航〉は、「かつてはヨーロッパ人専用であった学術研究や批評の技法なり言説なり武器なりを使って、宗主国文化と真正面からわたりあう」プロセスである。このような横領援用は、「学問領域そのものを一変させる」ことによって、独創性なり創造性を発揮する（1993: 293〔『文化と帝国主義』2・九一―九二〕）。オリエンタリズムの言説に内側からはたらきかけることで、こうした知識人たちは、みずからに押し付けられたアイデンティティ、それもオリエンタリズムの構築物としてのアイデンティティを却下する。この却下のプロセスを通して、彼らは、これまで継承してきたたんなる他者としてのアイデンティティの対極にある自己になることができる。これこそ、ファノンが、フランス側からの視点で、「これまでは部外者を占め出していたが、いまや反抗的原住民によって侵略され批判的に検討されることになったフランスという空間の内側から」（1993: 295〔同、2・九三〕）、植民地化経験について書いたとき、おこなった〈遡航〉であった。サイードにとって、これはテクストを宗主国中枢の側からだけでなく周辺から対位法的に読むことにもつながった――「問題は、いかに読むかであり、……この問題と、何を読むかという問題とを分離しないことである。テクストは完成された客体ではない」（1993: 312〔同、2・一一六〕）。

テクストは完成された客体ではない――この重要な前提のなかに、ジャンバティスタ・ヴィーコがサイードに及ぼした影響の反映がみてとれる。とりわけテクストは、歴史的かつダイナミックな過程の産物だという考え方、テクストはコンテクストをもつという考え方に、影響は顕著である。サイードにとって、これは「ヴィーコの著作における、実際にあることと、あらしめることができるもの」（1976: 821）に依拠している。したがってテクストにおいて重要なのは、そこに何があるかだけでなく、そこに何を置くことができるかということだ。遡航は、テクストが、支配的言説の専制支配を打破するよう発展することも可能にする。しかし、それが可能になるには、支配する者と支配される者との関係を認識せねばならない。このことは絶対にはずせない重要事項である。なにしろ「過去二百年間の帝国経験は地球規模で普遍的なものであった。それは地上の隅々に植民者と被植民者をともに折りこんだ」（1993: 313〔同、2・一一六〕）からである。

被植民者と植民者双方にあたえた植民地体験の衝撃をサイードが力説するのは、彼の抵抗戦略にとって、ここから重要な派生物が生ずるからである。まさにここにおいて、サイードはファノンから「民族意識の陥穽」論を借りてくる。そしてまさにここにおいて、サイードのファノン読解は決定的重要性を帯びる。彼はファノンを何度も引用する。なぜならファノンは、「ナショナリストの独立闘争の領域から、解放をめざす理論構築の領域へと大きく文化が移行したこと」を他の誰にもまして決定的に表明していたからである。ファノンにとって、脱植民地化の過程で、民族的アイデンティティや民族意識を再創造するだけでなく、さらに先に行き、解放をめざす社会意識を創造することが重要であった。社会意識は、それなくしては、脱植民地化において、特定の支配体制が、べつの支配体制と交替して終わるだけだから、ますます重要なものとなるのである。

『文化と帝国主義』のなかでサイードは、ファノンがマルクス主義批評家ジェルジ・ルカーチの、それもとりわけ『歴史と階級意識』を読んで影響を受けたのではないかと推測している。この推測にもとづきサイードは、ファノンにおける暴力を「主体としての白人と、客体としての黒人という物象化を克服する統合」(1993: 326〔同、2・一三五〕)としてみることになる。サイードの議論によれば、ファノンにとって暴力は、「認識論的革命」を許容するような、「浄化力」であるが、これは、自己と他者との断片化と物象化とを克服する、ルカーチ流の心的意志行為を髣髴とさせる。そのような暴力への要請が生まれるのは、原住民が「植民地化は終わらなければならない」と決めるときである。ファノンにとって、

植民地体制の暴力と原住民の暴力とが、たがいに均衡をたもち、たがいに反応しあい、異様なまでに互酬的な相同性ができあがる。……植民者の仕事とは、原住民にとっての解放の夢を不可能にすることである。原住民の仕事は、植民者を抹殺するありとあらゆる方法を可能な限り想像することである。論理のうえでは、植民者のマニ教的二元論が、原住民のなかに二元論を生みだし、「原住民イコール絶対悪」理論に呼応して「植民者イコール絶対悪」理論が生まれるのである。(1993: 327〔『文化と帝国主義』2・一三六―一三七〕に引用されている)

ルカーチがファノンに影響をあたえたかもしれないという、サイードの仮説にとって、いまの引用には、ふたつの重要な含意がある。ひとつは、主体と客体の物象化が存在すること。いまひとつは、暴

力が、この物象化を克服する心的意志行為であること。サイードの議論によれば、ファノンのナショナリズムは、暴力のもつ浄化力から発生するような単純なそれではない。むしろファノンが認めているように、「オーソドックスなナショナリズムが、帝国主義によって切り拓かれたのと同じ道をたどり、その一方で帝国主義はその権威をナショナリスト・エリートに委譲しているかにみえて、ヘゲモニーを拡張させているにすぎない」。ここからさらにサイードは、ファノンにおける武力闘争の主張は戦術的なものであって、彼が望んでいたのは「ヨーロッパ人と原住民とをひとつにまとめ、自覚的かつ反帝国主義的な新たな脱敵対的コミュニティに参加させることだった」(1993: 330-331〔同、2・一四〇—一四一〕)と論ずるのである。

ルカーチの影響は、サイードのなかにも特定することができる。サイードにとって、物象化を克服する意志行為は、文化帝国主義に対して「書くことで逆襲する」ことにあった。この過程をとおして、「流動性のある新しい関係システムが、帝国主義から受け継がれた階層関係を放逐せねばならない」(1993: 330〔同、2・一四〇〕)。かくして自由と解放の本質は、普遍的自己を意識し認知することであるが、それによって自己と他者とは統合される。こうした結論が可能なのは、サイードがファノンを、抵抗と脱植民地化の理論家としてみているだけでなく、解放の理論家としてもみているからである。『文化と帝国主義』において抵抗そのものに大きな関心が寄せられているにもかかわらず、サイードは抵抗戦略を提供することができなかったと論ずる批評家たちがいる。「彼はバーバラ・ハーロウのような批評家の有益だが理論化されていない著作——彼女の『抵抗文学』を彼は賞賛しているのだが

――のほうに関心があるからだ」（Childs and Williams 1997: 111）。サイードの抵抗理論に対するこのような批判がまったく考慮に入れていないのは、「非難のレトリック」から袂を分かった抵抗の性格ならびに、「非難のレトリック」がポストコロニアル社会においていかに蔓延しているかをサイードが見抜いていることである。サイードは、フーコー的パラダイムのある種の面を取り入れたが、その全体化する方向性については否定的姿勢を崩さなかった。サイードは、フーコーとは異なり、抵抗の基盤となる空間を要求したのである。ただそれにしてもファノンとフーコーとを並べたサイードのこの対置は、きわめて示唆的である。サイードにとってファノンの著作が重要なのは、

植民地社会と宗主国社会を、別個ではあっても関係づけられたものとして、計画的に扱おうとしたからであり、いっぽうフーコーの著作のほうは、社会全体を本格的に考察することから次第次第にはずれ、そのかわり不可避的に進行し抵抗できない「権力の微細政治」へとからみとられてゆく個人のほうに、焦点をあわせることになった。

（1993: 335-336『文化と帝国主義』2・一四七）

サイード的抵抗戦略とは、「遡航」を実行すること、帝国主義にむけて「文筆による逆襲」を実行することである。これは、人間には、自己の経験を拒否する潜在能力、べつの世界を想像する潜在能力、植民者と被植民者とが解放へむけてともに手を携えて戦えるよりよい世界を想像できる潜在能力があ

るからである。

要約

サイードの観点によれば、わたしたちが帝国主義の権力とその蔓延とを真に理解しようと思うなら、文化の重要性を理解せねばならない。文化とは、植民者が、被植民者の世界観を、武力に訴えることなく、変えてしまえる力そのものである。帝国主義の意義は、帝国列強内のテクスト群のなかで、巧妙に語られるといえるのだが、それは、そうしたテクスト群が必ずしも直接的に言及するまでもない〈姿勢と言及の構造〉のはたらきのせいである。対位法的に読まれるとき、すなわち読者が被植民者の観点からテクストに反応するとき、姿勢と言及の構造は、帝国主義がイギリスの高尚文化の存在そのものにとって鍵条件であることを示すものと、暴露されるかもしれない。しかしながら、高尚文化の産物を読む新たな方法を開発するという要請とまったく同じくらい重要なのは、被植民者やかつて植民地化されていた人びとが帝国主義に対する効果的な反応を発展させるべきという要請である。サイードは「非難の政治」を頑として受け入れない。最終的には後ろ向きで自滅的な「非難の政治」にこだわらなければ、ポストコロニアルの諸民族はもっと効果的なかたちで抵抗できるかもしれない。それに必要なのは宗主国の支配的文化とわたりあうこと、「遡航」に乗り出すこと、支配的文化に対し、それをただ捨て去るのではなく、それに対応しうる、強力で変化にとむ異種混淆的な文化作業を遂行することである。

第五章　パレスチナ

喪失と自立——遡航

　パレスチナならびにイスラムに対するエドワード・サイードの関心は、それをひとまとまりの文筆活動としてみると、彼の著述全体の、おそらく最大部分を占めることだろうが、にもかかわらず、ほとんどの批評家や評論家から顧みられていない。ある種の評論家たちには、サイードのパレスチナが、この文化理論家が発する不機嫌な政治的覚書の吐け口にみえるかもしれない。それは定期的に関心を寄せられる時事問題のひとつだが、彼の理論のなかでももっとも影響力のある分野にくらべると周辺的なものにとどまっている。しかし、この話題こそ、彼の思考と著述において、世俗世界性のテーマがいかに突出して重要であるかを解く鍵なのである。パレスチナは、サイード自身の世俗世界性を世界のなかに位置づける。

アイデンティティは構築されねばならないように、エドワード・サイードにとって、「遡航」を試みるために、自分自身は犠牲者として構築されねばならない。パレスチナ人「犠牲者」であり、傑出した著名な知識人としてアメリカの大都市に居住する人物が、彼自身の世俗世界性のなかに体現するのは、異種混淆性や開発や意志の逆説、まさにポストコロニアル的文化アイデンティティを錯綜させる逆説そのものなのである。ただ、なるほどサイードの帯びる周辺性は、彼自身の航路の特徴として構築されねばならなかったのだが、それをなにやらいかがわしいもの、純然たる捏造とみるのはまちがいだろう。喪失感《センス・オヴ・ロス》は深く消えることはないが、この喪失感あればこそ、自立への渇望が生ずる。わたしたちは時として、サイードの人生のみならず、その著作にも、故国喪失者《エグザイル》であることからくる喪失感が、公的知識人に必要な自立的距離をつくりだすさまをみることができる。故国喪失が批評家の声を研ぎ澄まし、公正中立なものへと変える。

エドワード・サイードが大学教員からパレスチナ運動推進者へと転身するきっかけを過去に求めれば、一九六七年のアラブ・イスラエル紛争〔第三次中東戦争〕にまでさかのぼることができる。この紛争の衝撃、ならびに、とりわけこの紛争がアメリカ社会における彼自身の位置感覚を根底からくつがえしたことが、彼のその後の仕事を方向づけた。英文学の教授が、みずから知っている世界の根底を揺り動かした政治的事件に対し、いかにして反応できたのか？ 世俗世界性がいかに重要なのかを思い知らせ、さらにサイード自身の作品において、その世俗的連携関係《アフィリエーション》がどこまで及ぶのかを明確にしているものこそ、彼の世界における一連の政治的事件だったのである。この初期段階においてサイードはテクストが、それを生み出した世界の外側には存在しないことを認めることになったし、ここから、世俗世界性という鍵となる理論概念が誕生した。またさらにサイードは、西洋の正典に自分がなぜ魅惑されているのか、その理由をあらためて考え直すことになったし、帝国というプロジェクトのなかで正典がどのように位置づけられているかを認識せざるをえなくなった。サイードは、反応を起こすべき拠点を、すなわち、もっとも戦略的に有益なレヴェルで、西洋の膨張プロジェクトについて論じ歯止めをかけることのできる拠点を確保せねばならなかった。そしてまさしくここにおいて、サイードの思考のなかで抵抗概念が誕生する。それは同胞から土地と財産を奪い取る状況を築き上げた帝国そのものに、書くことによって逆襲することが、自己の本分と認識することであった。ここに、「遡航」がはじまる（1991a）。

パレスチナ問題

エドワード・サイードは一九六七年の中東戦争以後、パレスチナの運命について書きはじめたけれども、パレスチナについて彼の最初のまとまった著作『パレスチナ問題』は、西洋の読者、とりわけアメリカの読者にむけてパレスチナの立場を明確にすることを意図していた。それは、イスラエルという近代国家形成にともなう数々の不正について熱く説き、また、無辜の犠牲者を生むテロリストで殺人者であるというアラブ人に対する共通認識をくつがえすような対抗物語《カウンター・ナラティヴ》も存在することを証明し、「書くことによって反撃する」ものであった。サイードは、イスラエル人とパレスチナ人とを分かつ境界の両側から不正を評価しなおすべきことを力説した。パレスチナ人の苦境を理解する鍵は、サイードによれば、ユダヤ人が故国という考え方にしがみつくときの激しさと熱意のなかに隠されている。神聖な約束の地であるという意識は、バルフォア卿すらも、これを、シオニズムがイスラエルの地に引き寄せられる理由を解き明かす鍵としてみていたのだが、見方をかえれば、これはパレスチナ人の存在は、当初から、西欧人ならびにユダヤ人のイスラエル国家概念の外にあったということである。

パレスチナ人の不可視性は、シオニズムによるプロパガンダの成果だけでなく、「イスラムやアラブ人やオリエントに対する古くからの西洋の先入観に端を発する堅固な文化的姿勢を崩さぬ」(1979: xiv〔『パレスチナ問題』七〕)オリエンタリズムの言説に助けられたプロパガンダの成果にほかならない。この姿勢のなかでパレスチナ人はしばしば、軽蔑的眼差しのなかに、不可視の存在として立ち上げられる。サイードが「専門家たち」や彼らの多彩な専門的職業的知を軽蔑するのは、数世紀にわたる専門家としてのオリエンタリストたちの活動のなかで、こうした偏見がつちかわれ永続化してきたことに憤慨しているからである。これにくらべたらアマチュア的アプローチのほうが、パレスチナ表象を特徴づけてきた無根拠な想定や偏見の沈殿物に足をすくわれることなく真実へと到達できる。サイードの目的は、パレスチナの永続的存在とパレスチナ人の現実を確実に認知してもらうことにある。サイードのこで彼は問いを提起する。パレスチナ人の、民族としての生存の要求ならびに居住する土地と人権に対する要求を、いかなる道徳的権威が退けるというのか、と。

犠牲者が構築されるとき、暗黙のうちにイスラエルを西洋とし、パレスチナをオリエントとして構築する操作がサイードには必要となる。サイードにとって、パレスチナ「問題」は、「肯定と否定との抗争」であり、この抗争は百年以上もつづけられてきた。それはヨーロッパ人の「文明化する」諸力が、「非文明的な」アラブ人に立ち向かう抗争である。これには歴史の捏造が付随する。その結果「この歴史はいまやパレスチナに対するシオニストの主張の妥当性を確認するようにみえてしまうのだ」(1979: 8〔同二二〕)。これに対しサイードが試みるのは、歴史の捏造の反転であり、パレスチナ占領を植民地征服として表象してみせることである。この植民地化はイスラエルの建国で終わるどころか、むしろ激しさを増すばかりである。

この植民地化の性格が独特なのは、征服が救済であるという考え方をし、征服に神の約束の成就をみる点にあるが、サイードもこれをユニークな特徴とみている。いまひとつ同じように例外的にユニークなのは、十七世紀にアメリカに赴いたピューリタンの姿勢くらいだ。「メシア的、救済的属性は」とサイードはこうつづける「わたしにとっては異質であり、わたしにとって外部にあり、わたしが経験したどんなこととも似ていないため、わたしを限りなく魅了しつづける」(Ashcroft 1996: 13)と。この救済的征服が、パレスチナ人を歴史から抹消する現象の鍵である。イスラエル建国とシオニストの闘争の場は、中東ではなくて、西洋諸国の首都なのであり、そこではパレスチナ人の抵抗は無視され、

「シオニストたちは、イギリスが自分たちの次第に大掛かりになるパレスチナ浸透の邪魔をしていると主張する」(1979: 23〔『パレスチナ問題』三八〕) ありさまなのだ。西洋諸国の首都においてシオニストたちは文明化の使命という植民地主義者の古典的な戦術を使い、パレスチナは占領などされていない、あるいはパレスチナには「原住民」しか居住していないと言いくるめることができた。このような主張に反対すること、とりわけホロコースト以後にそうすることは、サイードによれば反ユダヤ主義に加担しているとみられてしまう。転換期といえるのは、じつは一九七三年の第四次中東戦争以後の時代ではなく、ホロコースト以後の時代のほうかもしれない。つまりヨーロッパ人のなかに深く埋め込まれた反ユダヤ主義が、この時代、アラブ人という人種的にみて類似の人物像に転移しはじめたのだ。まさにサイードが示唆していたように(1978: 285-286〔『オリエンタリズム』下・一九六―二〇〇〕)。

　中東から紛争をとりのぞくことによって、アラブ人とパレスチナ人は、みずからを表象することを妨げられ、自己表象できないものとみなされ、マルクスの名句がいみじくも述べたように「みずからを表象できないがゆえに、表象されねばならなくなった」のである。このマルクスの言葉をサイードは『オリエンタリズム』の巻頭言《エピグラフ》に使っている。サイードの議論によれば、シオニストたちの成功の鍵は、彼らがオリエントのアラブ人を西洋にむけて表象し説明できる場を占拠確保できたからである。彼らは

> 最悪の東洋的過剰からみずからを解放したことで、オリエントのアラブ人について西洋に説明し、

アラブ人が実際には何者で何を求めているか説明する責任を負うことになり、アラブ人がパレスチナの住民として彼らと対等な立場で登場しないようにしたのである。

（1979: 26〔『パレスチナ問題』四二〕）

オリエンタリストたちの主張を無気味に反復するかのように、「アラブ人はオリエント人であり、それゆえヨーロッパ人やシオニストたちよりも人間的に劣り、価値もない。彼らは裏切りやすく、改心もしない、云々」（1979: 28〔同四四〕）という決めつけがまかりとおるようになった。シオニストがこのような区分を捏造できた原因を探れば、西洋とイスラムとの歴史的闘争にまでさかのぼらねばならない。サイードはこう述べる――

イスラエルは、イスラムを――そしてのちにはソ連なり共産主義を――追い詰めて逃がさない装置だったのだ。シオニズムとイスラエルから連想されるのは、リベラリズムの存在であり、自由と民主主義であり、知と光であり、「わたしたち」が理解し、それを求めて戦う目標といったイメージであった。これとは対照的に、シオニストの敵たちは、オリエントの専制政治や官能性や無知蒙昧や後進的形態をそなえた異質の精神の、たんなる愚かな二十世紀版にすぎなかった。

（1979: 29〔『パレスチナ問題』四五〕）

したがって、十九世紀にオリエンタリストの学者たちの知が西洋の利益のために構築したオリエント像が、いまやシオニスト言説の世界観から構築されるようになったという、目に見えるかたちでの変化が生じている。

サイードにとってこの問題を解く鍵は、表象問題である。ヨーロッパ人とシオニストがともに、パレスチナ人をオリエンタリストたちさながらに表象するのに成功することで、パレスチナ人たちがみずからを表象する能力は、効果的に押さえ込まれてしまった。サイードによれば、アメリカほど、こうした操作が完璧におこなわれている国はほかにはない。そこではユダヤ人ロビー活動が最大の効果をあげている。パレスチナ問題が精力的に押さえ込まれ、アラブ人がテロリスト呼ばわりされているのは、まさにアメリカならではの現象である。一例としてサイードが掲げるのは、メナヘム・ベギンが、その著作『反乱』(一九七二)において、自分がテロリストだったことを明らかにしているにもかかわらず、アメリカの報道機関では「憂国の士」扱いされ、彼がアラブ人(ならびにイギリス人)に対しておこなった残虐行為の数々は、ほとんど忘れ去られていることである。

一九四八年以前にパレスチナは主として、ただし排他的にではなく、アラブ人が占拠していたが、〔一九四八年の〕イスラエル建国にともない、そうした人びとは難民化したとサイードは論ずる。また一九六七年の中東戦争以後、イスラエルはアラブ・パレスチナ人の領土を侵略して自国領に加えている。イスラエルの占拠は、パレスチナを考える際に、たんに占拠された領土というにとどまらない多くのことを意味している。また故国を追われ、流亡《エグザイル》状態で暮らすというパレスチナ人のディアスポラ

(この言葉をサイードは好んでいないのだが) によって大きなパレスチナが、周辺化を余儀なくされつつ、存在している。最終的にサイードは、自分の役割を、彼我を遠ざけるのではなく、結びつけるものと認識する。彼にとってシオニズムを批判することは、「理念なり理論を批判することではなく、拒絶の壁を批判すること」である。またこうもいえる。イスラエルにおいて、どうしても必要なことは「パレスチナ人とイスラエルのユダヤ人とが同じ席につき、両者のあいだで未解決の問題をすべて議論することである」(1979: 51〔『パレスチナ問題』七一〕)。

シオニズムとその犠牲者

南アフリカのアパルトヘイトが生む排除と不公正にはほとんど誰もが反対したのだが、シオニストがパレスチナ人を排除したことを非難する段になると、リベラルな人びとやラディカルな人びとのあいだに躊躇が見えた。このような消極的な姿勢は、ヨーロッパの影響力のある思想家たちの考え方にまでたどることができる。なにしろ彼らは、パレスチナをユダヤ人の正当な故国とみなして、パレスチナの地で暮らし、パレスチナをみずからの故国とみなしていた人びとのことを忘れてしまうのだから。こうした思想家たちには、ジョージ・エリオット、モーゼス・ヘスをはじめとして、ほとんどすべてのシオニスト思想家あるいはイデオローグが含まれるのだが、彼らに共通してみられる三つの考え方の概要をサイードはつぎのようにまとめている——

(a) アラブ人住民は存在しない。(b)「なにもない」領域を補完するという西洋・ユダヤ人の姿勢。(c) シオニストによる復興計画。この計画は、過去に消滅したユダヤ人国家を再建することによってくり返され、ユダヤ人国家の再建を、近代的要素と結びつけている。たとえば統制のとれた独立した入植地なり、土地獲得のための特殊機関などという近代的要素と。

(1979: 68〔『パレスチナ問題』一〇一〕)

シオニズムが侵略過程に関わりはじめたときのようすを、サイードは記録によって確認してゆくが、その侵略過程は、十九世紀ヨーロッパ植民地の膨張過程と似ていなくもない。シオニズムをヨーロッパの植民者と同一視することでサイードが説くのは、シオニズムをユダヤ人解放運動としてみるのではなく、オリエントの地に植民地領土を求める征服イデオロギー運動としてみるべきだということである。したがって「シオニズムは非妥協的で、排他的で、差別的な植民地主義者の実践であるようだ」(1979: 69〔同一〇三―一〇四〕)と結論づけることができる。明らかにサイードはシオニズムとヨーロッパ帝国主義とのつながりを明確にしようとしているのだが、こうすることで、サイードはパレスチナ問題が勝利者(イスラエル)を優遇し犠牲者(パレスチナ)を周辺化すると立論できるのである。

シオニストたちは、過去に、アメリカやアジアやオーストラリアやアフリカにおいてヨーロッパ人がそうしたように、土地には誰も住んでいなかった、もしくは土地には、その土地を有効活用できない未開民族が住んでいると世界に認めさせたうえで、原住民を「文明化」するためという名目で、原住民から土地財産を没収できた。しかしながら領土の征服には、物理的暴力の問題は部分的にしかかわらない。サイードが述べているように、コンラッドが明白にしたのは、征服は理念に従属し、理念こそが「科学や道徳や倫理や哲学一般から引き出された議論によって、純然たる暴力に威厳をあたえ（また現に促進する）のである」（1979: 77〔同一一二〕）。

サイードがここで立ち返るのは、『オリエンタリズム』でも考察されていたテーマ、すなわち知と権力との関係である。パレスチナ人の観点からすると、シオニストの故国観は、最終的にイスラエルの建国をみるまえに、まえもって整備されていた――十九世紀半ばからその地域の調査探索にかかわっていたイギリスの学者や行政官や専門家たちが蓄積した知によって。まさにこの知によって、シオニストたちは、イギリスの帝国事業の場合と似た議論ができたのだ。ヨーロッパの植民地主義を正当化する議論を動員することで、シオニストたちはヨーロッパ文化の人種概念を採用する。『オリエンタリズム』において指摘されていたように、反ユダヤ主義は、いまやそのターゲットをユダヤ人からアラブ人へと換えた〔「反ユダヤ主義」と翻訳されている anti-Semitism は、本来「反セム主義」の意味で、セム族を差別するものであるため、その対象がユダヤ人から、同じセム族であるアラブ人に変わったということ〕のだが、サイードの議論によれば、シオニズムそのものは、反ユダヤ主義の表象を内面化し、パレスチナ人を後進的で、それゆえに支配管理する必要がある民族として演出したのである。

しかしながらパレスチナの植民地化は、他の植民地開拓移民国家の場合とは異なる様相を呈していた。開拓移民階級を樹立し、彼らの利益のために原住民を動員できるようにするというだけの問題ではなかった。むしろ計画には、パレスチナ人を排除するだけでなく、国家の建設、それもあらゆるユダヤ人が「過去と現在においていかなる国家も所有しなかった統治権を、みずからの土地と諸民族に対して行使する」(1979: 84〔同一二〇〕)という国家の建設が含まれていた。サイードによれば、この事業が実をむすんだのは、その過程において、パレスチナ人を、神からあたえられた「約束の地」である国家に挑戦する不逞の輩《やから》として表象したからであった。

　シオニズムの成功は、イスラエルの理念を案出しただけでなく、その課題を実現するとき、すべてのものを「詳細に最後の一ミリにいたるまで探査し、定着させ、計画し、建設しつづける」(1979: 95〔同一三二〕)きわめて精緻な政策を発展させたことにも帰せられる。このように、敵対するものを排除せんと動員される組織的・管理的・言説的な権力に、パレスチナ人は効果的にたちうちできなかった。しかもパレスチナ人が対応に失敗したこと、それもシオニズムの攻勢に対応する準備がまったくできていなかったこと、これが一九四八年のパレスチナ人の排除《エクソダス》の主たる原因となった。そのうえさらに、それ以後、イスラエルは、パレスチナからアラブ人の存在の痕跡をとことん消し去ろうとする運動を成功裡にすすめてきたとサイードは主張する。パレスチナのアラブ人にとって、これが意味するのは、苦しみを味わい、「つぎつぎと悲惨な状況が襲いかかる恐るべき変化をかいくぐり、パレスチナでの彼もしくは彼女の市民としての消滅を、いやというほど目撃しながら、それを効果的に伝達できなかった」(1979: 103〔同一四一〕)ことだとサイードは書く。イスラエルに留まったアラブ系パレスチナ人にとって、これは彼らとユダヤ人とのあいだに深い亀裂を走らせるものだった。
パレスチナ人は、イスラエルにおける政治的権利を公的に認められていないにもかかわらず、パレスチナ人のあいだで、彼らの法的・文化的アイデンティティを守ろうと抵抗文化が生じた。まさにこうした状況のひとつから、パレスチナ人の存在は最終的に立ち現れ、「かなりの国際的関心を集め、シオニストの理論と実践とを批判的にみる準備がいよいよ整ったのである」(1979: 111〔同一五一〕)。過去百年間、ユダヤ人とパレスチナ人は、シオニズムによって消え去ることのない刻印を押された。パレスチナ人にとって、留意すべきことは、彼らの存在を中東のさまざまな地域に分散させ吸収させようとするあらゆる努力にもかかわらず、彼らが生き残り、自分たちの文化を、自分たちの政治を、自分たちの独自性を、保持していることである。

南アフリカにおいて、かつて黒人たちが、バントゥスタン〔南アフリカ共和国の黒人自治区を指す侮蔑語〕――いまも南アフリカ国内に存在している――へ追放されたのと、いくつか共通点があるものの、パレスチナ人の場合、どちらにおいても、すなわち占領地区においても、あるいは彼らが逃れた近隣アラブ諸国内においても追放状態を余儀なくされている。そのため、受け入れ国ではあっても、本来その余裕がない近隣諸国から、パレスチナ人に対してかなりの圧力が加えられてきた。これは、パレスチナ人がアラブ諸国とも両面価値的《アンビヴァレント》な関係にあることを意味している。アラブ諸国は、国際的にはパレスチナ人の主張を支持しているのだが、時としてその領土からパレスチナ人を追放しているのだ。サイードによれば、このように「パレスチナ人はパレスチナの外に生活を構築しないし、救いのない故国喪失状態《エグザイル》というスキャンダルから自由になれない。彼らの慣習制度はすべて、エグザイルという事実を反復するものでしかない」(1979: 154〔同二一〇〕)。まさにこのエグザイル状態こそ、パレスチナの民族詩人マハムード・ダルウィーシュが、その詩「身分証明書」のなかで捉えたものにほかならない。それは、パレスチナの外側で作られては作りなおされる、ディアスポラ的かつ競合的アイデンティティという、パレスチナ人特有の窮状を雄弁に歌い上げるものであった。

サイードはパレスチナ解放機構〔PLO〕とヤセル・アラファトの指導体制にかなりの希望と期待を寄せていた。サイードにとって、アラファト体制におけるPLOは、自由と解放を象徴するものだった。ちょうどネルソン・マンデラ指導によるアフリカ国民会議がそうであったように。PLOは、エグザイル状態下で機能し、あらゆるパレスチナ人を受け入れる場となった――これこそ、その指導層と政策の欠陥にもかかわらず、解放機構が達成した主要な成果である。それは「パレスチナ人の大義を活かし、暫定的な組織なり政策以上のものになったのである」(1979: 165〔同二二三〕)。PLOのこうした卓越した成果は、アラファトの指導体制に帰せられる。サイードの主張によれば、アラファトは、パレスチナ人にかかわる諸問題を、きわめて明晰な洞察力と細部への配慮をもって処理していたのである。

サイードが示す、パレスチナの政治的考古学は、同胞たちのために主張を立ち上げる試みだった。しかしパレスチナ人の未来は、イスラエル人とも密接にからまっていることも認識されている。かくして、ともにユニークな歴史的環境をもち係争状態にあるパレスチナ人とイスラエル人双方のコミュニティは、みずからの現実と折り合いをつけ、この地域で両者共存こそが永続的な和平に到達できる唯一の道であると認識しなければならないと、そう説いた最初のパレスチナ人のひとりが、サイードだったのである。

イスラム表象

イスラムが西洋ではどのように表象されてきたかが、サイードの仕事のなかで一貫して追求されるテーマだったけれども、それが明確なテーマとなったのは『イスラム報道』刊行後である（一九八一年出版、一九九七年に新しい序文をつけた増補版出版）。この本は、『オリエンタリズム』（一九七八）と『パレスチナ問題』（一九七九）とで三部作を形成する。『イスラム報道』は、今日の世界のおける西洋人による、とりわけアメリカ人によるイスラム表象の性格を暴くことを、その基本目的としている。最初に明らかにされるのは、イスラムが一枚岩的な構築物あるいは実体ではなく、複雑で多種多様であり、またイスラム教が、世界中で実質的に一億をこえる人間によって信奉されていることである。イスラムの、こうした複雑なありようを西洋は「報道《カヴァー》／隠蔽」しつづけていた。他のどのような機関にもまして、西洋のメディアは、イスラムを「描写」し、性格づけ、分析し、お手軽な講座をひらき、イスラムを「わからせてきた」のだ（1997: li〔『イスラム報道』二〕）。

一九七〇年代初頭のOPEC〔石油輸出国機構〕における石油危機以来、イスラムはなにかにつけて引きあいに出されるスケープゴート的存在となった。そのうえさらに、イスラム嫌悪は右翼左翼を問わず全政治勢力に及んだ――「右翼にとってイスラムは野蛮を、左翼にとっては中世的神聖政治を、中道にとっては、ある種の嫌悪すべきエキゾティシズムを、それぞれ表象することになる」（1997: lv〔同七〕）。サイードは、いわゆる「イスラム諸国」の血気盛んな擁護に乗り出そうというのではない。なぜならサイードは、イスラム諸国に、大きな抑圧体制や、人権侵害や、真正民主主義に対する拒絶反応が存在していること、それもすべてイスラムを典拠に正当化されていることを知りつくしている。むしろ彼が苦慮して指摘するのは、宗教原理としてのイスラムを、イスラムに関する言説から切り離す必要性である。両者は、東洋においても西洋においても、権力の問題と解きほぐしがたくからんでくる。

『オリエンタリズム』は、オリエントがオクシデントにむけて、どのようにテクスト上で構築されるかを記録したものだった。現在においてイスラム・オリエント圏は、その豊富な石油資源と戦略面からみた地政学的位置によって、ますます重要になってきた。このため、専門家たちが集団で呼び出され、このイスラム・オリエント圏を西洋人の目にもわかるように仕立て上げたのである。またさらに大衆メディアを通して、イスラムはメジャーなニュースに、また大衆が消費可能な商品に変わってしまった。

ムスリムとアラブ人は、本質的に、石油供給者か、潜在的テロリストとして報道され、論じられ、認知される。イスラム世界について報告するのを専門としている人間たちでさえ、その意識の中に、アラブ－ムスリムの生活の細部なり、その人間的深みなり、情念なりを取り込むことはほとんどない。

（1997: 28〔『イスラム報道』五三〕）

戦後期におけるこうした表象は、合衆国が強く掲げる近代化政策を背景として理解しなければならない。近代化政策は、過去も、また現在でさえも、アカデミーの多くの分野で、はずかしげもなく支持されているのだ。近代化理論の主要な帰結は、第三世界を十把一絡げにして、近代化の必要がある後進国群と分類したことだ。イスラム表象は一般化を受けやすかった。ただそれにしても、現代の世界が複雑化し、もはや、単純明快な原則なり普遍的に構築された見解なりでは把握できなくなっていることを考慮すると、イスラムに関する一般化は、それだけいっそう無気味なものにみえてくる。

こうした問題が、どこよりも明瞭に示されるのは、イランの場合である。ある頃まで、シャーは近代的支配者の権化的存在にみえ、イランは近代化理論の主張の正しさを確認するものにみえた。ところがシャー没落後のイランは、狂信的なイスラム原理主義の温床であり、その地域だけでなく、「文明」世界全体を脅かすものと悪魔化された。なんら驚くべきことではないのだが、「オリエンタリズムと近代化理論が、ぴったり寄り添っていた」（1997: 30〔同五五〕）。イランのシャーは、イランの国民を「解放する」――近代化し西洋化する――とみることができた。いっぽうイラン革命は、イスラム原理主義のけばけばしい証明ということになった。こうした報道において、アリ・シャリアティといったイランの批評家の著作について触れられることはほとんどない。シャリアティらの主張によれば「イスラムは人間に対する実存的かつ勇気づける挑戦として実践されねばならず、人間の権威であれ、宗教の権威であれ、権威と名のつくものに受身に屈服するものとして実践されてはならないのである」(1997: 68〔同九二〕)。サイードの指摘によれば、ほとんどの政治アナリストがコメントしそこねているのは、近隣のイスラエルにおけるベギン政権が「宗教的権威によって、またみるからに後ろ向きの神学原理によって、積極的にその行動を律しようとしていることである」(1997: 31〔同五六〕)。サイードによれば、西洋の報道には、明白に二重基準が存在する。イスラエルの宗教的に危険な傾向は触れられることがなく、イスラムは、中東に内在する問題と西洋におけるテロ、すべてにかかわる原因とされてしまう。

大衆メディアに見出されるイメージや表象は、テクストにおいて再生産される。サイードが驚くほど明確に跡付けたことからわかるように、多くの著述家、たとえばマイケル・ウォルツァー、ロバート・タッカー、ダニエル・パトリック・モイニハン、コナー・クルーズ・オブライエンらの仕事のなかで、イスラムは否定的に、またアメリカの外交政策の妨げとして形象化されている。著名な近代化理論派であるサミュエル・P・ハンチントンの、こうした問題に関する最近の言論による介入の書が、『文明の衝突』というタイトルであるのも驚くべきことではない。冷戦の余波のなかで、新たな敵なり新たな「他者」をつくることで、ハンチントンが立ち上げようとしている未来のヴィジョンでは、「文明の衝突」が世界政治を支配する。ハンチントンの議論によれば、冷戦終結まで抗争といえば、もっぱら西洋文明内における摩擦にもとづくものであった。しかしながらポスト冷戦時代ともなると抗争は西洋にはなくなり、西洋文明と非西洋文明とのあいだで生ずるようになる。とはいえハンチントンがもっとも憂慮するのはイスラムである。そのためこう論ずる――西洋とイスラムは長い抗争の歴史をもっていて、それは湾岸戦争で頂点に達した。湾岸戦争こそ、文明の抗争の明白な顕在化であった。そして西洋にとって次の対立は、もっぱらイスラムからもたらされる、と。ハンチントンの論文ならびにそれにつづく本のタイトルは、サイードも指摘しているように、バーナード・ルイスの論文「ムスリムの怒りの根源」から引かれたものだ。ルイスはその論文でイスラムが近代化そのものに腹を立てていると述べているが、同種の議論は、アーネスト・ゲルナーの著作にもみられる。

こうしたイスラム表象から、重要な帰結、それもオリエントにとっても重要な帰結が生ずる。「「現実の」イスラムがどこか外に存在しているのだが、それを、メディアは卑しい動機からゆがめている」(1997: 44〔同六八〕)とサイードは示唆しているのではなく、西洋のメディアがつくったイスラムが全世界的に普及していることを嘆いているのである。「メディアがつくるイスラム、西洋の学者がつくるイスラム、西洋の記者がつくるイスラム、そしてムスリムがつくるイスラム、すべてが歴史のなかで生じた意志と解釈の行為であり、どこまでも歴史のなかの意志と解釈の行為として扱うことができる」(1997: 45〔同六八〕)。そのため、わたしたちがここで扱おうとするのは、サイードの議論によれば、「きわめて広い意味での解釈共同体」(1997:45〔同六八〕)である。また重要なのは、コミュニケーション革命を考慮すれば、イスラム表象は、もはや西洋の受容者だけに限定されることなく、全世界の受容者にむけられている。アメリカ人は、イスラム世界を、外国的で異質で脅威とみることしかできない。こうした表象は、つぎにイスラム世界において、世界におけるイスラムの適正な位置を指摘する対抗反応《カウンター》を呼び起こす。ここから対抗・対抗反応《カウンター・カウンター》が創造され、反応と対抗反応の終わりなきサイクルが発生する。サイードはこう論ずる、「「イスラム」のこうした相対的で還元的な意味はすべて、たがいに支えあい、また二重拘束《ダブル・バインド》を永続化するものとしてすべて拒否しなければならない」（1979: 55-56〔同七九―八〇〕）。

西洋によるイスラム表象の輪郭を示しながら、サイードは知と権力の関係を解き明かそうとし、またイスラム「報道」に関しては関与する解釈の政治の存在を証明しようとする。その議論によれば、イスラム研究は、価値観自由の実践ではなく、現代におけるさまざまな圧力、たとえば地政学的関心なりアメリカの外交政策への考慮などによって、がんじがらめになっている。多くのオリエンタリストたちが、その仕事の中枢に位置すると主張する、いわゆる学問研究の客観性をサイードは認めない。イスラムの否定的肖像は、ある特定の社会の突出した部門によって決定されているのであり、そのような部門は「イスラムのその特別なイメージを宣伝する権力と意志をもっており、それゆえ、そうしたイメージが、他のどのようなイメージにもまして、普遍的で、現実的なものとなってしまうのである」（1997: 144〔同一七〇〕）。

けれどもサイードは、こうもいう。すべての知が汚染されなければならないわけではないし、実際、汚染されているわけではない、と。イスラムの場合、サイードが示唆するのは、別の選択肢としての知の存在である——普及している正統思想に対抗して書く人びとによって蒐集されたアンチテーゼ的な知。これは周辺から生み出され、精妙なニュアンスをつけられ、何事も当然視しない、そんな知である。サイードにとって、このような知が好ましいことは明らかだが、サイードは、あらためて確認する——すべての知が状況に左右され、その状況と連携関係《アフィリエーション》にある解釈に基づくことを。これはまさに、『世界・テキスト・批評家』(一九八三)のなかで、サイードのテクスト観の中心に位置するテーマであった。彼は論ずる。他者の文化に関して定説にさからうアンチテーゼ的な知は好ましい、と。なぜならそのような知の書き手は「研究対象とする文化と人びとを結んでいる非強制的な契約について責任をもつこと」になるからだ、と(1997: 163〔同一九一〕)。またさらに知が解釈であることを考慮すれば、「解釈に知としての地位を与えたり、その知にふさわしくないものとして捨てたりする」(1997: 164〔同一九二〕)社会活動そのものにも目がゆく。サイードにとって、なにがそのような知を構成し、誰がそれを決定するのかという明白な問いは、作者だけでなく、読者にも左右される。読者自身の連携関係《アフィリエーション》を考慮すれば、読者は、もう、受身の参加者としてではなく、解釈の積極的かつ内在的な一部としてみることができる。

イスラムの表象のされかたは、一九八一年における『イスラム報道』の出版以来、悪化の一途をたどっている。サイードが留意しているように、「原理主義」という用語は、イスラムの同義語と化す傾向にある。「平均的読者はイスラムと原理主義を、本質的に同じものとみるようになる」(1997: xvi〔同 xii〕)。サイードはいう、西洋のイスラム表象は、大学、政府、メディアをふくむ諸機関の網状組織によって構築される、と。しかし、それは、世界で何百万の人びとが認知している「イスラム」とは異なる。これは西洋によってつくられ、報道され、特定の解釈とむすびつく「イスラム」であり、征服と支配の歴史から生まれたものにすぎない。

イスラム表象は、パレスチナ問題の重要な一部である。なぜならそうした表象は、その大部分がイスラム系であるパレスチナ人を沈黙させるために使われるのだから。サイードにとって、パレスチナ人には語る権利があたえられねばならない。パレスチナ人は、「語る許可」(1984a)をとりつけねばならない。彼らの声が沈黙させられているからだ。この沈黙化は、彼らの資産喪失の産物だけではなく、また彼らの政治空間をイスラエルとアメリカが占拠したことの産物であるだけでなく、パレスチナ人を「問題」扱いしているアラブ諸国の産物でもある。パレスチナ人もイスラエル人も、それぞれ国民的アイデンティティを求める営みを放棄しそうにないことをサイードは認める。しかし、彼はこう指摘している――ふたつの民族にとってなすべきことは、両者の苦難の歴史、両者の起源、両者の生存欲求が、両者の共通の歴史にみられる、不可避の相互にからまりあった特徴でもあるという事実を認めることである、と。

『パレスチナとは何か』

その著『パレスチナとは何か』〔原題『最後の空も尽きた後に』〕において、サイードは、他者の排除がアイデンティティ形成には欠かせないことを認めている。「あらゆる文化が編み出す自己と他者の弁証法では、主体である「わたし」は土着の、真正の、身内の存在であるのに対し、客体である「それ」あるいは「あなた」は、外国出身で、おそらく脅威的で、異質で、べつの場所にいる」（1986: 40〔『パレスチナとは何か』六五〕）。アイデンティティは記号作用の問題である。つまりそれは他の記号《アザー・サイン》〔他者性の記号〕群との差異によって意味を獲得する記号なのだ。パレスチナ問題の根幹にあるのは、このような緊張と攪乱に満ちたアイデンティティ形成である。他者を犠牲にすることなく、みずからのアイデンティティのために境界を規定するには、どうしたらいいのか。

『パレスチナとは何か』は、サイードが、短い間ではあるが、三部作の完成とはべつに書いた本である。そもそも三部作は、知と権力との連携関係《アフィリエーション》がいかにして特異なオリエント表象を創造したかをもっぱら暴露するものであった。それに対し今回の本は、困難な状況にあるパレスチナ人の苦悩を記録し、パレスチナ人がその状況と折り合いをつけるなかで生ずるさまざまな疑念や論争を白日のもとにさらすものだ。サイードが焦点を絞るのは、彼自身のパレスチナ人性を構築することにもなった問題群である——立ち退き、土地の没収、追放、そしてアイデンティティ。そのなかで探求される鍵となるテーマが「インサイダー（パレスチナのアラブ人）を、アウトサイダーに換えたパレスチナの歴史」（Rushdie in Said 1994b: 109）であった。

　通常パレスチナ人のあいだでは、内部の私的圏域を創造する試みが、日常生活で何度もくり返される実践となっているか、そのいくつかの実例をサイードは提供する。こうした私的空間づくりは、間接的な仲間内しか理解できない言語を使用するとき、またボディ・ビルディングや空手といった肉体活動において、明確にみてとれる。その本は、基本的に写真付きエッセイではあっても、サイード自身のアイデンティティ構築を支配してきた諸問題を、他に類のないかたちで、垣間見せてくれる。「あなたが慣れようとしているのは、アウトサイダーと共存して暮らすこと、そして、内側にある、あなた自身のものといえるものとは何かを、たえず定義しつづけることである」(1986: 53〔同八九〕)。パレスチナにおけるパレスチナ人の状況は、ニューヨークにおけるサイードのそれはとは大きく異なるけれども、自己高揚の過程は、際立ってよく似ている。

> わたしたちは、伝言や信号の民族である。間接的言及と間接的表現の民族である。わたしたちは、たがいを見つけ出そうとするが、私たちの内部がつねに、ある程度まで他者――イスラエル人やアラブ人――によって占拠され妨害されているので、わたしたちは、所与のものを通して語り、物事を遠まわしに、またわたしの思うに、自分たちですら戸惑わせるほどの謎めいたやり方で表現するテクニックを発達させてきた。(1986: 53〔『パレスチナとは何か』八九〕)

サイードが指摘するのは、パレスチナ人は「内側」〔al-dakhil〕には到達できないことである。この内部は、歴史的パレスチナ、イスラエルによって管理されているパレスチナを指すだけでなく、私的空間、すなわち同一集団のメンバー間の連帯が生みだす独立空間のようなものも指している。いや、そもそも彼が説明しようとするのは、この内的状態を求めることがパレスチナ人の経験の一部になっていることだ。なぜなら、「最後の空も尽き後には、空はなく、最後の国境も消えた後には土地は存在しない」(Rushdie in Said 1994b: 108) のだから。

犠牲者を非難する

クリストファー・ヒッチンズと編集した『犠牲者を非難する』で、サイードは、パレスチナ問題を封じ込めようとする運動が存在しつづけることをつまびらかにしている。彼のねらいは、その書の副題にみごとに要約されている、いわく「似非《えせ》学問とパレスチナ問題」。パレスチナ問題の封じ込めが可能になるのは、合衆国が国際的言論の場だけでなく、物質面においても、イスラエルを強力に支援しているからである(イスラエルは最大の被援助国である)。こうした事実からサイードは、つぎのように宣告する。「イスラエルに対する合衆国の支援は、ユダヤ人国家の活動に不可欠であり、その活動はほぼ全面的に合衆国に依存するようになった」(Said and Hitchens 1988: 2) と。

サイードが示唆するように、合衆国による支援が正当なものかどうかを見極めなければならないのは、合衆国においてイスラエルの政策や現実の状況に対して批判的考察がなされていないからである。批判的な考察どころか、イスラエルは、民主主義の理念が根付いた成功国としてみなされ、他方、近隣アラブ諸国はテロリストと共産主義者の国々とみなされている。それゆえアラブ人が「頭のおかしいイスラム狂信者で、無意味な暴力に走り無辜の民を殺害する者、救いがたく非合理で野蛮な原始人」(1988: 3)と表象されても驚くべきことではないとサイードは書く。イスラエルの暴虐という事実は、一九八二年のレバノン侵略の頃までは生々しく報じられていたのに、いつのまにか話題にのぼらなくなったのに対し、パレスチナ人の闘争や抵抗の物語は、語る「許可」がおりない。合衆国では、そのような物語のために設けられた場では、物語が無批判に受け入れられることはない。パレスチナ人が語ることはすべて「証拠の信憑性が問われ、反駁や反論が沸き起こり、騒然たる論争なくして済まないからである」(1988: 11)。

こうした背景に対し、サイードがつきつけるのは、オリエンタリズムの伝統のなかでお墨つきをもらい、アメリカの卑しからぬ知識人たちによって強いられている似非学問の存在である。たとえば一九八四年にジョーン・ピーターズの本『ユダヤ人は有史以来』〔日本語訳もある〕が、いかにして、次のような印象をつくりあげたのか、つまり一九四八年以前に現実にパレスチナ人といえる者は存在せず、パレスチナ人なる者は、イスラエルという正当な場に言いがかりをつけるべく捏造された存在にすぎないということ、これをサイードは明らかにする。その本の信憑性についてはイスラエルとヨーロッパでは疑問視されたが、合衆国においては(批判的な書評二件を除けば)賞賛の嵐を引き起こした。ピーターズの本は例外的な事件ではない。サイードが示すのは、尊敬されている知識人たちが、たとえば『エクソダスと革命』という本を書いたマイケル・ウォルツァーが典型なのだが、他の分野における不正に対しては断固として立ち上がるくせに、ことパレスチナ人の件になると、その物語を一方的に拒否するような疑わしい主張を、受け入れてしまうことである。

サイードの議論によれば、そのような疑わしい学術研究の最悪の例は、ベニヤミン・ナタニエフ編の『テロリズム——西洋はいかに勝利するか』のなかに見出せる。ナタニエフは、当時、イスラエルの大使であり、ワシントンのジョナサン研究所によって開催された研究集会の内容をみずからまとめて本を出版したのである。研究所そのものは、一九七六年のエンテベ急襲の際に唯一の死亡者となったナタニエフの兄の遺志を継ぐものとなっている。サイードはここにアイロニーを見る。ナタニエフのようなテロの犠牲者たちが、「報道機関によって大きく取り上げられることはいうまでもなく、彼らのために研究所がつくられ基金が立ち上げられるのに対し、「巻き添えで」死んだアラブ人やムスリムたちや非白人たちは、「わたしたち」によって死亡者数を確認されることもなく、喪に服されることもなく、認知されることもなく、ただ死ぬだけ」というアイロニー（Said and Hitchens 1988: 151）。ナタニエフの本は、現代のテロリズムの記録である。それは共産主義社会の全体主義とイスラムの過激派とをテロと結び付けようとしている。まさにこうした表象ゆえに、サイードはこう論ずるしかなくなる。パレスチナ人にとって、それは「犠牲者を非難する」実例なのだ、と。

剥奪の政治

パレスチナをめぐるサイードのプロジェクトは、パレスチナ人への立ち退き政策について書き始めて以来、故国喪失し流亡状態にあるパレスチナ人ならびに西洋の読者にむけて語りかけ、問いかけるものであった。彼はパレスチナ人の存在を記録する責務を全うしようとするのだが、それは「パレスチナ人の存在を無視している一般人の意識を変革する努力であった」(1994b: xvi)。けれども、サイードがパレスチナのナショナリズムの擁護者でないことは、初期の頃から明らかだった——彼は自爆攻撃を、テロではなく、パレスチナ解放の大義をひどく傷つけるものとしてつねに批判している。彼が求めるのは、普遍的諸原則に訴え、そのなかでパレスチナ人を苦しめる不正について指摘することである。このような関与姿勢ゆえに、サイードは、世界各地において周辺化された民族にとって、重要な人物となったのである。

そのような立場をとることは、ときには、これまで彼が熱心に支援してきた解放運動の指導層に対して、アラファトに対して、PLOに対して、いくつかのアラブ諸国に対して、反旗をひるがえすことにもなった。一九八九年、PLOに対してきわめて批判的になったサイードは、その代表者たちが腐敗し無気力で、アメリカ社会の共感を勝ち取ることに失敗したと主張する。この批判をサイードは以後もくりかえし、PLOはアメリカの市民社会に関心の的を絞ることよりも、仲介者たちとの交渉を重視する戦略において、まちがっていたと主張する(1995)。実は、かなり早い段階からPLOの指導層には幻滅を感ずるようになったとサイードはあきらかにし、また、湾岸戦争時に指導層が、サダム・フセイン支持を打ち出すような決定を下したことを目の当たりにしたときの絶望感を語り、また「わたしたちがすでに解放にむけて邁進する民であることをやめたこと、小規模の独立という小さな目標を受け入れてしまった」（1994b: xxiii）ことを主張する。サイードの本『剥奪の政治――パレスチナ人の民族自決闘争　一九六九―九四』に関する書評のなかで、トム・ネアンは、その本が、サイードの政治参加の回想録のようにも読めることを指摘したあと、こう述べる――「それは彼を引き裂いた――とりわけ「彼自身の側」の人間によって、しばしばもたらされた――苦難や屈辱を経てつづけられた旅路である」（Nairn 1994: 7）と。

パレスチナ人の状況は、かなり悪化している。メナヘム・ベギン率いる〈リクード〉〔「統一」を意味するイスラエルの連合政党名。右翼ヘルート党を中心に結成され一九七七年総選挙で第一党になり、対アラブ強硬路線をとる〕によるキャンペーンで、あらゆる抵抗運動がテロ行為扱いされ、イスラエル軍がテロの「病い」を撲滅するという口実のもとに、パレスチナ人地区や難民キャンプを襲撃することが正当化されたのである。サイードによれば「現代における大きな反植民地反乱のひとつ」（1994b: xxvii）である〈インティファーダ〉〔イスラエル占領のガザ地区、ヨルダン川西岸地区ではじまったパレスチナ人の民衆闘争。「蜂起」を意味し、三年間つづく〕が一九八七年十二月にはじまる。そしてイスラエルの兵士が、パレスチナ人を殺害する映像が西洋のテレビで放映された結果、世論もかわりはじめる。しかしながら〈インティファーダ〉によってもたらされた主導権は失われ、湾岸戦争の余波のなかで、中東和平交渉がすすむなか、ＰＬＯは、実際の交渉において以前とは比べものにならないほど小さな役割しかはたせなくなったのである。

この段階においてサイードは、パレスチナ解放運動の指導層に幻滅し、パレスチナ国民評議会から退いた。留意すべきは、彼はPLOのメンバーではなく、エグザイル状態にあったパレスチナ議会のメンバーであったことだ。彼は、より強力な保証を求めて粘り強く抵抗することを主張したのだが、気がつくと、PLOは「これまでの諸原則も戦略的諸目標も、ともに能天気にすすんで捨て去っていた」(1994b: xxxii)。それ以来、サイードは、一九九三年八月三十日の歴史的〈諸原則宣言〉に対するもっとも熾烈な批判者のひとりとなった。その宣言は、パレスチナ人とイスラエル人による相互承認を合意し、和平協定を締結し、西岸地区とガザ地区にパレスチナ人の暫定自治を認めるものであった。

なぜこのプロセスにサイードが批判的になったのかは、問うべきである。なにしろ彼は、相互承認の最初の提唱者のひとりであったのだから。ただサイードにとって、基本的に、和平合意は、PLOやアラファトの側にとって降伏にほかならず、彼らは、いまやイスラエル国家の警察機構に組み込まれただけであり、いっぽうパレスチナ人の状況と立場は変わらぬままである。その結果、イスラエルは、西岸地区とガザ地区に対する支配を強化し、パレスチナ人地区間の移動を管理し、幻の和平協定の名目のもとに、抑圧的占領政策を合法化したのである。

それゆえPLOは〈インティファーダ〉を終わらせたようにみえるだろう。〈インティファーダ〉が体現したのは、テロでもなければ暴力でもなく、パレスチナ人の抵抗権そのものであった。たとえイスラエルが西岸地区とガザ地区を占領しつづけても、またイスラエルが実際のところ占領勢力であることを認めるのはまだ先のことだとしても。この文書において最初に考慮されているのは、イスラエルの安全であり、イスラエル軍による急襲に対するパレスチナ人の安全はどこにも明記されていない。

（Said 1994b: xxxv）

サイードにとって、ここには過去の不正に対するいかなる補償もないし、パレスチナ人の喪失なり収奪に対していかなる謝罪もない。あるのはパレスチナ人を占領地区に無期限に閉じ込めておける権利だけである。また占領地区以外に世界中に散らばり故国喪失《エグザイル》状態を余儀なくされている何百万というパレスチナ人に対する認知もない。サイードの怒りと不満は、その時点以降の書き物に反映している。それは、パレスチナ人の窮状に光をあて、あらゆる政党や党派に対し疑問を投げかけるだけでなく、あくまでも、彼をつき動かしてきた原則や価値観に、忠実たらんとしている。ＰＬＯならびに、エジプトのようなＰＬＯ支援国に批判的なサイードは、パレスチナ国民評議会から退いて以来、微妙な両面価値的な立場にある。「権力に対して真実を語る」、たとえその権力を誰が保持していようとも、という固い決意のもと、この論争において彼の立場は逆説的である。

和平とその不満

『和平とその不満』（一九九五）においてサイードは、それまでの読者層ではなく、パレスチナ人やアラブ人に、いわば直接語りかけている。この本の別ヴァージョンは、最初、エジプトで刊行され、タイトルは『ガザ-ジェリコ——アメリカの和平』であった。サイードにとって、西洋でパレスチナ人解放の大義を力説すればそれでよいということではなくなったのだ。むしろ重要なのは、パレスチナの人びとと交流することである。これは「わたしの本のなかで、最初から最後まで、アラブの読者を念頭において書かれた最初の本である」とサイードは注記している（1995a: xix）。ほとんどがアラブの新聞に発表された論説を集めたこの本は、和平協定調印時における憤りと、裏切られたことへの失望を記録している。和平プロセスには反対すべきであるという考え方は、サイードについて以前なされた発言つまり「テロ教授」が、あながち的外れではなかったかもと思われるかもしれない——なにしろ、誰ひとりとして和平に反対しないのだから。しかしクリストファー・ヒッチンズは、その序文のなかでこう指摘している。サイードは、

一匹狼的個人であって、なにも発言せずに沈黙をまもっているか、ひとりで楽しく遊んでいるほうが、彼自身にとっても健康によかったかもしれない個人であり、またさらに最近、重篤な病であると診断されたばかりなのだが、にもかかわらず歓迎されざる真実を、つまり誰も聞きたくないことを力説することを選んだのだ。（1995a: xii）

サイードが和平に反対しているということではない——とにかく和平は、彼が三十年間にわたって執拗に追求してきた大義なのだから。むしろ彼の危惧は、パレスチナ人の権利がたえず侵害されても、

この和平プロセスによって侵害が正当化されてしまうことにある。真の和解は強制されるものではない。和解は真の交渉を通して達成されねばならないのだが、あいにく交渉こそ、今回の過程で生じなかったことなのだ。サイードにとってアラブ側の降伏は、イスラエルが承認と合法化を獲得したことを意味している、それもいかなる譲歩をすることもなく、「イスラエルが戦争によって非合法的に獲得した、東イェルサレムをふくむアラブ人の土地に対する支配権について、いかなる譲歩をすることもなく」(1995a: xxi)。

多くのアラブ知識人にとって、和平プロセスは、パレスチナを苦しめてきた根深い問題をみなくてすむということを意味していた。にもかかわらず、サイードは、公的知識人という彼の責務に忠実で、論争を仕掛け、公開討論をもちかけ、やっかいな質問を発しつづけている。こうした献身的活動をとおして、彼は、相互承認が今回の和平とは異なる未来を、彼の民族が従属させられることのない未来を見ざるを得ないし、また見ることができるのである。これはサイードが熱烈なナショナリストだということではない。それどころか、彼はアラブ世界に浸透しているかにみえるナショナリズムに対する、とりわけ強力な批判者でありつづけている。彼のイスラム観は、また、こうしたコンテクストにおいて理解されねばならない。サルマン・ラシュディに対する彼の揺るがぬ支持は、彼の反ナショナリズム的姿勢の証左である。サイードが、その著作のなかで表象するイスラムの基盤にある理念とは、「解釈共同体が、イスラム世界の内外に存在し、同等者による対話を通して相互にコミュニケーションする」というものだ。彼のパレスチナ観は、驚くほど一貫性を保ちつづけている。彼は、最近アラファトが制度化したような支配体制については、つねに警戒を怠っていない。

要約

エドワード・サイードは、パレスチナ人の物語を語る許可を要求しつづけている。パレスチナ人の物語は、これまでイスラエルと合衆国が習慣的に肩代わりしてきた。彼は西洋ならびにアラブ世界で、なにかと話題の多い人物でありつづけ、いかなる党派路線に追随するのも拒んでいる。サイードの介入は、エラ・ショハトが指摘していたように、「特定の知的・政治的な複合状況のなかで、抑圧されていた民族の物語を語れる、言説空間を交渉によって獲得してきた」(1992: 121) 人間の介入としてみる必要がある。「遡航」は、熱烈な歓迎と反発を引き起こしつづけている。西洋において、そうした反応は、彼が存在を印象付けていることの証左であるが、同時に、彼が、ユダヤ人の経験の諸カテゴリー――すなわち流亡、故国喪失、収奪、強制退去――を、パレスチナ人の事例に応用していることに対する怒りとなってあらわれる。しかしながら、こうしたパレスチナ人の状況にともなう喪失は、切実な緊迫感と力となって、いまやサイードを、もっとも著名な故国喪失者の一人に押しあげたし、いかなる抵抗にもかかわらず、彼の民族とその窮状に、声をもたらすことになった。パレスチナに関するサイードの著作は、個人的な面と政治的な面の両方を体現し、彼の理論的立場も体現している。その理論的立場とは、世俗的知識人たる者、世俗世界性のなかにしっかり根を降ろしておかねばならないというものだ――ただし、その世界は、たえず変化する世界であり、また故国喪失者でありつづける者にとって、堅固な国境など意味をもたない、そんな世界であるのだが。

AFTER SAID

サイード以後

一九九九年『ニューヨーク・タイムズ』紙は、二十世紀の業績を要約するなかで、エドワード・サイードを「もっとも重要な、存命中の文学批評家のひとり」と宣言していた。サイードが、アカデミックな学術研究の世界における知名度と一般的認知度とのあいだの越えがたくみえる溝を、越えてしまったのは明らかである。この逸話は現在の文化領域に彼が衝撃をあたえたことを物語っているが、それだけではなく、わたしたちが創造的かつ知的作品を考察する際に、世俗世界性の概念がいかに不可欠なものになったかも証明している。彼の影響は、実質的に、人文科学や社会科学系のあらゆる学問に見出すことができる。とりわけ「オリエンタリズム」なる用語は、いまやエドワード・サイードの仕事と分かちがたく結びついている。『オリエンタリズム』は、一九七八年の刊行以後、四分の一世紀を経ようとする今も、重要で、なおかつ論争を呼ぶ本でありつづけている。またそれにあわせてサイード自身も、敬意を表されつつ、また一方で嫌われつつ、決して無視できない、なにかと話題の多い人物でありつづけている。

「オリエンタリズム」の進化

世俗世界性の問題がサイードの批評をどの程度支えているか、いま示したばかりだが、忘れてはならない議論の余地なき事実、それは、『オリエンタリズム』が、過去三十年間に出版された他のほとんどどんな本にもまして、大きな衝撃を現在の思考にあたえたことである。その書物は文化的諸関係や政治的諸関係についてのわたしたちの考え方をがらりと変えた。「オリエンタリズム」という用語は、もはやオリエント研究だけに結びつけられるのではなく、「他者」の文化の扱われ方や表象のされ方を意味する一般的用語とみられるようになった。サイードの考え方がどれほど影響力をもつようになったのかについての実例は、一九九五／九六年の冬季（北半球）にインターネット上を広範囲に流通した、半ば真剣で、半ば冗談の記事に関するアト・クアイソンのコメントに見出せる。その記事は、アメリカのボスニア干渉を揶揄すべく、パロディを展開する。すなわちクリントン大統領は母音を招集して、戦禍を被った地域に投入し、たとえばグルグ・フムフルズ〔Grg Hmphrs〕といったボスニアの野蛮人に、ジョージ・ハンフリー〔George Humphries〕になるチャンスをめぐんでやってアメリカン・ドリームを実現させるわけである。クアイソンは、支援物資として母音を投入することにおける知と権力との結び付きが、サイードに結び付くと説明してみせる。そしてこう結論づける。この記事で格別興味深いのは「サイード流の言説分析と、「真摯な」メディアならびに外交言説のパロディと受け取れるものとが、ごく自然に結びついていることである」(2000: 6) と。[訳注6] オリエンタリズムは、アカデミックな研究領域を超えたなにかを意味するようになった——それは、被支配民族を周辺化しようとする疑わしい思想の特定のスタイルと結びつけて考えられるようになったのだ。

『オリエンタリズム』以後、豊富に出版されたアカデミックな論文や書籍において、『オリエンタリズム』の方法は、広範囲にわたる著者たちにさまざまな地理的場所において横領=流用され、文化的関係が異なるコンテクストや異なる種類の権力闘争のなかに導入された。サイードの影響下で、表象に関する西洋の記述に、疑問がつきつけられるようになった。めぼしいところを上げれば、V・Y・ムディムベの『アフリカの発明』(Mudimbe 1988) や『アフリカの理念』(Mudimbe 1994)、ラナ・カバニの『ヨーロッパの帝国神話』(Kabbani 1986)、ジェイムズ・キャリア編の『オクシデンタリズム——西洋のイメージ』(Carrier 1995)、ロナルド・インデンの『インドを想像して』(Inden 2000)、ジェイヴド・マジードの『統制なきイメージ化——ジェイムズ・ミルのインド史とオリエンタリズム』(Majeed 1992)、ケイト・テルチャーの『インド記述——インドに関するヨーロッパと英国のエクリチュール』(Teltscher 1995) など。しかし、かつての植民地に宗主国文化があたえた影響を理解するのに、サイードの仕事がとりわけ有益であると判断した人々にだけ、サイードはインパクトをあたえたのではない。たとえば『クアドラント』といった右翼雑誌が、『オリエンタリズム』刊行後二十年を経てもなお、『オリエンタリズム』を批判する論文を掲載せねばならなかった理由について考えてみてもいい（Windschuttle 2000）。その論文の作者が危惧したのは、あきらかに、サイードが、文学批評家でありながら、一九九八年ニュー・サウス・ウェールズ〔オーストラリア〕のアート・ギャラリーでの展覧会「オリエンタリズム——ドラクロワからクレーまで」を企画した学芸員たちや後援者たちにも、インパクトをあたえていたことである。展覧会の図録における解説には、サイードから得た洞察が散りばめられていたし、影響力の大きさは「アート・ギャラリー内の書店にこれ見よがしに展示してあった最近出版されたサイードの名高い著作『オリエンタリズム』の改訂版（ペンギン版）を購入するために、長蛇の列ができたことからも歴然としていた」（2000: 21）。サイードの著作が西洋の文化機関の奥の院にまで浸透していたことは、この論文の著者ウィンドシャトルにとっては、「受け入れがたい」ことであった。

植民地言説分析とポストコロニアル理論

世俗世界性の考え方は、オリエンタリストによる分析ほどには、これまで採用されていない。けれどもテクストの世俗世界性をサイードが力説するいっぽうで、テクストの抽象的でない政治学を求める現代の批評家たちはポスト構造主義に対して不満をつのらせていたため、両者の動きは連動していたのである。テクストの政治学への欲望をサイードはあおったわけではないが、テクストを物質的な政治的・文化的コンテクストのなかに位置づけるとき、容易に特定可能な先例となるものを、サイードは提供してくれていた。

サイードの主たる影響が認められるのは、サイード自身が始動させたとみなされている植民地言説分析の領域、ならびにサイードが深甚なる影響をあたえたポストコロニアル理論の領域であるのはまちがいない。指導的な植民地言説理論家であるガヤトリ・スピヴァクは、こう述べている——「植民地言説分析は、サイードの仕事から直接生まれてきたものだが……周辺的な存在である者たちが語ることができ、また語りかけられ、代弁すらされうる庭で、花を咲かせることになった。いまそれは学問の重要な一部となっている」(Spivak 1993: 56)。ポストコロニアル歴史家のパルタ・チャタルジーは彼の読者に、彼が『オリエンタリズム』を読んだときの感動を分け与えようとしている。彼は『オリエンタリズム』と深いところで波長が合ったのである——

わたしにとって、つまり成功裡に終わった反植民地闘争の申し子であるわたしにとって『オリエンタリズム』は、わたしが常々熟知していても明確に公式化する言語を見出せないでいた事象について語ってくれた本である。多くの偉大な本と同様に、それは、常々言わんとしたかったことをはじめて、わたしに語りかけてくれたように思えたのだ。(Chatterjee 1992: 194)

皮肉なことに、サイードを読んだときのチャタルジーの感動は、はじめて西洋の正典たる文学テクスト群に遭遇したときのサイードの思い出を髣髴とさせる。サイードはその後、西洋の正典とは、両面価値的な微妙な関係をもつにいたるのだが。

植民地言説分析とフランスの知識人たち、たとえばジャック・デリダやジャック・ラカンやミシェル・フーコーの理論との間には方法的にみて連携関係《アフィリエーション》があるため、ロバート・ヤング（Young 1995）は植民地言説理論家たちの「三位一体」宣言をおこなうことになる。すなわちエドワード・サイード、ホミ・バーバ、ガヤトリ・スピヴァクの三人を指して。けれどもサイードが、フーコーならびにポスト構造主義における「世俗世界性」の欠如に幻滅するようになると、植民地言説理論家としての彼の役割、あるいはすくなくとも「聖三位一体」の一角としての存在は、どうみても不確かなものとなった。『オリエンタリズム』出版以後の年月、とりわけ一九九〇年代において、サイードは、ポストコロニアル理論のいくつかのヴァージョンと連携をふかめてゆく。「ポストコロニアル」という用語には、長い歴史があるが、それが突出して頻繁に使われる語となるのは一九八〇年代になってからである（Ashcroft *et al.* 1998: 186-192）。比較的短期間のうちに、また英語圏のコモンウェルス作家〔旧イギリス領（イギリス連邦を形成）の国々出身の英語作家のこと〕の作品を研究した多くの批評家たちの歴史的な影響もあって、ポストコロニアル理論が、帝国と植民地をめぐる諸問題に焦点をしぼるかたちで台頭する。このため、ポストコロニアル理論の関心事は、アイデンティティ・ポリティクスの諸問題のみに限定されると思われがちだが、そのような前提はまちがっている。ポストコロニアル理論家たちは、サイードのつぎのような批評を肝に銘じてきた。すなわち「ポストコロニアル政治の研究者たちは、思うに、正統思想や権威主義的・父権的思想を最小限に押さえ込むような理念、またアイデンティティ・ポリティクスの強制的性格を厳しく批判するような理念、そうした理念をしっかり見きわめてはいない」(1993: 264〔『文化と帝国主義』2・五〇〕)。もしサイードが植民地言説分析を却下したかにみえるなら、また彼の著作が、最近のポストコロニアル理論と共鳴しているようなら、それはポストコロニアル理論が、まさに、彼の世俗世界性概念とますます波長が合うようになってきたからである。

サイードが嫌うのは、彼の活動を二分して捉えるやりかたである。彼は、『オリエンタリズム』、『世界・テキスト・批評家』、『文化と帝国主義』といった本を書く、文学批評家であり文学理論家とみなされる一方で、パレスチナ問題について書く政治活動家であるともみなされる。この本で終始一貫して議論してきたように、そのような捉え方は、サイードにはご法度である。サイードにとって、理論は現実世界に根ざしていなければならなかった。彼自身の世俗世界性ゆえに、わたしたちは文学批評家としてのサイードと、文化理論家あるいは政治評論家としてのサイードを分けて考えることはできない。彼が、みずから霊感の源となって生まれた多くの著作を肯定的に眺めていることは明らかだが、その一方で彼は自分の仕事が、彼のいう「ネイティヴィスト」の目的のために、ねじまげられて誤読されることを危惧している。ただ、にもかかわらず、サイードは、そのアプローチにおいて驚くほどゆるぎなく一貫しており、また彼に対する批判者たちには、ことあるごとに対処してきた。『オリエンタリズム』を批判する者たちに対し、サイードがおこなった反論のうち、主要なものは、『オリエンタリズム』出版後七年めに、最初口頭発表された論文「オリエンタリズム再考」(一九八五)

である。ここでサイードは想像的地理について、以前の議論をくり返している――「オリエンタリズムとは、オクシデントとオリエントを分かつ境界線である。そしてこれは……自然の事実というよりも人為的産物の事実なのだ」と。しかしながら、これは「いっぽうにオリエンタリズムもなく、もういっぽうにオリエント人もいなければ、オリエンタリズムも存在しない」ということを意味してはいない（1985: 2〔「オリエンタリズム再考」、『オリエンタリズム』下・二九六―二九七〕）。オリエント表象についてサイードが展開した議論をアイロニックに例証するもののひとつは、オリエンタリズムを、アラブやイスラムを守るためのものとするオリエンタリストさながらの現代における主張である。サイードにとって、「解釈の共同体」というカテゴリーは存在し、オリエントというカテゴリーと同様に、ある種の表象なり、利害なり、主張なりをともなうものである。「オリエントをヨーロッパに代理＝表象《レプリゼント》した科学のもつ、権威や起源や制度」（1985: 4〔同三〇三〕）についてサイード以前に異議を申し立て挑戦した著者たちの遺産に依拠しつつ、サイードは「権力に対して真実を語る」という公的知識人の責務を力説することをやめることはない。それから十年後、一九九五年版の『オリエンタリズム』の「後書」において、サイードはふたたび批判者たちに反論する。今回はもっと辛辣に、もっと精緻に詳細をきわめて。そして自身の読者たちに、オクシデントもオリエントも構築物、それも他者の立ち上げをともなうものであると念をおす。他者の「現実的なありようは、つねに、彼らが「わたしたち」とは異なることを主張しつづける解釈や再解釈に左右されている」（1995: 332）と。

作者サイードをイスラムのたんなる擁護者と規定するような、その著作の還元的読解に対しサイードが反論しつづける目的は、そのような主張はそもそも認められるものではないことを明確にし、そのような戯画化は、彼の議論の重要な部分を抑圧することを示すためである。彼がわたしたちに喚起する事実は、イスラムそのものが、競合的実体であり、異種混淆的で、イスラム社会内部において進行中の論争の対象となっているということだ。エドワード・サイードが西洋の知識人に、イスラムやアラブ人が現在悪魔化されていることを理解するための枠組みを提供することにおいて、重要な役割をはたしたと主張しても、それは過大評価にはならないだろう。一九六七年の六日間戦争〔第三次中東戦争〕から、一九九一年の湾岸戦争にいたるまで、報道や、「専門家」の公式声明においてみられたオリエンタリスト的表象は、圧倒的な重みをもち、そのため、これこそが真実だと想定するほかなかった。無気味で、予測不可能で、外国人嫌いのアラブ人が、西洋に対して、倦むことなく、憎悪キャンペーンを展開中だ、と。サイード以後、このようなステレオタイプが、たとえいまもなお根強くあらわれているとはいえ、疑問を呈されずにまかりとおることはなくなった。現在のイスラム表象やアラブ人表象にオリエンタリズム的性格がみられると評定したことは、現代の文化分析に彼があたえたもっとも重要な洞察のひとつである。

エドワード・サイードは、現代の他の批評家たちとは異なり、公的知識人である。知識人とは何かをしっかりふまえた彼の対抗的スタンスは、彼が境界線や領域をつねに横断していることを意味している。『オリエンタリズム』は、サイードの到着を告げ、彼を公的知識人の立場に押し上げた記念すべき「遡航」であった。サイードの知識人としてのプロジェクトは、彼自身の逆説的なアイデンティティを、また「オリエント人」という主体としての発言に耳を傾けてもらいたいという欲求を語るものとなる。そのプロジェクトは、抵抗文化を祝福する一方で教条的なレトリックを却下し、また人間解放の諸原則を再確認する一方で「非難の政治」を批判している。サイードの営為を端的に要約するのは、エメ・セゼールの言葉が妥当だろう。「いかなる人種も、美と知性と力を独占することはない。そして勝利の暁の集会には、すべての者に、その場が用意されているだろう」（Césaire 1983: 76, 77）。

訳注6　これは「クリントン大統領、母音を動員してボスニアに投入」というパロディ記事のことで、ネット上で引用をくり返されたため情報源は不明。戦争の火薬庫と呼ばれたバルカン半島の旧ユーゴで使われていたセルビア語やクロアチア語の固有名詞にみられる、子音の多さ（Grzny, Sjlbvdnzv などの例がパロディとしてあがっている）に辟易したアメリカ人ならびに当時のクリントン大統領が、発音しやすいように（ただし名目上は野蛮状態に苦しんでいる現地人を救済するため）、七万五千の母音を投入することにしたという内容。これがサイード的知と権力の結びつき、あるいはそのパロディかどうかは疑わしいが、支援を隠れ蓑にしたアメリカの帝国主義的姿勢のパロディであることはまちがいない。なおこの記事の最後のおちは、次にアメリカは、母音だらけで発音しにくいアフリカの地名（Ouaouoaua, Eaoiiuae などの例がパロディに）を是正するために子音をエチオピアに投入することに決めたというもの。

FURTHER READING

読書案内

サイードの著作

単行本

・*Joseph Conrad and the Fiction of Autobiography*, Cambridge, MA: Harvard University Press, 1966. サイードの博士論文をもとにして書かれた著作。明白に反植民地主義を標榜している小説家のなかにみられる帝国主義の影響を検証する。

・*The Arabs Today: Alternatives for Tomorrow*, ed. (with Faud Suleiman), Columbus, OH: Forum Associates, 1973. これらの著作は、アラブ人のパースペクティヴからアラブ人を代弁＝表象するというサイードの生涯にわたる課題のはじまりとなるもの。

・*Beginnings: Intention and Method*, New York: Basic Books, 1975.〔『**始まりの現象——意図と方法**』山形和美・小林昌夫訳、法政大学出版局、一九九二〕難解な理論書。サイードのその後の批評的関心事——たとえばオリエンタリズムや、知識人、世俗世界性、そして分析的カテゴリーとしての「地理」など——と関連する諸問題のすべてが出揃っている。

• *Orientalism*, New York: Vintage, 1978.〔**『オリエンタリズム』**（上・下）板垣雄三・杉田英明監修、今沢紀子訳、平凡社ライブラリー、平凡社、一九九三〕サイードの著作のなかで、もっともよく知られ、幅広く読まれている本。過去数世紀においてヨーロッパ人がオリエントの「知」を獲得するときに用いたさまざまな制度、学問、研究方法、思考様式について記述している。

• *The Question of Palestine*, New York: Viking, 1979.〔**『パレスチナ問題』**杉田英明訳、みすず書房、二〇〇四〕パレスチナを真正面からとりあげたサイードの最初の本格的な著作。西洋の読者、とりわけアメリカ人の読者に対してパレスチナ人の立場を明確にする意図をもって書かれている。

• *The Palestine Question and the American Context*, Beirut, Lebanon: Institute for Palestine Studies, 1979.『パレスチナ問題』を、パレスチナ人の読者のために書き換えたもの。

• *Literature and Society*, ed., Baltimore, MD: The Johns Hopkins University Press, 1980. サイード編集による論文集。その序論において、サイードは、文学が、社会において批評的機能を帯びると主張する。

• *Covering Islam: How the Media and the Experts Determine How We See the Rest of the World*, New York: Vintage, 1981. 増補版（1997）には新しい序文を付す。〔**『イスラム報道　増補版』**浅井信雄・佐藤成文・岡真理訳、みすず書房、二〇〇三〕『オリエンタリズム』と『パレスチナ問題』の後に出版された本書によって、サイードによれば、中東の表象をめぐる三部作が完成する。本書は、イスラムが西洋のメディアでどのように表象されているかを白日のもとにさらそうとしている。執拗な悪魔化操作は、オリエンタリズムによるステレオタイプが西洋の思考に及ぼした根深い影響を物語る。

• *The World, the Text, and the Critic*, Cambridge, MA: Harvard University Press, 1983.〔**『世界・テキスト・批評家』**山形和美訳、法政大学出版局、一九九五〕テクストと批評家と世界とのきわめて重要な、とサイードが考える、関係を整理して論ずるもので、必読書。本書ならびにサイードの全著作において統合原理として存在するのは、世俗世界性の考え方である。

・*After the Last Sky: Palestinian Lives*, with photographs by Jean Mohr, New York: Pantheon, 1986.〔**『パレスチナとは何か』**島弘之訳、岩波現代文庫、岩波書店、二〇〇五〕パレスチナ人の苦悩にみちた窮状を記録し、パレスチナ人の状況にどう対処するのかをめぐりパレスチナ人自身のなかにわだかまる疑惑や論争をあぶりだしている。

・*Blaming the Victims: Spurious Scholarship and the Palestine Question*, ed. (with Christopher Hitchens), London: Verso, 1988. パレスチナ問題を抑圧するキャンペーンにイスラエルが関与することを暴露。

・*Yeats and Decolonization*, Field Day Pamphlet, Dublin, 1988. イェイツとアイルランドをイギリスの帝国主義のコンテクストから論じた重要な論考。〔なお、この小冊子は、現在以下の文献に収録されて読まれている。Terry Eagleton, Fredric Jameson and Edward Said (eds) *Nationalism, Colonialism and Literature*, Minneapolis: University of Minnesota Press, 1990.「イェイツと脱植民地化」大友義勝訳、イーグルトン／ジェイムソン／サイード**『民族主義・植民地主義と文学』**増渕・安藤・大友訳、法政大学出版局、一九九六〕

・*Musical Elaborations*, New York: Columbia University Press, 1991.〔**『音楽のエラボレーション』**大橋洋一訳、みすず書房、一九九五〕サイードが、学問や芸術などからなる訓練を必要とする複数の分野に直接関与していることがよくわかる一冊。サイード自身、熟達したピアニストであり、ここでは西洋のクラシック音楽を対象に論じている。

・*Culture and Imperialism*, London: Chatto & Windus, 1993.〔**『文化と帝国主義』**（1・2）大橋洋一訳、みすず書房、一九九八・二〇〇一〕多くの批評家たちから『オリエンタリズム』の続編とみなされている本書は、文化と帝国主義との相互作用を、この作用が明白ではない帝国のテクスト群をも対象として論ずる。後半ではポストコロニアル的抵抗を論じ、支配的権力に関与する形式で、彼が「遡航」と呼ぶものを検討している。鍵となる重要なテクスト。

・*The Politics of Dispossesion: The Struggle for Palestinian Self-Determination*, 1969-94, London: Chatto & Windus, 1994. パレスチナに関するサイードの文書の集成。

・*Representations of the Intellectual*, London: Vintage,

1994.〔**『知識人とは何か』**大橋洋一訳、平凡社ライブラリー、平凡社、一九九八〕社会における知識人の役割と影響を考察する。このテーマは、実質的にサイードの文化分析や批評のすべての底流に存在する。鍵となる重要なテクスト。

• *The Pen and the Sword: Conversations with David Barsamian*, Monroe, ME: Common Courage Press, 1994.〔**『ペンと剣』**中野真紀子訳、筑摩書房、二〇〇五〕きわめて洞察にとむ一連のインタヴュー集で、サイードの仕事のほとんどすべての面を扱っている。

• *Peace and Its Discontents: Gaza-Jericho, 1993-1995*, New York: Vintage, 1995. 最初はエジプトで刊行された。サイードは、パレスチナ人読者へ語りかけ、和平交渉に対する憤りを逐一記録している。その議論によれば、和平交渉は、パレスチナ問題の適切な処理に失敗している。〔『和平とその不満』〕

• *Out of Place: A Memoir*, London: Granta, 1999.〔**『遠い場所の記憶　自伝』**中野真紀子訳、みすず書房、二〇〇一〕サイードの初期の人生に関するきわめて赤裸々な洞察を展開。そのなかでサイードは幼年時代、自分の家族のこと、また合衆国で暮らしながらパレスチナとどのようにつながっていたかをつぶさに語っている。彼の喪失感覚に絡まりあって存在する心理的要因と文化的要因を痛切に解明。

• *The End of the Peace Process: Oslo and After*, New York: Pantheon, 2000. 和平交渉に対し、また民衆を失望させるパレスチナ当局のやり方に対し、さらなる批判を展開。

〔**追補**——本書に記載されている単行本は二〇〇〇年までのものだが、それ以後に出版されたサイードの著作（遺著も含む）の単行本を列挙する。以下の論文、インタヴュー編とも関係する著作は、内容に関する情報を記載している。——訳者〕

• *The Edward Said Reader*, ed. by Moustafa Bayoumi and Andrew Rubin, New York: Vintage Books, 2000. サイードの単行本・論文集からの抜粋で構成した読本。巻末に編者たちとサイードのインタヴューを収める。

• *Reflections on Exile and Other Essays*, Cambridge, Massachusetts: Harvard University Press, 2001. サイードの論文で、最初期のものから、書き下ろしのものまで、四十六篇の文学・文化論を収めた大部な集大成

的論文集。形式もエッセイから学術的論文、インタヴューと多岐にわたる。サイードの批評家としてのスケールの大きさのみならず、題材の多様さの背後に統一的な関心事のありかを知ることもできる。

『**故国喪失についての省察**』大橋洋一・近藤弘幸・和田唯・三原芳秋訳(1)、二〇〇六、大橋洋一・近藤弘幸・和田唯・大貫隆史訳(2)、みすず書房、近刊。

• *Power, Politics, and Culture: Interviews with Edward W. Said*, ed. and an introduction by Gauri Vishwanathan, New York: Pantheon Books, 2001.『**権力、政治、文化——サイード発言集**』大橋洋一・三浦玲一・坂野由紀子・田村理香・河野真太郎・横田保恵訳、太田出版、二〇〇七。サイードのインタヴューを集めたもの。インタヴューは、文学・文化批評に関する第一部と政治に関する第二部に分けられ、最初期の一九七六年のものから二〇〇〇年のものまで及ぶ。

• *Parallels and Paradoxes: Explorations in Music and Society*, with Daniel Barenboim, New York: Pantheon Books, 2002. A・グゼリミアン編『**バレンボイム/サイード　音楽と社会**』中野真紀子訳、みすず書房、二〇〇四。著名な指揮者・ピアニスト、ダニエル・バレンボイム(イスラエル国籍)とサイードとの対談集。パレスチナとイスラエルの音楽家を招いたワークショップ、パレスチナ問題、反ユダヤ主義、排他的なナショナリズムと国境を越える音楽など、音楽と文化と歴史をめぐる考察。

• *Freud and the Non-European*, With an Introduction by Christopher Bollas and a Response by Jaqueline Rose, London: Verso, 2003.『**フロイトと非=ヨーロッパ人**』長原豊訳、鵜飼哲解説、平凡社、二〇〇三。二〇〇一年五月サイードはウィーンのフロイト博物館での記念講演に招待されていたが、二〇〇一年二月に招待は撤回された。理由はパレスチナ問題悪化のための保安上の問題とも、二〇〇〇年でのサイード投石事件の余波ともいわれる。そのためサイードは予定を変更してロンドンのフロイト博物館で講演。その記録とジャックリーヌ・ローズとの応答を収録したもの。ユダヤ文化の基礎を築いたモーゼがユダヤ人ではなかったことから、ナショナリズム克服を脱アイデンティティの方向にみる興味深い論考。

• *Culture and Resistance: Conversations with Edward W. Said*, Cambridge, Massachusetts: South End Press, 2003.

『ペンと剣』のインタヴュアーだったバーサミアンとの新たなインタヴュー六篇を収める。9・11直後のインタヴューが興味深い。また没年ともなった二〇〇三年二月のインタヴューには「勝利の集会で」とタイトルがつけられた。

• *Humanism and Democratic Criticism*, New York: Columbia University Press, 2004. コロンビア大学での講義を拡大してケンブリッジ大学で連続講演したものを単行本化。人文学と知識人の問題を追及。

• *Interviews with Edward W. Said*, ed. by Amritjit Singh and Bruce G. Johnson, Jackson: University of Mississippi Press, 2004. サイードのインタヴューのなかでも、比較的短く単行本未収録のもの二十五篇を集める。

• *From Oslo to Iraq and the Road Map*, Introduction by Tony Judt, Afterword by Wadie E. Said, New York: Pantheon Books, 2004. 二〇〇〇年十二月から二〇〇三年七月までに、ロンドンで発行されている *Al-Hayat* 紙、カイロで発行されている *Al-Ahram* 紙、ならびに *London Review of Books* 紙に寄稿した、パレスチナ問題関連、イラク戦争関連の論文四十六篇（原文がアラビア語のものは、その英訳）を集める。ここに収録された論文のほとんどは、すでに日本で、中野真紀子氏の精力的な翻訳作業によって、独自に編まれた翻訳論集シリーズのなかで読むことができる。E・W・サイード**『戦争とプロパガンダ』**中野真紀子・早尾貴紀訳、みすず書房、二〇〇二、**『パレスチナは、いま――戦争とプロパガンダ2』**中野訳、同、二〇〇二、**『イスラエル、イラク、アメリカ――戦争とプロパガンダ3』**中野訳、同、二〇〇三、**『裏切られた民主主義――戦争とプロパガンダ4』**中野訳、同、二〇〇三。

論文――文学論・文化論

サイードの業績は、きわめて多岐にわたり、そのすべてにわたって注解を付すのは荷が重過ぎる。したがって重要と思われるものだけを集めたが、それ以外にも、その基本的考え方が、単行本においてさらに発展させられているものを集めた。一覧は、内容べつに、ふたつのセクションに分けている。サイードの主張を理解するのに重要なもの、とりわけ単行本に未収録のものは、＊印をつけている。〔＊の付いたもので、その後、単行本（論文集）に収録された

ものも’ ＊は残している――訳者〕

‘Record and reality: *Nostromo*’, John Unterecker (ed.) *Approaches to the Twentieth Century Novel*, New York: Thomas Y. Crowell, 1965.

‘A labyrinth of incarnations: the essays of Merleau-Ponty’, *Kenyon Review*, January 1967. 〔『故国喪失についての省察1』に収録〕

‘Lévi-Strauss and the totalitarianism of mind’, *Kenyon Review*, March 1967.

＊‘Vico: autodidact and humanist’, *Centennial Review*, summer 1967.

‘Beginnings’, *Salmagundi*, fall 1968.

‘Swift’s Tory anarchy’, *Eighteenth Century Studies*, fall 1968.

‘Narrative: quest for origins and discovery of the mausoleum’, *Salmagundi*, spring 1970.

‘Notes on the characterization of a literary text’, *MLN*, December 1970.

‘Introducition’ to *Three Tales* by Joseph Conrad, New York: Washington Square Press, 1970.

‘*Abecedarium Culturae*: structuralism, absence, writing’, *TriQuarterly*, winter 1971.

‘Linguistics and the archaeology of the mind’, *International Philosophical Quarterly*, March 1971.

‘Molestation and authority in narrative fiction’, in J.Hillis Miller (ed.) *Aspects of Narrative*, New York: Columbia University Press, 1971. 〔『始まりの現象』に収録〕

‘What is beyond formalism?’, *MLN*, December 1971.

＊‘Michel Foucault as an intellectual imagination’, *Boundary 2* 1(1), July 1972.

＊‘The text as practice and as idea’, *MLN*, December 1973.

‘On originality’, in Monroe Engel (ed.) *Uses of Literature*, Cambridge, MA: Harvard University Press, 1973.

‘Arabic prose and prose fiction since 1948: an introduction’, in Halim Barakat (ed.) *Days of Dust*, trans. Trevor LeGassick, Wilmette, IL: Medina Press, 1974. 〔『故国喪失についての省察』（原書）に収録〕

‘Conrad: the presentation of narrative’, *Novel*, winter 1974.

‘Contemporary fiction and criticism’, *TriQuarterly*, spring 1975.

‘The text, the world, the critic’, *Bulletin of the Middle West*

Modern Language Association, fall 1975.
'Raymond Schwab and the romance of ideas', *Daedalus*, winter 1976.
'Between chance and determinism: Luckács's Aesthetik', *The Times Literary Supplement*, 6 February 1976.〔『故国喪失についての省察1』に収録〕
'Roads taken and not taken in contemporary criticism', *Contemporary Literature*, summer 1976.〔『世界・テキスト・批評家』に収録〕
'On repetition', Angus Fletcher (ed.) *English Institute Essays*, New York: Columbia University Press, 1976.〔『世界・テキスト・批評家』に収録〕
'Conrad and Nietzsche',Norman Sherry (ed.) *Joseph Conrad: A Commemoration*, London: Macmillan 1976.〔『故国喪失についての省察1』に収録〕
'Vico on the discipline of bodies and texts', *MLN*, October 1976.〔『故国喪失についての省察1』に収録〕
*'Orientalism', *The Georgia Review*, spring 1977.
'Renan's philological laboratory', in Quentin Anderson and Steven Marcus (eds) *Memorial Volume for Lionel Trilling*, New York: Basic Books, 1977.
*'The problem of textuality: two exemplary positions', *Critical Inquiry*, summer 1978.〔『世界・テキスト・批評家』に収録〕
'Rashid Hussein', in Kamal Boullata and Mirene Ghossein (eds) *The World of Rashid Hussein: a Palestine Poet in Exile*, Belmont, CA: Arab-American University Graduates, 1979.
'Reflections on recent American "Left" literary criticism', *Boundary 2* 8(1), fall 1979.〔『世界・テキスト・批評家』に収録〕
*'An exchange on deconstruction and history', *Boundary 2*, fall 1979, 8(1): 65-74. With Marie-Rose Logan, Eugenio Donato, William Warner and Stephen Crites.
*'Exchange on Orientalism', *New Republic* 180(20): 39-40, 1979.
'Islam, the philosophical vocation, and French culture; Renan and Massignon', in Malcolm Kerr (ed.) *Levi della Vida Memorial Award Volume*, Berkley: University of California Press, 1980.
'Response to Bernard Lewis', *New York Review of Books*, 12 August , 1982.
'Opponents, audiences, constituencies and community',

Critical Inquiry, September 1982.〔「敵対者、聴衆、そして共同体」、ハル・フォスター（編）『反美学——ポストモダンの諸相』室井尚・吉岡洋訳、勁草書房、一九八三、所収〕

'Travelling theory', *Raritan* 1(3), winter 1982.〔『世界・テキスト・批評家』に収録〕

*'The music itself: Glenn Gould's contrapuntal vision', *Vanity Fair*, May 1983.

'Secular criticism', *Raritan* 2(3), winter 1983.〔『世界・テキスト・批評家』に収録〕

*'The mind of winter: reflections on a life in exile', *Harper's Magazine* 269, September 1984.〔「冬の精神」島弘之訳、『旅のはざま——世界文学のフロンティア1』、岩波書店、一九九六 'Reflections on exile' と改題され、『故国喪失についての省察1』に収録〕

*'Michel Foucault, 1927-1984', *Raritan* 4(2), fall 1984.

'An ideology of difference', *Critical Inquiry*, September 1985.〔*The Politics of Dispossession* に収録〕

*'Orientalism reconsidered', *Race and Class*, autumn 1985.〔「オリエンタリズム再考」、『オリエンタリズム』（下）、所収〕

'The enduring romance of the pianist', *Haper's*, November 1985.

'Remembrances of things played: presence and memory in the pianist's art', *Harper's*, November 1985, 271 (1626): 69-75.〔『故国喪失についての省察』に収録〕

'John Berger', in Harold Bloom (ed.) *The Chelsea House Library of Literary Criticism*, New York: Chelsea House Publishers, 1985.

*'Foucault and the imagination of power', in David Couzens Hoy (ed.) *Foucault: A Critical Reader*, Oxford: Blackwell, 1986.〔「フーコーと権力の想像力」、ホイ『フーコー——批判的読解』椎名正博・椎名美智訳、国文社、一九九〇、所収。『故国喪失についての省察』（原書）に収録〕

*'Intellectuals in the post-colonial world', *Salmagundi*, spring-summer 1986.

'The horizon of R. P. Blackmer', *Raritan* 6(2), fall 1986.〔『故国喪失についての省察1』に収録〕

'Introduction' to *Kim* by Rudyard Kipling, New York: Viking Penguin, 1987.〔一部が『文化と帝国主義』に収録〕

'Kim, the pleasures of imperialism', *Raritan*, fall 1987.〔一部が『文化と帝国主義』に収録〕

'The imperial spectacle (*Aida*)', *Grand Street*, winter 1987.〔『文化と帝国主義』に収録〕

'Through gringo eyes: with Conrad in Latin America', *Harper's Magazine* 276 (1568), April 1988.

*'Identity, negation and violence', *New Left Review*, September-October 1988.〔「アイデンティティ、否定、暴力」杉田英明訳、『みすず』三四〇―三四一号、一九八九〕

'Goodbye to Mahfouz', *London Review of Books*, 8 December 1988.〔'After Mahfouz' と改題して『故国喪失についての省察2』に収録〕

'Meeting with the old man', *Interview*, December 1988.

*'Representing the colonized: anthropology's interlocutors', *Critical Inquiry*, Winter 1988.〔「被植民者を表象=代弁すること」姜麦端訳、『現代思想』一九九八年六月号、『故国喪失についての省察』に収録〕

'*The Satanic Verses* and democratic freedoms', *The Black Scholar*, March-April 1989.

*'The Third World intellectuals and metropolitan culture', *Raritan* 9 (3), winter 1990.

*'Narrative, geography and interpretation', *New Left Review*, March-April 1990.〔「物語、地勢学、解釈」大橋洋一訳『みすず』三五八―三五九号、一九九一〕

'Figures, configurations, transfigurations', *Race and Class*, July-September 1990.

'Embargoed literature', *The Nation*, 17 September 1990.

'Literature, theory and commitment: II', in Kenneth Harrow, Jonathan Ngaté and Clarisse Zimra (eds) *Criscrossing Boundaries in African Literatures*, 1986, Annual Selected Papers of the ALA, 1991.

'Introduction' to *Moby Dick* by Heraman Melville, New York: Vintage, 1991.〔『故国喪失についての省察2』に収録〕

*'The politics of knowledge', *Raritan* 11 (1), summer 1991.〔「知の政治学」大橋洋一訳、『みすず』三七七号、一九九二。『故国喪失についての省察2』に収録〕

*'Identity, authority, and freedom: the potentate and the traveler', *Transition* 54, 1991.〔『故国喪失についての省察2』に収録〕

'Culture and vultures', *Higher (The Times Higher Education Supplement)*, January 24 1992: 15-19.
'Forword' to *The Performing Self: Compositions and Decompositions in the Language of Contemporary Life* by Richard Poirier, Newark, NJ: Rutgers University Press, 1992.
'Nationalism, human rights and interpretation', *Raritan*, winter 1993.〔『故国喪失についての省察2』に収録〕
'Imperialism and after: Europe, the US and the rest of us', in Geraldine Prince (ed.) *A Window of Europe: The Lothian European Lectures 1992*, Edinburgh: Canongate Press, 1993.
'Introduction' to *The Language of Modern Music* by Donald Mitchell, London: Faber & Faber, 1993.
*'Travelling theory reconsidered', in Robert M. Polhemus and Roger B. Henkle (eds) *Critical Reconstructions: The Relationship of Fiction and Life*, Stanford, CA: Stanford University Press, 1994.〔『故国喪失についての省察2』に収録〕
*'Gods that always fail', *Raritan*, spring 1994.〔『知識人とは何か』に収録〕
'Adrono as latenss itself', in Malcolm Bull (ed.) *Apocapypse Theory and the Ends of the World*, Oxford: Blackwell, 1995. Wolfson College Lectures.
'From silence to sound and back again: music, literature and history', *Raritan*, fall 1997, 17 (2): 1-21.〔『故国喪失についての省察2』に収録〕

論文——パレスチナ、イスラム、中東

'The Arab portrayed', in Ibrahim Abu-Lughod (ed.) *The Arab-Israeli Confrontation of June 1957: An Arab Perspective*, Evanston, IL: Northwestern University Press, 1970.
'A Palestinian voice', *The Middle East Newsletter*, October-November 1970.
'The Palestinian experience', in Herbert Mason (ed.) *Reflections on the Middle Eastern Crisis*, The Hague and Paris: Mouton, 1970.
'The future of Palestine: a Palestinian view', in Abdeen Jabara and Janice Terry (eds) *The Arab World from Nationalism to Revolution*, Wilmette, IL: Medina Press,

1971.
'A response to Ihab Hassan', *Diacritics,*, spring 1973.
'United States policy and the conflict of powers in the Middle East', *Journal of Palestine Studies*, spring 1973.
'Getting to the roots', *American Report*, 26 November 1973.
*'Chomsky and the question of Palestine', *Journal of Palestine Studies*, spring 1975.
'Lebanon: two perspectives', *AAUG Occasional Paper*, 1975.
'Arab society and the war of 1973: shattered myths', in Naseer H. Aruri (ed.) *Middle East Crucible: Studies on the Arab-Israeli War of 1973*, Wilmette, IL: Medina Press, 1975.
'The Palestinians and American policy', in *Two Studies on the Palestinians Today and American Policy, AAUG Information Paper no. 17*, 1976.
'Can cultures communicate ? Round table', in George N. Atiyeh (ed.) *Arab and American Cultures*, Washington, DC: American Enterprise Institute for Public Policy Research, 1977.
'The Arab right wing', in *AAUG Information Paper no. 21*, September 1978.
'The idea of Palestine in the West', *MERIP Reports*, September 1978.
*'Islam, Orientalism and the West: an attack on learned ignorance', *Time*, 16 April 1979.
*'Zionism from the standpoint of its victims', *Social Text*, winter 1979.
'The Palestine question and the American context', *Arab Studies Quarterly* 2 (2), spring 1980.
'Iran and the media: whose holy war?', *Columbia Journalism Review*, March-April 1908.
'Peace and Palestinian rights', *Trialogue*, summer/fall 1980.
'Inside Islam: how the press missed the story in Iran', *Harper's Magazine* 262 (1568), January 1981; reprinted in *Current*, February 1981.
'A changing world order: the Arab dimension', *Arab Studies Quarterly* 3 (2), spring 1981.
'Reflections on the Palestinians', *Nation* 233, 5 December 1981.
'The formation of American public opinion on the ques-

tion of Parlestine', in Ibrahim Abu-Lughod (ed.) *Palestinian Rights: Affirmation and Denial*, Wilmette, IL: Medina Press, 1982.

'Palestinians in the aftermath of Beirut: a preliminary stocktaking', *Arab Studies Quarterly* 4 (4), fall 1982.

*'The experience of dispossesion', in Patric Seale (ed.) *The Shaping of an Arab Statesman: Abd al-Hamid Sharaf and the Modern Arab World*, London: Quartet, 1983.

'Response to Stanley Fish', *Critical Inquiry*, December 1983.

*'"Permission to Narrate" — Edward Said writes about the Story of the Palestinians', *London Review of Books* (16-29 February 1984), 6 (3): 13-17. 〔*The Politics of Dispossession* (1994) に収録〕

'The burdens of interpretation and the question of Palestine', *Journal of Palestine Studies*, fall 1986.

*'On Palestinian identity: a conversation with Salman Rushdie', *New Left Review*, November-December 1986. 〔「パレスチナ人のアイデンティティーについて——サルマン・ラシュディとの対話」杉田英明訳、『越境する世界文学』、河出書房新社、一九九二、所収〕

'Interpreting Palestine', *Harper's Magazine* 274 (1642), March 1987.

'Irangate: a many-sided crisis', *Journal of Palestine Studies*, summer 1987.

'Palestine and the future of the Arabs', in Hani A. Faris (ed.) *Arab Nationalism and the Future of the Arab World*, Belmont, CA: Association of Arab-American Graduates, 1987.

*'The voice of a Palestinian in exile', *Third Text*, spring-summer 1988.

'How to answer Palestine's challenge', *Mother Jones*, September 1988.

*'Spurious scholarship and the Palestinian question', *Race and Class*, winter 1988.

'The Palestinian campaign for peace', *World Affairs Journal: A Compendium* 1 (1): Speaker Season 1988-9.

'Edward Said's challenge', *Israel and Palestine Political Report* 153, October 1989.

'The challenge of Palestine', *Journal of Refugee Studies* 2 (1), 1989.

'Literacy and liberation: the Palestinians', *Literacy and*

Liberation: Report of the WUS Annual Conference, World University Service, 1990.
'Reflections on twenty years of Palestinian history', *Journal of Palestine Studies*, XX (4), summer 1991.
'Palestine, then and now', *Harper's* 285 (1711), December 1992.
'Peace and the Middle East', *Journal of Communication Inquiry*, winter 1992.
'Arabs and Americans: "Toward the twentieth-first century"', *Mideast Monitor* 8 (1), winter 1993.
'Second thoughts on Arafat's deal', *Harper's* 288 (1742), January 1994.

その他

'An exchange: *Exodus and Revolution*', *Grand Street*, summer 1968.
'Edward Said' (sound recording), PLO series, Los Angeles: Pacifica Tape Library, 1979.
'In the shadow of the West', *The Arabs* (film documentary), London: Channel 4, 1982. ヨーロッパ、中東、北米でも放映。
with Ibrahim Abu-Lughod, Janet L. Abu-Lughod, Muhammad Hallaj and Elia Zureik, *A Profile of the Palestinian People*, Chicago: Palestine Human Rights Campaign, 1983.
'The MESA debate: the scholars, the media, and the Middle East', *Jounal of Palestine Studies*, winter 1987.〔『権力、政治、文化』に収録〕
Two-piano recital at the Miller Theatre with Edward Said and Diana Takieddine, Columbia University, 27 April 1993 (Brahms, Mozart, Chopin, Britten, Schubert).

インタヴュー

*'Interview', *Diacritics* 6 (3), 1976:30-47.〔'Beginnings' と改題して『権力、政治、文化』に収録〕
'The legacy of Orwell: a discussion' (with John Lukacs and Gerald Graff), *Salmagundi*, spring–summer 1986.
'An Interview with Edward W. Said (with Gary Hentzi and Anee McClintock), *Critical Texts*, winter 1986.〔'Overlapping Territories: The World, the Text, and the Critic' と改題し『権力、政治、文化』に収録〕
*'Edward Said with Salman Rushdie' (video recording),

Writers in Conversation 28, London: ICA Video; Northbrook, IL: The Roland Collection, 1986.
'Edward Said: an exile's exile' (interview with Matthew Stevenson), *The Progressive*, February 1987.〔'An Exile's Exile'と改題して『権力、政治、文化』に収録〕
*'Edward Said', in Imre Salusinszky (ed.) *Criticism in Society*, New York: Methuen, 1987.〔'Literary Theory ant the Crossroads of Public Life'と改題して、『権力、政治、文化』に収録〕
'Orientalism revisited: an interview with Edward W. Said', *MERIP*, January-February 1988.〔*Interview with Edward W. Said* (2004) に収録〕
'American Intellectuals and Middle East politics: interview with Edward Said', *Social Text*, fall 1988.〔『権力、政治、文化』に収録〕
'In the shadow of the West: an interview with Edward Said', in Russel Ferguson, Marcia Tucker and John Baldessari (eds) *Discourses: Conversations in Postmodern Art and Culture, New York: New Museum of Contemporary Art*, MIT Press, 1990.〔『権力、政治、文化』に収録〕
'Criticism, culture, and performance: an interview with Edward Said', in Bonnie Marranca and Gautam Dasgupta (eds) *Interculturalism and Performance: Writings from PAJ*, New York: PAJ Publications, 1991.〔「批評、文化、パフォーマンス」中野真紀子訳、『舞台芸術03』京都造形芸術大学舞台芸術研究センター、月曜社、二〇〇三、所収（翻訳は、内容と誌面の都合で一部省略したもの）。『権力、政治、文化』に収録〕
*'Europe and its others: an Arab perspective' (interview with Richard Kearny), in Richard Kearny (ed.) *Visions of Europe: Conversations on the Legacy and Future of Europe*, Doublin: Wolfhound Press, 1992.〔『権力、政治、文化』に収録〕
'Expanding humanism', in Mark Edmundson (ed.) *Wild Orchids and Trotsky*, New York: Penguin Books, 1993.〔'Wild Orchids and Trotsky'と改題して『権力、政治、文化』に収録〕
*'*Orientalism* and after', (interview with Anne Beezer and Peter Osbourne), *Radical Philosophy* 63, spring 1993.〔『権力、政治、文化』に収録〕
'An interview with Edward Said' (with Joseph A. Buttingieg and Paul A. Bové), *Boundary* 2 20(1), spring

1993.〔'Culture and Imperialism' と改題し、『権力、政治、文化』に収録〕
'Edward Said' (interview with Eleanor Wachtel), *Queen's Quarterly*, fall 1993.〔'Edward Said: Between Two Cultures' と改題し、『権力、政治、文化』に収録〕
'Symbols vesus substance: a year after the declaration of principles' (interview with Moulin Rabbani), *Journal of Palestine Studies*, winter 1995, 24(2).〔『権力、政治、文化』に収録〕
'Conversation with Edward Said' (interview with Bill Ashcroft), *New Literatures Review* 32, winter 1996.〔*Interviews with Edward W. Said* (2004) に収録〕

サイードに関する著作

• Ahmad, A. (1992) *In Theory: Classes, Nations, Literatures*, London: Verso. サイードに関するきわめて批判的な一章を含む。その章は、*Public Culture* 誌の特別号において賛否両論の対象となった。

• Ansell-Pearson, K. Parry, B. and Squires, J. (1997) *Cultural Readings of Imperialism: Edward Said and the Gravity of History*, London: St. Martins. 帝国主義の解読に関してサイードの仕事があたえた衝撃を考察する一連の論文を収録。

• Bove, Paul A. ed, (2000), *Edward Said and the Work of Critic: Speaking Truth to Power*, Durham: Duke University Press. エドワード・サイードの仕事のさまざまな側面を扱う論文集で、初出は *Boundary 2* 誌。サイードとのインタヴューをふくむ。

• Childs, P., and Williams, P. (1997) *An Introduction to Post-Colonial Theory*, London: Prentice Hall. ポストコロニアル理論の入門書で、サイード入門のための一章を含む。

• Clifford, J. (1988) 'On Orientalism', in *The Predicament of Culture: Twentieth Century Ethnography, Literature and Art*, Cambridge, MA: Harvard University Press.〔**クリフォード「『オリエンタリズム』について」**、『文化の窮状——二十世紀の民族誌、文学、芸術』太田好信・清水展・浜本満・古屋嘉葦・星埜守之訳、人文

書院、二〇〇三、所収）『オリエンタリズム』批判を展開する重要な文献で、サイードの諸前提や方法論に関して疑問を提起している。

• Cohen, Warren I. ed. (1983), *Reflections on Orientalism: Edward Said, Roger Besnahan, Surjit Dulai, Edward Graham, and Donald Lammers*, East Lansing, MI.: Asian Studies Center, Michigan State University. サイードの『オリエンタリズム』の衝撃と、その幅広い応用可能性について論ずる一連の論文。

• Marrouchi, M. (1991) 'The critic as dis/placed intelligence: the case of Edward Said', *Diacritics* 21 (1): 63-74. サイードの仕事の重要性を解明するきわめて洞察力にとみ共感を表明する論文。

• Porter, D. (1983) 'Orientalism and its problems', in Peter Hulme, Margaret Iversen and Dianne Loxley (eds) *The Politics of Theory*, Colchester: University of Essex. サイードによるフーコーの誤用と多くの論者がみなしている問題点を逐一記録する批判的な論文。

• Robbins, B., Pratt, M. L., Arac, J., Radhakrishnan, R. and Said, E. (1994) 'Edward Said's culture and imperialism: a symposium', *Social Text* 12 (3): 1-24. サイードの著作『文化と帝国主義』をめぐるシンポジウム。その重要性をめぐって数名のポストコロニアル批評家たちが議論を展開。

• Sprinker, Michael ed. (1992), *Edward Said: A Critical Reader*, Oxford: Blackwell. 影響力のあるポストコロニアル批評家たちよる広範な領域を対象とする論文集。サイードへのインタヴューも含む。

• Varadharajan, A. (1995) *Exotic Parodies: Subjectivity in Adorno, Said, and Spivak*, Minneapolis: University of Minnesota Press. 主体性に対する接近法において、サイードがアドルノに大きく負っていること、スピヴァクと関係づけられることを論ずる学術研究書。

• Young, R. (1990) *White Mythologies: Writing History and the West*, London: Routledge. サイードを扱う章にオリエンタリズムに関する重要な議論が見出せる。

• Special Issue on Edward Said, *Boundary 2*, summer 1998, 25(2). サイードの仕事のさまざまな側面を扱う論文集で、サイードへのインタヴューを含む。上記、Bove, Paul A. ed. (2000) と内容は同じ。

〔**追補**――以下は訳者による〕

• Aruri, Naseer and Shuraydi, Muhammad A., eds. (2001) *Revising Culture, Reinventing Peace: The Influence of Edward W. Said*, New York: Olive Branch Press. サイードの功績をたたえて開催された研究集会「文化、政治、宗教」(1997) から発展した論文集。

• Bhaba, Homi and Mitchell, W.J.T. (eds) (2005) *Edward Said: Continuing the Conversation*, Chicago: The University of Chicago Press. *Critical Inquiry* 誌のサイード追悼号を単行本化したもの。単行本に際しては新たに論文を二篇追加している。

• Hart, William D. (2000) *Edward Said and the Religious Effects of Culture*, Cambridge Studies in Religion and Critical Thought, Cambridge: Cambridge University Press. サイードの思想と著作を、宗教的／世俗的を軸に読み解こうとする意欲的試み。ナショナリズム、オリエンタリズム、帝国主義を宗教的効果をもたらすものとし、世俗批評の責務を探る。

• Hussein, Abdirahman A. (2002) *Edward Said: Criticism and Society*, London: Verso. サイードの幅広く多様な著作の底流にある方法論に着目して、サイードを論ずる。本格的な論考。

• Kennedy, Valerie (2000) *Edward Said: A Critical Introduction*, Key Contemprary Thinkers, London: Polity Press. サイードの入門書。『オリエンタリズム』と『文化と帝国主義』を軸に、著作を網羅的に検討、ポストコロニアル研究におけるサイードの重要性を検証する。

• Marrouchi, Mustapha, *Edward Said at the Limits*, New York: State University of New York Press, 2004. 高い評価を得た上記 Marrouchi (1991) のサイード論の著者による、共感に満ちた本格的かつ包括的なサイード研究書。本書に収録された *Sä-ēd'* Data Base 1966-2002 は貴重な資料。なかでもサイードの行動とパレスチナ問題を中心とした現代史を詳細な編年体でつづり、対位法的効果をもたらす年譜は圧巻。

• Williams, Patric ed. (2001) *Edward Said*, Sage Masters of Modern Social Thought, 4 vols., London: Sage Publications. 全四巻のなかにサイードに関する八十編の論考を収める（討論、対談、インタヴューも含む）。この時点での、網羅的アンソロジーとなっている。

WORKS CITED
引用文献

〔本文中に発行年、あるいは著者名で略記してある文献のみが掲載されている。日本語訳のあるものは、読書案内のセクションと重複する場合も、すべて掲載している。なお原書がイギリスでの発行のため、文献提示方式はイギリス式であり、また複数の国で刊行されている文献の場合、英国版のみが記載されている——**訳者**〕

Abza, M. and Stauth, G., (1990) 'Occidental reason, Orientalism, Islamic fundamentalism: A critique', in Martin Albrow and Elizabeth King (eds) *Globalization, Knowledge and Society*, London: Sage.

Adams, P. (1997) 'Interview with Edward Said', Australian Broadcasting Corporation, 17 September.

Ahluwalia, P. and McCarthy, G. (1998) 'Politcal correctness: Pauline Hanson and the construction of Australian identity', *Australian Journal of Public Administration* 57(3): 79-85.

Ahmad, A. (1992) *In Theory: Classes, Nations, Literatures*, London: Verso.

——— (1995) 'The politics of literary postcoloniality', *Race and Class* 36: 1-20.

al-Azm, S. J. (1981) 'Orientalism and Orientalism in reverse', *Khamsin* 8: 9-10.

Alexander, E. (1989) 'Professor of Terror', *Commentary* 88(2): 49-50.

Ali, T. (1994) *Interview with Edward Said*, Special Broadcasting Service, Australia.

Arnold, M. (1865) 'The function of criticism at the present time', in *Essays in Criticism*, London and New York: Macmillan.

Ashcroft, B. (1996) 'Conversation with Edward Said', *New Literatures Review* 32: 3-22.

Ashcroft, B., Griffiths, G., and Tiffin, H. (1989) *The Empire Writes Back: Theory and Practice in Post-Colonial Literatures*, London: Routledge.〔アシュクロフトほか『ポストコロニアルの文学』木村茂雄訳、青土社、一九九八〕

——— (1995) *The Post-colonial Studies Reader*, London: Routledge.

——— (1998) *Key Concepts in Post-colonial Studies*, London: Routledge.

Begin, M. (1972) *The Revolt*, trans. Samuel Kalz, Jerusalem: Steimatzkys Agency.〔ベギン『反乱——反英レジスタン

スの歴史』（上・下）滝川義人訳、ミルトス、一九八九〕
Behdad, A. (1994) 'Orientalism after *Orientalism*', *L'Esprit Créateur* 34(2): 1-11.
——— (1994a) *Belated Travelers: Orientalism in the Age of Colonial Dissolution*, Durham, NC: Duke University Press.
Benda, J. (1980) *The Treason of the Intellectuals*, trans. Richard Aldington, London: Norton. 〔バンダ『知識人の裏切り』ポイエーシス叢書5、宇京頼三訳、未來社、一九九〇〕
Bertens, H. (1995) *The Idea of the Postmodern*, London: Routledge.
Bhabha, H. (1986) 'The other question: Difference, discrimination, and the discourse of colonialism', in Francis Barker, Peter Hulme and Margaret Iversen (eds) *Literature, Politics and Theory*, London: Methuen. 〔「差異、差別、植民地の言説」上岡伸雄訳、『現代思想』一九九二年一〇月号、「他者の問題——差異、差別、コロニアリズムの言説」富山太佳夫訳、富山太佳夫編『文学の境界線』現代批評のプラクティス4、研究社出版、一九九六、所収〕
——— (ed.) (1990) *Nation and Narration*, London: Routledge.
——— (1994) *The Location of Culture*, London: Routledge. 〔バーバ『文化の場所——ポストコロニアリズムの位相』本橋哲也・正木恒夫・外岡尚美・阪元留美訳、法政大学出版局、二〇〇五〕
Bhatnagar, R. (1986) 'Uses and limits of Foucault: A study of the theme of origins in Edward Said's *Orientalism*', *Social Scientist* (Trivandrum) 158: 3-22.
Bloom, A. (1987) *The Closing of the American Mind: How Higher Education Has Failed Democracy and Impoverished the Souls of Today's Students*, New York: Simon & Schuster. 〔ブルーム『アメリカン・マインドの終焉』菅野盾樹訳、みすず書房、一九八八〕
Boyarin, D. and Boyarin, J. (1989) 'Toward a dialogue with Edward Said', *Critical Inquiry* 15(3): 626-33.
Breckenridge, C. and Van der Veer, P. (eds) (1993) *Orientalism and the Postcolonial Predicament: Perspectives on South Asia*, Philadelphia: University of Pennsylvania Press.
Brenann, T. (1992) 'Place of mind, occupied lands: Edward Said and philology', in Michael Sprinker (ed.) *Edward Said: A Critical Reader*, Oxford: Blackwell.
Carrier, James (ed.) (1995) *Occidentalism: Images of West*, Oxford: Oxford University Press.
Césaire, A. (1968) *Return to My Native Land*, Paris: Présence Africaine. 〔セゼール『帰郷ノート／植民地主義論』砂野幸稔訳、平凡社ライブラリー、平凡社、二〇〇四〕
——— (1983) *The Collected Poetry*, trans. Clayton Esjelman and Annette Smith, Berkley: University of California Press.
Chambers, I. and Curti, L. (eds) (1996) *The Post-Colonial Question*, London: Routledge.
Chambers, R. (1980) 'Representation and authority', *Comparative Studies in Society and History* 22: 509-12.

Chatterjee, Partha (1992) 'Their own words? An essay for Edward Said', in Michael Sprinker (ed.) *Edward Said: A Critical Reader*, Oxford: Blackwell.

Childs, P. and Williams, P. (1997) *An Introduction to Post-Colonial Theory*, London: Prentice Hall.

Clifford, J. (1988) 'On Orientalism', in *The Predicament of Culture: Twentieth Century Ethnography, Literature and Art*, Cambridge. MA: Harvard University Press.〔クリフォード『文化の窮状——二十世紀の民族誌、文学、芸術』太田好信ほか訳、人文書院、二〇〇三、所収〕

D'Souza, D. (1995) *The End of Racism*, The Free Press.

Dallmayr, F. (1997) 'The politics of nonidentity: Adorno, post-modernism and Edward Said', *Political Theory* 25(1): 33-56.

Dirlik, A. (1994) 'The postcolonial aura: Third World criticism in the age of global captalism', *Critical Inquiry*, winter 1994, 328-56.

Donald, J. and Rattanasi, A. (eds) *Race, Culture and Difference*, London: Sage.

During, S. (1987) 'Postmodernism or postcolonial', *Textual Practice* 1(1): 32-47.

Dutton, M. and Williams, P. (1993) 'Translating theories: Edward Said on Orientalism, imperialism and alterity', *Southern Review* 26(3): 314-57.

Fanon, F. (1964) *The Wretched of the Earth*, Penguin.〔ファノン『地に呪われたる者』鈴木道彦・浦野衣子訳、みすずライブラリー、みすず書房、一九九六〕

——— (1970) *Toward the African Revolution*, Harmondsworth: Penguin.〔『アフリカ革命に向けて』北山晴一訳、フランツ・ファノン著作集4、みすず書房、一九八四〕

——— (1986) *Black Skins, White Masks*, London: Pluto Press.〔『黒い皮膚、白い仮面』海老坂武・加藤晴久訳、みすずライブラリー、みすず書房、一九九八〕

Field, M. (1993) 'Exile, culture and imperialism', *24 Hours* (ABC Radio). 17(1): 43-5.

Fukuyama, F. (1992) *The End of History and the Last Man*, London: Hamish Hamilton.〔フクヤマ『歴史の終わり』(上・下) 渡部昇一訳、知的生き方文庫、三笠書房、一九九二〕

Gates, H. L. (1991) 'Critical Fanonism', *Critical Inquiry* 17(3): 457-70.

——— (1993) 'Said as music critic', *Raritan* 13(1): 108-16.

Griffin, R. (1989) 'Ideology and misrepresentation: A response to Edward Said', *Critical Inquiry* 15(3): 611-25.

Hulme, P. (1986) *Colonial Encounters: Europe and the Native Carribean, 1492-1797*, London: Methuen.〔ヒューム『征服の修辞学』正木恒夫・本橋哲也訳、法政大学出版、一九九五〕

Huntington, S. P. (1996) *The Clash of Civilizations and the Remaking of World Order*, New York: Simon & Schuster.〔ハンチントン『文明の衝突』鈴木主税訳、集英社、

一九九八〕
Hutcheon, L. (1989) 'Circling the downspout of empire: Post-colonialism and post-modernism', *Ariel* 20(4): 149-75.
——— (1994) 'The post always ring twice: The postmodern and the postcolonial', *Textual Practice* 8(2): 205-39.
Inden, Ronald (2000) *Imagining India*, Bloomington: Indiana University Press.
Jain, J. (1991) *Problems of Postcolonial Literatures and Other Essays*, Jaipur: Printwell.
JanMohamed, A. (1983) *Manichean Aesthetics: The Politics of Literature in Colonial Africa*, Amherst: University of Massachusetts.
——— (1992) 'Worldliness-without-world, homlesness-as-home: Toward a definition of the specular border intellectual', in Michael Sprinker (ed.) *Edward Said: A Critical Reader*, Oxford: Blackwell.
Kabbani, Rana (1986) *Europe's Myth of Empire*, Bloomington: Indiana University Press.
Kaviraj, S. (1993) 'The politics of nostalgia', *Economy and Society* 22(4): 525-43.
Lewis, B. (1982) 'Orientalism: An exchange', *New York Review of Books* 29(13): 46-8.
——— (1982a) 'The question of Orientalism', *New York Review of Books* 29(11): 49-56.
——— (1993) *Islam and the West*, New York: Oxford University Press.
Little, D. (1979) 'Three Arabic critiques of *Orientalism*', *Musslim World* 69(2): 118-21, 127, 130.
Lyotard, J. F. (1984) *The Postmodern Condition: A Report on Knowledge*, Manchester: Manchester University Press. 〔リオタール『ポストモダンの条件——知・社会・言語ゲーム』小林康夫訳, 水声社, 一九八九〕
McClintock, A. (1992) 'The angel of progress: Pitfalls on the term "post-colonialism"', *Social Text*, spring: 1-15.
Macksey, Richard and Eugenio Donato (1970) *The Structulasit Controversy: The Langage of Criticism and the Sciences of Man*, Baltimore and London: The Johns Hopkins University Press.
McLaren, P. (1991) 'Postmodernism, post-colonialism and pedagogy', *Education and Society* 9(1): 3-22.
Majeed, Javed (1992) *Ungoverned Imaginings: James Mill's History of British India and Orientalism*, Oxford: Oxford University Press.
Maijd, A, (1996) 'Can the postcolonial critic speak ? Orientalism and the Rushdie affair', *Cultural Critique*, winter 1995-6: 5-42.
Mani, L. and Frankenberg, R. (1985) 'The challenge of *Orientalism*', *Economy and Society* 14: 174-92.
Marrouchi, M. (1995) 'The critic as dis/placed intelligence: The case of Edward Said', *Diacritics* 21(1): 63-74.
Michel, M. (1995) 'Positioning the subject: Locating postcolo-

nial studies', *Ariel* 26(1): 83-99.
Miller, J. (1990) *Seductions: Studies in Reading and Culture*, London: Virago.
Mishra, V. and Hodge, B.(1991) 'What is post(-)colonialism ?', *Textual Practice* 5(3): 399-414.
Mudimbe, V. Y. (1988) *The Invention of Africa*, Bloomington: Indiana University Press.
——— (1994) *The Idea of Africa*, Bloomington: Indiana University Press.
Mutman, M. (1993) 'Under the sign of Orientalism: The West vs. Islam', *Cultural Critique*, winter 1992-3: 165-97.
Nairn, T, (1994) 'What nations are for', *London Review of Books*, 8 September.
Nkruma, K. (1965) *Neo-Colonialism: The Last Stage of Imperialism*, London: Nelson.
Parry, B. (1987) 'Problems in current theories of colonial discourse', *Oxford Literary Review* 9(1-2): 27-58.
——— (1994) 'Resistance theory / theorizing resitance or two cheers for nativism', in Francis Barker, Peter Hulme and Margaret Iverson (eds) *Colonial Discouse / Post- Colonial Theory*, Manchester: Manchester University Press.
Pathak, Z., Sengupta, S. and Purkayastha, S. (1991) 'The prisonhouse of Orientalism', *Textual Practice* 5(2): 195-218.
Poliakov, L. (1974) *The Aryan Myth: A History of Racist and Nationalist Ideas in Europe*, trans. Edmund Howard, London: Chatto & Windus.〔ポリアコフ『アーリア神話――ヨーロッパにおける人種主義と民族主義の源泉』アーリア主義研究会訳、法政大学出版局、一九八五〕
Porter, D. (1983) 'Orientalism and its problems', in Peter Hulme, Margaret Iversen and Dianne Loxley (eds) *The Politics of Theory*, Colchester: University of Essex.
Pratt, M. L. (1992) *Imerial Eyes: Travel Writing and Transculturation*, London: Routledge.
Prochaska, D. (1994) 'Art of colonialism, colonialism of art: The *description de l'Ėgypte* (1809-1828)', *L'Esprit Créateur* 34(2): 69-91.
Quason, Ato (2000) *Postcolonialism: Theory, Practice or Process ?*, London: Polity Press.
Rassim, A. (1989) 'Comments on Orientalism', *Comparative Studies in Society and History* 22: 505-12.
Renan, E. (1896) *Poetry of the Celtic Races and Other Studies*, trans. W. G. Hutchinso, London: Walter Scott.
Robbins, B. (1994) 'Secularism, elitism, progress, and other transgressions: On Edward Said's "voyage in "', in *Social Text* 12(3): 25-37.
Robbins, B., Pratt, M. L., Arac, J., Radhakrishnan, R. and Said, E. (1994) 'Edward Said's culture and imperialism: A symposium', *Social Text* 12(3): 1-24.
Said, E. (1966) *Joseph Conrad and the Fiction of Autobiography*, Cambridge, MA: Harvard University Press.

——— (1971) '*Abecedarium Culturae*: Structuralism, absence, writing', *TriQuartelry*, winter 1971.

——— (1971a) 'What is beyond formalism ?', *MLN*, December 1971.

——— (1972) 'Michel Foucault as an intellectual imagination', *Boundary 2* 1(1) July 1972.

——— (1975) *Beginnings: Intention and Method*, New York: Basic Books. 〔『始まりの現象——意図と方法』山形和美・小林昌夫訳、法政大学出版局、一九九二〕

——— (1976) 'Interview', *Diacritic* 6(3): 30-47: 'Beginnings' と改題され *Power, Politcs, and Culture*, 2001: 3-38 に収録。〔『権力、政治、文化』所収〕

——— (1978) *Orientalism*, New York: Vintage. 〔『オリエンタリズム』(上・下) 板垣雄三・杉田英明監修、今沢紀子訳、平凡社ライブラリー、平凡社、一九九三〕

——— (1978a) 'The problem of textuality: Two exemplary positions', *Critical Inquiry* 4: 673-714.

——— (1979) *The Question of Palestine*, London: Vintage. 〔『パレスチナ問題』杉田英明訳、みすず書房、二〇〇四〕

——— (1981) *Covering Islam*, New York: Vintage. 〔『イスラム報道　増補版』浅井信雄・佐藤成文・岡真理訳、みすず書房、二〇〇三〕

——— (1983) *The World , the Text and the Critic*, Cambridge, MA: Harvard University Press. 〔『世界・テキスト・批評家』山形和美訳、法政大学出版局、一九九五〕

——— (1984) 'The mind of winter: Relflections on a life in exile', *Harper's* 269: 49-55. 〔「冬の精神」島弘之訳、『旅のはざま——世界文学のフロンティア1』、岩波書店、一九九六〕、のちに 'Reflections on exile' と改題され、*Reflections on Exile and Other Essays*, 2001: 173-186 に収録。〔『故国喪失についての省察　1』所収〕

——— (1984a) 'Permission to narrate: Reconstituting the siege of Beirut', *London Review of Books*, 16-29 February 1984.

——— (1985) 'Orientalism reconsidered', *Race and Class* 27(2): 1-16. 〔「オリエンタリズム再考」、サイード『オリエンタリズム』(下) 平凡社ライブラリー、平凡社、一九九三、所収、pp.293-342〕

——— (1986) *After the Last Sky*, New York: Pantheon. 〔『パレスチナとは何か』島弘之訳、岩波現代文庫、岩波書店、二〇〇五〕

——— (1986a) 'The burden of interpretation and the question of Palestine', *Journal of Palestine Studies* 16(1): 29-37.

——— (1986b) 'Foucault and the imagination of power', in D. Hoy (ed.) *Foucault: A Critical Reader*, Oxford: Blackwell. 〔「フーコーと権力の想像力」、ホイ『フーコー——批判的読解』椎名正博・椎名美智訳、国文社、一九九〇、所収〕

——— (1986c) 'Intellectuals in the post-colonial world', *Salmagundi* 70-1: 43-84.

——— (1987) 'Miami twice', *London Review of Books*, 10 December: 3-6.
——— (1989) 'Representing the colonized: Anthropology's interlocutors', *Critical Inquiry* 15, winter, 205-25.〔「被植民者を表象＝代弁すること」姜麦端訳、『現代思想』一九九八年六月号〕、その後 *Reflections on Exile and Other Essays*, 2001 に収録。〔『故国喪失についての省察　1』所収〕
——— (1989a) 'Pesponse', *Critical Inquiry* 15(3): 634-46.
——— (1990) 'Yeats and decolonization', in Terry Eagleton, Fredric Jameson and Edward Said (eds) *Nationalism, Colonialism and Literature*, Minneapolis: University of Minnesota Press.〔「イェイツと脱植民地化」大友義勝訳、イーグルトン／ジェイムソン／サイード『民族主義・植民地主義と文学』増渕・安藤・大友訳、法政大学出版局、一九九六〕
——— (1991) *Musical Elaborations*, New York: Columbia University Press.〔『音楽のエラボレーション』大橋洋一訳、みすず書房、一九九五〕
——— (1991a) 'Identity, authority, and freedom: The potentate and the traveler', *Transition* 54: 4-18.〔『故国喪失についての省察2』〕
——— (1993) *Culture and Imperialism*, London: Chatto & Windus.〔『文化と帝国主義』（1・2）大橋洋一訳、みすず書房、一九九八・二〇〇一〕
——— (1993a) 'Nationalism, human rights, and interpretation', *Raritan* 12(3): 26-52.〔『故国喪失についての省察2』〕
——— (1994) *Representations of the Intellectual, the 1993 Reith Lecture*, London: Vintage.〔『知識人とは何か』大橋洋一訳、平凡社ライブラリー、平凡社、一九九八〕
——— (1994a) *The Pen and the Sword: Conversations with David Barsamian*, Monroe, ME: Common Courage Press.〔『ペンと剣』中野真紀子訳、筑摩書房、二〇〇五〕
——— (1994b) *The Politics of Dispossesion*, London: Chatto & Windus.
——— (1994c) 'Gods that always fail', *Raritan* 13(4): 1-14.
——— (1995) 'Afterword', in *Orientalism*, New York: Vintage.〔「『オリエンタリズム』後書」杉田英明訳、『みすず』第四一八号、一九九六、八五―一一二〕
——— (1995a) *Peace and its Discontents*, New York: Vintage.
——— (1996) 'Lost between war and peace: Edward Said travels with his son in Arafat's Palestine', *London Review of Books*, 5 September: 10-14.
——— (1997) 'Introduction', in *Covering Islam*, New York: Vintage.〔「ヴィンティッジ版への序文」岡真理訳、『イスラム報道　増補版』浅井信雄・佐藤成文・岡真理訳、みすず書房、二〇〇三〕
——— (1999) *Out of Place: A Memoir*, London: Granta.〔『遠い場所の記憶　自伝』中野真紀子訳、みすず書房、

二〇〇一〕
Said, E. and Hitchens, C. (eds) (1988) *Blaming the Victims: Spurious Scholarship and the Palestinian Question*, London: Verso.
Salusinszky, I. (ed.) (1987) 'Interview with Edward Said', *Criticism in Society*, New York: Methuen.
Schlesinger, A. (1991) *The Disuniting of America*, New York: W. W. Norton. 〔シュレジンガー『アメリカの分裂——多文化社会についての所見』都留重人監訳、岩波書店、一九九二〕
Shohat, E. (1992) 'Antinomies of exile: Said at the frontiers of national narrations' , in Michael Sprinker (ed.) *Edward Said: A Critical Reader*, Oxford: Blackwell.
Sivan, E. (1985) 'Edward Said and his Arab reviewers', in *Interpretations of Islam: Past and Present*, Princeton, NJ: University of Princeton Press.
Spivak, G. (1988) 'Can the subaltern speak ?', in Cary Nelson and Lawrence Grossberg (eds) *Marxism and the Interpretation of Culture*, London: Routledge. 〔スピヴァク『サバルタンは語ることができるか』上村忠男訳、みすずライブラリー、みすず書房、一九九八〕
———— (1993) *Outside in the Teaching Machine*, New York: Routledge.
Sprinker, M. (ed.) (1992) *Edward Said: A Critical Reader*, Oxford: Blackwell.
Spurr, D. (1993) *The Rhetoric of Empire: Colonial Discourse in Journalism, Travel Writing, and Imperial Administration*, Durham, NC: Duke University Press.
Teltscher, Kate (1995) *India Inscribed: European and British Writing on India*, Oxford: Oxford University Press.
Thomas, N. (1944) *Colonialism's Culture: Anthropology, Travel and Government*, Carlton: Melbourne University Press.
Varadharajan, A. (1995) *Exotic Parodies: Subjectivity in Adorno, Said and Spivak*, Minneapolis: University of Minnesota Press.
Vishwanathan, G. (1987) 'The beginnings of English literary study in British India', *Oxford Literary Review* 9(1-2): 2-26.
Wahba, M. (1989) 'An anger observed', *Journal of Arabic Literature* 20(2), 187-99.
Williams, Raymond (1958) *Culture and Society 1780-1950*, London: Chatto & Windus. 〔ウィリアムズ『文化と社会』若松繁信・長谷川光昭訳、ミネルヴァ書房、一九六八〕
Windschuttle, Keith (2000) 'Edward Said's *Orientalism* revisited', *Quadrant*, January-February: 21-7.
Wolf, M. E. (1994) 'Rethinking the radical West: Khatibi and deconstruction', *L'Esprit Créateur* 34(2): 58-67.
Young, R. (1990) *White Mythologies: Writing History and the West*, London: Routledge.
———— (1995) *Colonial Desire: Hybridity in Theory, Culture and Race*, London: Routledge.

索引

〔原著の索引に依拠し、内容索引もかねている。——訳者〕

シリーズ監修者の序

ロバート・イーグルストン（ロンドン大学ロイヤル・ホロウェイ校）

このシリーズは、文学研究や人文学分野に大きな影響を及ぼした主要な批評的思想家について解説するものである。〈ラウトリッジ批評的思想家〉が提供するのは、研究や学習の過程で新しい人名や新しい概念が現れたとき、真っ先にページを開いて情報を得ることができる一連の本である。

それぞれの本は、鍵となる思想家の文章に読者が直に触れるときの案内書となるべく、思想家たちの鍵概念を、説明し、コンテクストの中に置き、おそらくこれが最も重要なことだが、なぜその思想家の考え方が有意義とみなされているかを読者に解き明かす。あくまでも簡潔で明快に書かれた入門書であることをめざし、読者に特別な専門的知識を必要としない。このシリーズは、個々の人物に焦点を絞るものの、同時に、いかなる批評的思想家も真空状態に存在していたのではなく、広範な思想的・文化的・社会的歴史を背景として出現したことも強調する。最終的にシリーズ中の本はどれも、思想家のオリジナルな文章に読者が触れるときの橋渡し役となるだろう。オリジナルな文章を解説で置き換えるのではなく、思想家である彼もしくは彼女が書いたものを補完することによって。

こうした本が必要とされるには、いくつかの理由がある。文学批評家のフランク・カーモードは一九九七年に出版した自伝『資格なし』において、一九六〇年代のある時期のこんな思い出を書いていた——

美しい夏の芝生の上に、若者たちは一晩中寝そべって、日中の激しい活動の疲れを癒し、バリ島の楽士一座のかなでる民族音楽に聞き入っていた。毛布に包まったり、寝袋に入ったりして、うとうとしながら若者たちはお喋りをしたものだ。その時代の導師たる人物について……。若者たちが繰り返し語っていたことは、概ね、又聞きの類であった。このような背景があればこそ、昼食時に、私が突然思いつきの提案をすることになった。時代の指導的人物に関して、信頼が置け、わかりやすい解説を提供する短くて廉価な本が必要ではないかと。

「信頼が置け、わかりやすい解説」に対する需要は、いまもなお存在している。ただしこのシリーズが背景としているのは、一九六〇年代とは異なる世界である。新しい思想家たちが登場し、古い思想家たちは評価が毀誉褒貶相半ばした。それも新しい研究が進展するにつれて。新しい方法論や挑発的な着想が芸術や人文学の分野に広がる。文学研究は——かつてはそうであったとはいえ——ただ詩や小説や戯曲の研究と評価に没頭すればよいというわけにはいかなくなった。文学研究は、文学テクストやその解釈において立ちはだかる概念や問題点や障害をも研究対象とすることになる。またそれに呼応して、他の芸術分野や人文学分野も変容を遂げた。

このような変化とともに、新たな問題も浮上する。人文学における、こうした根本的変革の背後にある概念や問題は、しばしば、広範なコンテクストを参照することなく、ただ、読者が読むテクスト群に「付け足せる」理論として提示されたのである。もちろん、あらかじめ選別された概念を取り上げること、あるいは手元にあるものなら何でも利用すること——結局、既存のものを利用することしか私たちには出来ないと論ずる思想家もいるくらいなのだが——は、たしかに、なんら悪いことではない。しかし、個々の新しい概念は、特定の人物の思考パターンやその発展型として生まれたこと、また彼らの概念の有効範囲とコンテクストの見極めも重要だということが、往々に忘れられてしまうのである。理論を「浮遊する」ものとみなす傾向に反して、〈ラウトリッジ批評的思想家〉シリーズは、鍵となる思想家とその概念を、コンテクストのなかにしっかりと位置づけようとしている。

これだけではない。本シリーズは、思想家自身のテクストや概念に立ち戻り、それらに直に触れたいという読者の欲求を満たそうとしている。概念に関するどのような解釈も、たとえどれほど無垢な解釈にみえようとも、暗黙のうちに、あるいは明示的に、それ独自の「ひねり」を加えている。思想家について書かれた本だけを読んで、思想家によって書かれたテクストを読まずに終わることは、読者が自分自身で判断するチャンスを捨てるようなものである。重要な思想家の著作をとっつきにくくしているのは、その文体とか内容とかのせいではなく、どこから初めてよいのかわからないという困惑によることもある。このシリーズの目的は、思想家の概念や著作についてわかりやすく解説し、その思想家自身のテクストを出発点として、さらなる読書への手ほどきをすることで、読者に「入り口」を提示することにある。哲学者ルートヴィヒ・ウィトゲンシュタイン（一八八九―一九五一）から比喩を借りて表現すれば、このシリーズは、次の段階へ昇り詰めたら、はずしてよい梯子のようなものである。したがって、シリーズ中の本はそれぞれ、新しい概念に触れることができるよう、読者に手ほどきをするだけでなく、読者を理論家自身のテクストへと誘い、そこで得た情報をもとに自分なりの意見をまとめるよう促すことで、読者を啓発するのである。

最後に、本シリーズは、知的欲求が変化したからだけでなく、世界の教育システム——入門的教科書が通常読まれるコンテクスト——が根本的に変化したために必要でもあることを付け加えたい。一九六〇年代における少数エリートのための大学教育にふさわしかったことは、二十一世紀の大規模かつ広範囲に及ぶ多様化したハイテク教育システムには、そぐわなくなった。こうした変化は、新しい時代に即した入門書のみならず、新しい解説法をも求めている。〈ラウトリッジ批評的思想家〉シリーズにおいて考案された解説法は、今日の学生を念頭に置いている。

シリーズの各書は、ほぼ同じ構成となっている。はじめに、それぞれの思想家の生涯と思想について概観するセクションがあり、そこではなぜ彼もしくは彼女である思想家が重要なのかが説明される。中心となるセクションでは、思想家の鍵概念やそのコンテクスト、さらにはその進化や受容のされ方が論じられる。最後に、思想家の影響力が概観され、彼らの概念が、あとに続く者たちによって、どのように取り上げられ発展させられたかが略述される。これに加えて、さらなる読書のために、どのような本を読めばよいかを提案し記述する詳細なセクションが巻末に設けられる。これは、たんなる「付録」的セクションではなく、各巻で、欠くことのできないセクションを形成する。まず思想家の主要な著作について簡潔に記述し、最も有益な批評的著述や、関連性があれば、インターネット上のホームページに関する情報を提供して終わる。このセクションによって読者は、読書案内を受けるだけでなく、自分の関心事を追及し、研究計画を発展させることができる。各巻を通して、文献情報は、いわゆるハーヴァード方式に準拠している（引用される著作の作者と発行年が本文中に示されるだけで、詳しい情報は巻末の引用文献表で調べることができる）。これによって、限られたスペースに多くの情報を盛り込むことができる。各巻はまた専門用語について解説をするが、さらに詳しく事件や概念を記述しようとするときには、囲み記事にして、議論の流れから切り離すことにしている。囲み記事はまた、思想家がよく使ったり、新たに考案した用語についての定義に光をあてるためにも使われる。このように囲み記事は用語解説としても使え、ページをぱらぱらとめくったときにもすぐ目に付くよう工夫されている。

　このシリーズの思想家たちは、三つの理由から「批評的」である。第一点。彼らは、批評を含むさまざまな分野に照らして検証される。その分野は主に文学研究あるいは英文学研究や文化研究だが、さらに文献や思想や理論や不問の前提などに関する批評を基盤とする学問分野をも含む。第二点。彼らは批評的である。なぜなら彼らの仕事を研究することによって読者は自分なりの批評的読解と思考を展開できる「道具一式」を手に入れることができ、読者は批評的になるからである。第三点。こうした思想家たちは、決定的に重要であるために、必須《クリティカル》であるからだ。彼らの考え方は、伝統的な世界観やテクスト観を、またこれまで当然と思われてきたすべてのものを覆し、周知のものごとをより深く理解し、また新たな考え方を身につけるのを可能にしてくれたのである。

　いかなる解説書も読者にすべてを語ることはできない。しかしながら、批評的思考へと読者を誘うことで、このシリーズが望むのは、読者が、生産的で建設的で潜在的に人生を変える活動に赴くことなのである。

訳者あとがき　未完の世界とエグザイル

エドワード・サイードEdward Said（本書の表記だが、Edward W. SaidとWを入れる表記も多い）。一九三五年十一月一日、イェルサレム（英国の委任統治下）生まれ。二〇〇三年九月二十五日ニューヨーク市（アメリカ合衆国）で死去。六十七歳。アメリカの批評家。裕福なプロテスタントの家系に生まれたアラブ・パレスチナ人。カイロのヴィクトリア・カレッジに学んだあと渡米、プリンストン大学卒業（文学士）、ハーヴァード大学修了（文学修士、文学博士）後、コロンビア大学比較文学・英文学教授の職にあった。しかしその活動は、高名な大学教授のそれでとどまることはなく、世界的規模で精力的に言論活動をつづける公的知識人、「権力に対して真実を語る」対抗的知識人のそれであった。

著書には博士論文を母体にしたコンラッド研究があるが、新進気鋭の批評家として注目を集めはじめたのは、『始まりの現象』（一九七五）からで、その後『世界・テキスト・批評家』（一九八三）で、世界と著述との関係を理論的に緻密に考究し、フランス現代思想を紹介しつつ批判的な視座を導入し高く評価された。また一九六七年の第三次中東戦争以後、それまで関心を寄せなかったパレスチナ解放運動に関わりはじめ、パレスチナ国民評議会メンバーとしても活躍し、『パレスチナ問題』（一九七九）『イスラム報道』（一九八一）、『パレスチナとは何か』（一九八六）を書いた。

だが、サイードの名を一躍全世界に知らしめたのは一九七八年の『オリエンタリズム』である。西洋による東洋（アラブ・オリエント世界）の表象を歴史的に検討、オリエント学の言説に東洋を異物化し西洋との間に壁を設ける政治的文化操作をみるこの書物は、多くの分野で共感を呼び、また人文学の諸分野における視座の根本的転換に貢献し、現在では〈ポストコロニアル研究〉として知られる分野を誕生させるにいたる。その続編ともいえる『文化と帝国主義』（一九九三）では、帝国主義に対する支援と抵抗の拠点としての文化の問題を扱った。一九九一年の湾岸戦争以後は、『知識人とは何か』（一九九四）で述べられた「権力に対して真実を語る」知識人の立場を貫き、パレスチナ・イスラエル和平交渉の危険性を鋭く指摘、アメリカの外交政策を批判、二〇〇三年のイラク戦争の愚を説き、アメリカの数少ない対抗的知識人として、白血病と闘いながら言論活動を展開した。サイードの終生変わらぬ主張は、西洋の否定ではなく、西洋と東洋との共存の実現であり、脱民族主義的志向であった。また西洋のクラシック音楽を愛し、プロ顔負けのピアニストでもあり、『音楽のエラボレーション』（一九九一）など音楽評論も多く、晩年は音楽を介した文化政治的活動にも熱心で、ユダヤ人指揮者ダニエル・バレンボイムとの対談集『音楽と社会』（二〇〇二）を公刊。他にインタヴュー集『ペンと剣』（一九九四）、講演記録『フロイトと非ヨーロッパ人』（二〇〇三）、また自伝『遠い場所の記憶』（一九九九）がある。

ここに列挙した著作は、すでに翻訳されたものに限ったが、生前すでに刊行された『権利剝奪の政治学』（一九九四）『故国喪失についての省察』（二〇〇一）、そしてインタヴュー集『権力、政治、文化』（二〇〇一）が、どれもすべて、翻訳出版されることは決定しており、また、死後も遺稿が次々と発表され、そのほか講演やインタヴューが本にまとめられ、最終的に、サイードの著作は、そのほとんどが日本語で読めるはずである。

＊

……と、このように、本書を読まれる読者（とりわけサイードに初めて接する読者）のために略歴と著作紹介をおこなってみると、ふたつの終わりがあることに気づく。ひとつは本書の終わり。それは本書が出版された二〇〇一年にさかのぼる（本書には、前身もしくはパイロット版ともいえる一九九九年版があり、内容としては二〇〇〇年までのサイードを扱う）。この時点では本書もサイードも、二〇〇一年九月十一日のアメリカの同時多発テロ事件を経験していない。もうひとつの終わりは、サイード自身の死である。本書はサイードが生きているときに書かれたもので、死後のサイードを想定してはいない。サイードの死の知らせは、白血病を患っていたこともあり、誰もが覚悟はしていた。晩年のサイードは体調不良のため予定されていた講演をキャンセルしたことも少なくはない。しかし、たとえ唐突なものではなかったとしても、その死は、体力の衰弱とは逆に知的活力の絶頂期に訪れたという印象をぬぐいきれない。死の直前まで、サイードの書くこと、発言することの欲求は消えることがなかった。そう、ここで私たちが経由したのは、正確には、ふたつの終わりではない。ふたつの未完なのだ。

ただし「九・一一」も、サイードの死も経験していない本書の記述が、未完成であるということではない。むしろそれどころか、サイード入門あるいは解説として本書は、それこそ完成の域に達している。すでに述べたように、本書には前身がある。それは同じ著者たちの *Edward Said: The Paradox of Identity* (London: Routledge, 1999) で、新シリーズのための書き下ろしであると銘打たれたそれは、「オリエンタリズム」「文化としての帝国主義」「パレスチナ」を中心的主題に配して、シリーズに組み入れられる際、フォーマットの統一のため、変更が加えられた以外は、本書とほぼ同じ内容だが、しかし、本書のほうが、より洗練され、より情報が整理され、より完成されたものとなった。本書ほど未完という形容が似つかわしくないものはない。

だが本書が、「九・一一」も、サイードの死後も、その有効性を失うどころか逆に強烈に主張しつづけ、完成体として生き続けることは、逆にいえば、世界の未完成を意味している。「九・一一」からイラク戦争へといたる流れのなかで、パレスチナ問題との関係から情勢を冷静に分析し批判しつづけたサイードの発言(それもアラブ人に対してもなされた)は、日本で独自に編まれた中野真紀子氏による翻訳の論集『戦争とプロパガンダ』シリーズ(みすず書房)で読むことができる(アメリカ版は日本版に遅れサイードの死後単行本化された)。しかし一見サミュエル・ハンチントンの〈文明の衝突〉論をなぞるかのような冷戦後、あるいは「九・一一」後の世界の状況は、文明が絶えず交流し異種混淆化していることを見ずに、対立図式を捏造する冷戦時の戦略の反復的産物にすぎないし、かつてソ連を悪の帝国と呼んだのと同じ手法でアメリカのネオコンが危険性を言い募ったアルカイダなる国際的テロ組織が捏造であるにもかかわらず、テロとの戦いに編入され、力によって防ぎようもない突発的なテロの代償を、いまわたしたちが支払わされようというとき、その危険な道を回避する術を授けてくれるのは、いまもなお、パレスチナとメディアの情報操作分析とオリエンタリズムに向けられた批判的分析を中心としたサイードの言説であり、その有効性が、いまこそ改めて確認されつつあるともいえるのである。

だからこそ、本書が完成していること、サイードの観点が有効性を失っていないことは、世界の未完の裏返しである。パレスチナ問題に対するサイードの提言がいまも有効なのは、その提言を取り入れることなく存続するパレスチナ問題が、いまなお解決をみていないからである。そしてパレスチナ問題に、西洋の近代とともにあった植民地帝国主義の矛盾が集約されて顕在化しているとすれば、パレスチナ問題が解決しない限り、二〇世紀は未完だし、近代そのものも未完なのである。

*

ただ、これもいかにもサイード的かもしれないのだが、本書が、サイード自身に関する評価の確定を待たずに、サイードの生前に完成した「未完のプロジェクト」であるとしても、サイードはその未完ゆえに満足していたのかもしれない。サイードにとって和解の精神と円熟の境地と完成状態こそ、みずから意識的にも遠ざけておきたいものであったにちがいない。成熟も完成も、近代的理想であると同時に、ともに閉塞と身動きのとれない死へと繋がる。幸か不幸か悪化する健康状態とパレスチナ情勢とがサイードに安逸で満ち足りた——そして、いまから思えば——晩年を、保証しなかったがゆえに、サイードも、かくも精力的に活動でき、最後まで滞留を知らなかったともいえるだろう。

たしかに二〇〇〇年以降は、サイードの生涯において、おそらく本書もその先駆けだったのかもしれないが、まとめの時期、評価の確定期にもはいっていて、大部の論集が刊行され、これまた大部のインタヴュー集も刊行され、サイードに関する過去の論文を集めた四巻の集成も刊行された（いずれも本書に付した文献表を参照）。サイード自身、望むならいくらでも現実から撤退でき、円熟の境地に遊べたかもしれないのだ。

しかし安逸と和解と完成に背を向け、ポスト「九・一一」の世界の危険な趨勢に警鐘を鳴らし、アメリカの政策に批判を投げかけ、そして希望を語るのをやめなかったとき、その苦悩と希望と頑迷さと柔軟さとが渾然と一体となった言説主体をみて、おそらく誰もがつぶやくのは、「故国喪失者《エグザイル》」一語だった。

完成が実は未完で、未完こそ、ある意味で完成であることのパラドクスは、本書が一貫して提唱しているサイードのアイデンティティのパラドクスとも切り結ぶことだろう。特定の場に留まり所属することのないエグザイルにとって、放浪と彷徨、疎外と違和感のなかにこそ、逆説的な安らぎがあるのかもしれない。たとえ現在のエグザイルが、戦乱と国際政治の軋轢のなかに生じた悲惨な難民状態や強制的な追放と移送につながり、文学的に賞賛されることも多いロマンチックなイメージとは程遠い、悲惨の極みであるとしても、所属しないこと、疎外されること、たえず彷徨することのなかに、自由もまたあることをサイードは知っている。それを砂漠の思想、無窮の彷徨、「冬の精神」エグザイルの境地といってもいいだろう。

本書はサイード自身のアイデンティティのパラドクスからはじまる。パレスチナ出身のアラブ人ながら、家系はキリスト教のプロテスタント。アラブ世界よりも、アメリカのニューヨークに親しんでいるはずが、アラブ世界の不当な扱いに抗議をやめなかった批判者。アメリカのエリート校の特権的教員でありながら、かえりみられることのないパレスチナ問題を忘却することなく、弱者たるパレスチナ人の窮状を訴えつづけた代弁者。西洋の認識と文化における欠陥と戦略を暴露しながら、誰よりも西洋の文化に造詣が深くそれを愛したサイード。二つの、複数の世界に所属する、あるいはどちらにも所属しない、無所属の知識人に対して、わたしたちは思うところはないだろうか?――アイデンティティのパラドクスで本書をはじめた著者たちが、もし執筆時に読むことができたなら、かならず引用していたであろうと思われるフレーズがある。サイードの姿に、ユダヤ人知識人を見る、それも極右化するイスラエルのユダヤ人ではなく、西洋による差別の犠牲者でもありながら西洋の最良の批判者にして理解者でもあった、永遠の批判者にして放浪者、安逸と和解を拒み、冬の精神の体現者たるユダヤ人思想家や批判者たちを見ることはできないだろうか。そう見えるのはわたしだけだろうか。イスラエルの雑誌のインタヴューのなかで、「あなたの発言はとてもユダヤ人的です」とコメントするユダヤ人記者にサイードはこう答えていた――「わたしこそ最後のユダヤ人知識人なのです。わたしはユダヤ系パレスチナ人である」と。

*

本書のふたりの作者について。ビル・アシュクロフト（一九四六―）は、現在、オーストラリアのニュー・サウス・ウェールズ大学英文学教授。将来香港大学に移籍するとも言われている。サイードの『オリエンタリズム』は、現在のポストコロニアル研究や批評の生みの親かもしれないが、当時誰もがまだおぼろげな理解しかできなかった、もしくは初めて接した「ポストコロニアリズム」の全体像を示し、文学研究や文化研究の場でポストコロニアル研究を大きく進展させた育ての親ともいうべき文献は、Bill Ashcroft, Gareth Griffiths and Helen Tiffin, *The Empire Writes Back: Theory and Practice in Post-Colonial Literatures*, (London: Routledge, 1989)（アシュクロフト、グリフィス、ティフィン『ポストコロニアルの文学』木村茂雄訳、青土社、一九九八）であり、その三人の著作のなかでアシュクロフトは中心的役割をはたしている。三者による共著は、その後 *The Post-colonial Studies Reader* (London: Routledge, 1995) と *Key Concepts in Post-colonial Studies* (London: Routledge, 1998) と続く。前者を、わたしは大学院の授業で教科書として使ったこともあるが、抜粋が短くてかえって理解しづらいところもあるにせよ、全体的に網羅的な大部なアンソロジーで決定版ともいえた。後者は用語集。また単

著として *Post-colonial Transformations* (London: Routledge, 2001); *On Post-colonial Futures* (London: Continuum, 2001) がある。

パル・アルワリア（一九五九―）は、本書執筆時はオーストラリアのアデレイド大学政治学教授だったが二〇〇三年よりロンドン大学ゴールドスミス・カレッジ政治学教授。著書には *Politics and Post-colonial Theory: African Inflections* (London: Routledge, 2002) が、また共著として *Post-colonialism: Culture and Identity in Africa* (New York: Nova Science Publication, 1997)、*The Post-colonial Condition: Contemporary Politics in Africa* (Nova Science Publication, 1997)、*White and Deadly: Sugar and Colonialism* (Nova Science Pulblication, 1999)、*African Identities; Contemporary Political and Social Issues* (Aldershot: Ashgate Publication, 2002) がある。

サイード自身の旺盛な言論活動は、活字媒体のみならず、ラジオ、テレビなどにも及ぶ（ＮＨＫは地上波、衛星放送でサイード自身を特集する番組をつくっている）。それらの完璧な情報整理は、まだどれほど遺稿が残っているのかわからない状態もふくめ、これからの課題である（ウェブ上のサイード関連サイトに関する情報は、変化移動があるためここには記さないが、関心のある読者はアクセスしていただきたい）。いずれにせよ、資料体としてのサイードは未完である。

訳者の度重なる遅延によって、それこそ未完になりかねなかった本書の翻訳を、このように完成できたのは青土社の津田新吾氏の適切な完成された助言と激励のたまものであった。記して感謝したい。そして著名であっても、敬遠されて読まれていないかもしれない、この偉大な批評家にして思想家の著書に、ひとりでも多くの読者が本書を通して親しみを感じ接することを祈りつつ――

＊

最後に、だが決してささいではないこととして——。サイードは、あるインタヴューのなかで、トリニダード・トバゴの歴史家・批評家・作家であるC・L・R・ジェイムズに会ったときに、ジェイムズからいきなり「いままでほんとうに偉大な教師に出会ったことがあるか、誰か、きみを心の底から、感嘆させた教師はいたか」と聞かれたときのことを話している。いままでそんなふうに考えたことのなかったサイードは、面食らいながらも、一言、こう答えている——「いない」と。

もちろんサイードが、その生涯で、優秀な教師、立派な教師と一度も出会わなかったとは考えられないし、そこには教師をてこずらせた早熟な不良少年としてのサイード自身の経験も垣間見えるのだが、サイードが言わんとしているのは、自分が信者や追随者になるような教祖や導師には出会わなかったし、もし出会っていても、信者になったり追随者になったりはしなかったということだ。

多くの人びとの希望の光であり、その死がこれほど悔やまれた知識人はなく、パレスチナ人をはじめとして抑圧された人びとの声でありつづけ、自身、教育の場でも思想世界でも「偉大な教師」であったサイードの言葉としては、意外な、またも逆説的な「教え」かもしれない。しかし現在における指針なき不確実な状況のなかで、教祖や導師が乱立し、いっぽう不安定な漂流状態にあるがゆえに折あらば永久的な信者となり情熱的没入の機会をうかがう若者は多い——ファシズムの可能性は門前に存在している。あるいは気付かぬうちにファシズム化している。ハメルンの笛吹きに従い「以後幸せに暮らしました」という状態を求める人びとに、警鐘を鳴らすこと、歯止めをかけ批判すること。ここで求められるものこそ、「教師などいない」という発言であろう。それは「私は信じない、自分の判断で批判する」ことの、あるいはそれは「私はエグザイルだ」の、言い換えである。

入門書たる本書の最後での評言としては、これは異例のことかもしれないが、「シリーズ監修者の序」にあるように、本書（あるいは本シリーズ）は、登りつめたらはずしてしまえる「ウィトゲンシュタインの梯子」であり、「ハメルンの笛吹き」ではない。本書を通して、学べることは「学ばないこと」、信者にならないことであり、批判的認識を獲得すること、つまりは「エグザイル」になることである。

大橋洋一

二〇〇五年一〇月

*

著者について
ビル・アシュクロフト（Bill Ashcroft）
1946年生まれ。現在、オーストラリアのニュー・サウス・ウェールズ大学教授。
専攻は英文学・ポストコロニアル研究。著書に『ポストコロニアルの文学』など。
パル・アルワリア（Pal Ahluwalia）
1959年生まれ。現在、ロンドン大学ゴールドスミス・カレッジ教授。
専攻は政治学。ポストコロニアル研究の分野で幅広い著書がある。

訳者について
大橋洋一（おおはし・よういち）
1953年生まれ。東京大学大学院および文学部教授。専攻は英米文学、批評理論。
主な著書に『新文学入門』（岩波書店），訳書にサイード『文化と帝国主義』〔1・2〕
『音楽のエラボレーション』（以上，みすず書房）『知識人とは何か』（平凡社），
イーグルトン『イデオロギーとは何か』『文学とは何か』『シェイクスピア』
（以上，平凡社）『クラリッサの凌辱』（岩波書店），
アフマド＋バーサミアン『帝国との対決』（太田出版）など多数。

シリーズ　現代思想ガイドブック
エドワード・サイード

2005年10月30日　第1刷発行
2008年6月30日　第2刷発行

著者——ビル・アシュクロフト＋パル・アルワリア
訳者——大橋洋一

発行者——清水一人
発行所——青土社
東京都千代田区神田神保町1-29 市瀬ビル　郵便番号101-0051
電話03-3291-9831（編集）　3294-7829（営業）
www.seidosha.co.jp
本文印刷所——株式会社ディグ
扉・表紙・カバー印刷所——方英社
製本所——小泉製本

装丁——松田行正

ISBN 4-7917-6221-5